太平洋战争全史书系

绝对国防圈

第四卷　1944

团结出版社
UNITY PRESS

赵恺作品

图书在版编目（ＣＩＰ）数据

　　绝对国防圈：1944 / 赵恺著. -- 北京 ：团结
出版社，2018.11（2020.5 重印）
　　（太平洋战争全史书系 ；第四卷）
　　ISBN 978-7-5126-6495-1

　　Ⅰ. ①决… Ⅱ. ①赵… Ⅲ. ①太平洋战争－史料－
1944 Ⅳ. ①E195.2

　　中国版本图书馆 CIP 数据核字(2018)第 174957 号

出　　版：团结出版社
　　　　　（北京市东城区东皇城根南街 84 号　　邮编：100006）
电　　话：（010）65228880　65244790　（出版社）
　　　　　（010）65238766　85113874　65133603（发行部）
　　　　　（010）65133603（邮购）
网　　址：http://www.tjpress.com
E-mail：zb65244790@vip.163.com
　　　　　fx65133603@163.com（发行部邮购）
经　　销：全国新华书店
印　　装：三河市东方印刷有限公司

开　　本：170mm×240mm　　16 开
印　　张：18
字　　数：287 千字
版　　次：2018 年 11 月　第 1 版
印　　次：2020 年 5 月　第 2 次印刷

书　　号：978-7-5126-6495-1
定　　价：54.00 元

前　言

　　太平洋战争之所以长期以来广受战争史爱好者的关注，除了"大舰巨炮"和"航空决胜"的辉煌与浪漫之外，很大一部分原因还在于其过程的跌宕起伏、各种历史事件的峰回路转。从 1941 年 12 月 7 日日本海军联合舰队"偷袭珍珠港"，到 1945 年 8 月 15 日日本宣布无条件投降，期间有太多的故事值得后人细细品味和以史为鉴。

　　1944 年对于日本而言，自然是前方战局日益恶化，后方资源山穷水尽的一年。但无论是以东条英机为首的日本政府还是已经在战场上丧失了家人的无数日本国民而言，都仍不愿意承认战败。为了谋求一个"体面"的和平，为了保住明治维新以来日本在东亚所获得的政治特权，甚至只是为了让"米英鬼畜"血债血偿，日本方面都决心要将这场日益难打的仗再继续打下去。

　　1944 年对于以美国为首的盟军而言，同样是一个关键性的一年。虽然胜利的整体格局已然敲定，但如何才能以更小的代价战胜日本？如何才能在战争的过程中将自己国家的利益最大化？如何才能在战胜对手的同时又不忘给潜在的竞争对手下绊？也值得进行一番细致而周密的谋划。

　　正是在交战双方这两种迥然不同的心态作用之下，1944 年太平洋战争的局势发展，对日本而言显得格外惨烈。散布在所罗门、新几内亚以及中部太平洋吉尔伯特、马绍尔和马里亚纳群岛之上的日本陆军和海军守备队，无一例外地采取了长期抗战和"玉碎"的姿态，与美军展开殊死搏杀。而日本海军联合舰队亦调动起所有的战力，向美国海军发起了一次次的挑战。

　　但是日本方面的这些努力，在以美国为首的盟军面前却显得愚蠢而可笑。双方国力上的巨大差距，使得战争的进程逐渐由双方势均力敌，向着单方面的碾压转变。随着越来越多的新型装备的列装，美国陆、海、陆军航空兵和海军陆战队等兵种战术、战法上的革新，每一次战役的进程都显得日益轻松。

这种强烈的落差感之下，日本方面在战史之中除了不断渲染己方的"玉碎"的"壮烈"之外，只能每每杜撰一下事实上并不存在的意外，还为失败寻找理由和借口。而美国方面则有意回避自身在战略决策和战术安排上的一些瑕疵和失误，吹嘘诸如"马里亚纳猎火鸡"之类的辉煌胜利。

先贤有云："历史是由胜利者书写的。"这个说法固然不无道理，但也并不全面。至少在那场半个多世纪前席卷太平洋的战争之中，我们便看到了诸多来自失败者的总结和回忆。而缘于特殊的民族文化和战后地缘政治的变迁，在这些以日文著就的战史之中，不仅充斥着各种粉饰和私货，更有一些诸如"命运之5分钟""栗田回旋"等流毒甚广的说法。当然作为胜利者，美国方面的史料也并不"干净"。为了凸显自身的正义性，美国描述这场战争时，始终不遗余力地矮化或妖魔化自己的对手。在日、美双方这两种极端的历史观的影响下，国内有关太平洋战争的著作难免受其影响。

鉴于此，本书将首次站在相对中立的角度，为读者系统地梳理太平洋战争1944年的历史进程，并尝试另辟蹊径，从日美双方的国内政治博弈、海陆相争的将帅争衡、电报往来中的一些不为人所注目的细节入手，重新为诸多所谓的"不解之谜"寻找真正的答案。

目 录

楔 子

构筑"国防圈"——1943 年的战局回顾和日本帝国的应对之道

　　1943 年，无论对于整个世界范围的反法西斯战争还是太平洋战场而言，都可谓是决定性的一年。尽管战后作为主要的战胜国，美国、苏联和英国都从自身的政治利益出发，将发生在 1942 年的中途岛、斯大林格勒和阿拉曼战役视为第二次世界大战的转折点，但事实上无论是在太平洋、东线还是北非战场之上，这三场战役都并未彻底终结"轴心国"集团的攻势。

数以万计的德、意战俘，构成了北非战场的最后一幕。

中途岛战役之后，日本海、陆军又相继在所罗门群岛和新几内亚发动了新的攻势，而纳粹德国及其仆从国军队在东线的攻势也绝非止于斯大林格勒战役。借助着"第三次哈尔科夫战役"的辉煌胜利，德国军队再一次获得主动权，并在库尔斯克突出部周边集结起了空前强大的野战部队。即便是在丘吉尔宣称为"在此以后我们战无不胜！"的阿拉曼战役之后，隆美尔麾下的"非洲军团"也依旧盘踞在突尼斯一线，令英、美在北非战场如鲠在喉。

但是上述问题最终在 1943 年被盟军悉数化解。1943 年 5 月 13 日，接替隆美尔的德国上将汉斯－于尔根·冯·阿尼姆（Hans-Jürgen von Arnim，1889—1962 年）在英、美联军的围困之下，被迫率残部在突尼斯投降，至此第二次世界大战的北非战场归于平静。英、美随即将进攻矛头指向了"轴心国"的软肋——意大利。

1943 年 7 月 9 日，英、美联军于西西里岛大举登陆，并在此后的一个多月时间席卷全岛。7 月 25 日，连年丧师糜饷的意大利首相墨索里尼终于被国王维克多·埃曼努尔三世（Victor Emmanuel III，1869—1947 年）抛弃。而在勒令墨索里尼辞职并将其逮捕之后，埃曼努尔三世随即便授意新任首相巴多格利奥元帅秘密背弃德国，展开与英、美单方面媾和的交涉工作。

9 月 3 日，苏德在库尔斯克战场上的鏖战终于分出了胜负，集中了德国在东线最为精锐部队的攻势，最终被苏联红军以连绵不绝的防御工事和装甲洪流所遏制。预见到苏联即将在东线发起更大规模反攻的意大利政府随即于 8 月 31 日接受了英、美所提出的苛刻条件，无条件向盟军投降。但仅仅 5 天之后，以协防名义进驻罗马等地的德国陆军便突然解除了所有意大利军队的武装，在德国特种部队的帮助下，9 月 12 日墨索里尼被从囚禁地——大萨索山（Gran Sasso）救出，并在意大利北部小城萨洛建立名为"意大利社会共和国"（Italian Social Republic，亦称"萨洛共和国"）的傀儡政权。而意大利国王埃曼努尔三世等人则逃离罗马，向在意大利南部登陆的英、美盟军寻求保护，亚平宁半岛由此形成了南北对峙的局面。

THE ITALIAN SOCIAL REPUBLIC DURING THE CIVIL WAR

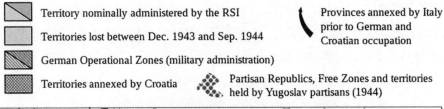

Territory nominally administered by the RSI

Territories lost between Dec. 1943 and Sep. 1944

German Operational Zones (military administration)

Territories annexed by Croatia

Provinces annexed by Italy prior to German and Croatian occupation

Partisan Republics, Free Zones and territories held by Yugoslav partisans (1944)

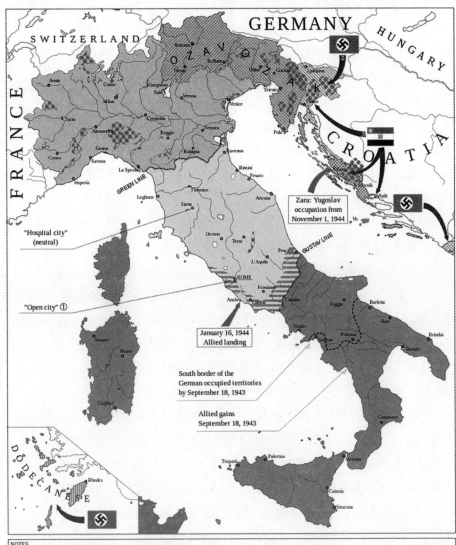

NOTES
1 - Rome was declared an "open city" on August 14, 1943 by Badoglio's government. This was recognized by the Italian Social Republic and the Third Reich, although Germany de facto occupied the city and violated its status by using Rome to host troops. The Allies never recognized the open city.
2 - The Province of Ljubljana was annexed by Italy until 1943 and then occupied by Germany until 1945
3 - The Province of Fiume, annexed by Italy from 1941, fell under Croat civil administration and German military control within the Operational Zone of the Adriatic Littoral in 1943

墨索里尼建立的"意大利社会共和国"的版图。

作为"轴心国"集团中的亚洲一极，日本对欧洲战区的发展始终保持着高度关注。但是由于获得信息的渠道和思维模式等方面的问题，日本对德国、意大利国内的情况，一度处于一种"想当然"的状态。例如在1943年2月，日本大本营海军部还信誓旦旦地表示："希特勒的威望很高，军民的战争意志也很旺盛，目前正举国一致誓赌国家民族的存亡，……墨索里尼的政治力量仍然很稳固，所以，在目前形势下维持其作战能力将无很大困难。"但是随着局势的发展，日本也不得不逐渐调整自己的外交策略，其中最为突出的莫过于将过去强硬的反苏态度，改为竭力安抚莫斯科方面的情绪，以求保持"对苏平静"。

事实上"日苏关系"始终是"轴心国"集团之中的一个不和谐音符。1939年5月为了实现自身独霸亚洲的野心，日本"关东军"在所谓"满蒙争议地区"的诺门坎挑起了与蒙古人民共和国及苏联的全面冲突。但就在日本方面满心希望正密切与之接触的德国能在西线给予苏联以牵制之时，德国政府却于8月23日与苏联签署《苏德互不侵犯条约》及《附属秘密协定》，消息传来直接导致力主与德国结盟的平沼骐一郎内阁倒台。诺门坎前线的"关东军"各部更是兵败如山倒。

尽管事后证明，《苏德互不侵犯条约》是德国为自己侵略波兰（1939年9月1日）打开的最后一盏绿灯。但被出卖的不爽以及苏联红军在诺门坎战场上展现出的强大战斗力，还是令日本政府最终在1941年苏德战争全面爆发之时，最终基于一时无力大举北进的现实，选择了作壁上观，即"帝国仍坚持为解决中国事变而努力，并为确立自存自卫的基础继续向南方扩展；另外，根据形势的演变解决北方问题"。

而在入侵苏联初期的势如破竹，也令德国政府并不太在意日本的态度。直到1942年7月20日斯大林格勒战役期间，德国政府才正式提出希望日本加入对苏作战的要求。但此时的日本已经深陷太平洋战争的泥潭，因此对于德国方面的一再催促，最终也只能以"即使日本进攻苏联，因地势关系也不能击中其要害，而且极有可能转为长期持久战，因而伺机与德国呼应极为困难"为由，表示实难从命。

惨败于斯大林格勒之后，德国政府虽然没有再明确请求日本在苏联远东地区发起攻势，但却一改过去对东线军事行动讳莫如深的态度，主动向日本方面交代了即将在1943年夏季发动大规模攻势的计划。对此日本方面的判断是："以斯大林格勒撤退为转折点，被迫全面收缩战线的德国，再一次要求日本从东面牵制苏联……德军即使在本年内发动攻势，也很难给苏军以决定性的打击从而取得今后行动的主动权。现在日本所望于德国的是，要它在对苏战场上只保持战略上的长期对峙局面，积蓄力量来对付西欧方面的正式反攻。"

基于对德国在东线形势的悲观预期，日本外交大臣重光葵指示日本驻德大使大岛浩提出如下建议："为了把轴心国方面的进攻能力集中用于摧毁共同之敌——美英的战斗力上，即使德国今年暂时与苏联保持战略持久态势，以击溃突尼斯及直布罗陀方面的美英军，粉碎美英以北非为基地对欧发动攻势的企图，再与海上交通破坏战相配合，确立轴心国方面在欧洲作战的主动权，这从完成三国共同战争的角度来看是有利的。而且，这样做也会使今后德国对苏联的处理更容易些。"可惜这些对于德国政府而言不过是废纸一张。

眼看怂恿德国全力与英美为敌、与苏媾和的策略无法见效，日本只能自行向莫斯科方面伸出橄榄枝了。1943 年 5 月 17 日，日本海军释放了此前扣押的苏联货轮"炉火"号和"卡缅聂茨·霍杰斯克"号。对此日本高层给出的解释是："（这两艘船）虽系'大东亚战争'开始后由美国将船籍转移给苏联的，理应予以扣押，但鉴于目前的形势，在向苏联方面彻底说明下列各项后予以释放。"此后的 6 月 19 日，更为了"保持日苏之间的平静，使苏联严守中立条约的同时，掌握美苏关系和德苏关系的动向，以此来应付今后世界形势的发展"，日本政府最终决定将"库页岛北部的石油及煤炭权益有偿转让给苏联"。

与日本政府对苏联的不断示好形成鲜明对比的是，1943 年 8 月随着意大利退出战争，日本政府随即毫不留情地宣布"对意大利实质上按敌国对待，全面采取措施"，随即解除了在东亚各地的意大利军队的武装，接收了意大利在东亚的权益，扣留其舰船，并对旅居日本控制区内的意大利国民进行了监视。此后尽管日本政府宣布承认"以墨索里尼为首的法西斯共和政权为意大利的唯一合法政府"，并将在新加坡扣押的 3 艘意大利海军潜艇转交给德国海军。但意大利退出战争的举措，事实上还是给予了日本极大的冲击，令其不得不全面衡量未来的国策走向。

事实上日本政府也密切注视着英美的动向。1943 年 11 月 23 日美国总统罗斯福、英国首相丘吉尔与中华民国领导人蒋介石在埃及开罗召开峰会。日本方面虽然以"斯大林未参加开罗会议，说明在对日问题上美、英、苏之间的意见尚未完全一致"为由进行自我安慰，但却也深知美、英、中三国首脑会晤自然是剑指日本，因此忙不迭地决定在开战两周年时，由内阁总理大臣发表有关帝国战争目的符合道义、完成战争的决心以及大东亚各国团结的谈话。同时在12月11日签订三国协定纪念日时采取措施，表明日德两国完成共同战争的决心。

但是这些政治姿态终究是吓不倒人的，何况11月27日罗斯福、丘吉尔和斯大林还是在德黑兰举行了峰会，美、苏、英三国在打垮德国之后可能会全力围攻日本的态势已然昭然若揭。为此日本必须寻求一个体面结束战争的方法，在日本看来自库尔斯克战役以来，苏、德两国虽然完成攻守之势的扭转，但德国终究占据着大半个欧洲的强大工业体系和资源，如果能够在东线采取守势，将战线稳定在巴库与沿第聂伯河一线，同时抓住有利时机，击破英、美在法国沿海开辟第二战场的企图，那么欧洲的战事理论上仍存在着转机。对于日本而言，如何在利用德国牵制英、美、苏三国之际，实现自己"立于不败之地"的战略部署，将会成为1944年度的关键。

1943年9月15日，日本大本营方面根据之前所作的"敌情判断"，进而斟酌各方面的形势，最终决心改变过去的作战方针，即从东南太平洋方面的激烈消耗战中腾出手来，抓紧时间建立所谓"绝对国防圈"，造成不败的战略态势，在此期间，力求迅速充实以航空兵力为中心的陆海军战斗力，以主动地对付美、英的反攻高潮。

所谓的"绝对国防圈"，其实并非指代日本本土，

海军大将出身的"内阁临时顾问"丰田贞次郎。

而是从北太平洋的千岛群岛一路向南，囊括小笠原群岛、马绍尔群岛、马里亚纳群岛（日本称之为"内南洋"）以及新几内亚、所罗门群岛，随后再向西延伸，通过印度尼西亚群岛、新加坡和马来半岛，最终以缅甸为终点。可以看到这条绵长的防线几乎涵盖了日本所有占领区域。要在如此辽阔的区域内巩固国防前线，日本自然需要投入更多的人力、物力。

为了不遗余力地增强军事力量，东条英机内阁从1943年开始便不断进行国内经济、政治领域的整合。1943年3月18日，东条内阁宣布设置内阁临时顾问，名义上动员社会上富有才能和经验的精英加入政府，但从相关"顾问"的身份来看，所谓的"内阁临时顾问"实则是日本政府的一个"经济内阁"。

东条英机任命的7位"内阁临时顾问"分别是：丰田贞次郎（日铁社长）、大河内正敏（理化学研究所长）、藤原银次郎（产业设备营团总裁）、结城丰太郎（日本银行总裁）、山下龟三郎（山下汽船会长）、乡古洁（三菱重工业社长）、铃木忠治（昭和屯工社长）。而由这7位"内阁临时顾问"与总理指定的大臣参加的"战时经济协议会"，事实上掌握着日本工业生产的主要部门。

1943年6月1日，东条内阁正式通过了"增强军事力量的企业整备基本纲要"。他们打着"为了将进行战争所必需的生产能力有计划的

1943年10月21日，日本应征大学生在东京明治神宫体育场举行出征仪式，史称"学徒出阵"。

应用于军需及其他重点部门，把它全部转化为作战力量，在各个产业部门，集中各种生产条件，并加以整备，使之发挥最大效率"的旗号，开始接管日本国内的主要工矿企业，3 天之后又通过了"企业整备资金措置法"的纲要，以"防止购买力发生浮动和维持国民经济秩序"为由，宣布对所有纳入军需生产的企业产品均不采取现金的模式。无形之中，东条内阁已然将日本绝大多数的工矿企业绑架在了日本军国主义的战车之上。完成对工业整备的同时，东条内阁还于 6 月 4 日颁布了"增产粮食应急对策纲要"，提出采取一切办法，实行增产米、麦、薯类等各种主要粮食作物及水产品，以应付当前紧迫的粮食问题。

6 月 25 日，东条内阁又通过了日后备受争议的"战时动员学生体制纲要"。尽管此时东条内阁表面上对学生的动员还停留在"从根本上加强并改组学生的国防训练及劳动作业的实施办法"。但显然一线兵员的枯竭，已经令日本不得不采取竭泽而渔的征募方式，进一步将征兵的范围扩大至适龄的大学、专科学校在校生。不过 1943 年 10 月 1 日，东条内阁也同时颁布了"在校征集延期临时特例"，对师范类及理工类的在校学生推行暂缓招募入伍的政策。1943 年 10 月 21 日，东京明治神宫体育场举行了文部省学校报国团本部主办的第一次出征学生壮行会，来自关东各地约 7 万名青年学生，在首相东条英机、文化大臣冈部长景的注视下组成方阵、奔赴战场，史称"学徒出阵"。

11 月 1 日，东条内阁正式撤销企画院和商工省，成立东条英机兼任大臣的军需省，日本的战备整合由此登峰造极。但是当日本军国主义者以这些苦心搜罗的物资和兵源为筹码投入新一轮的豪赌之后，等待着他们的终究仍是一场血本无归的败局。

第一章　痛击软肋

（一）重剑出鞘——中部太平洋战局和美国海军第 5 舰队的组建

在航行于其上的水手们眼中，蔚蓝而辽阔的太平洋中部地区可谓广袤无垠。但在以岛群为中心的地图之上望去，这片海域不仅谈不上宽阔，甚至还有些拥挤。从位于太平洋中心位置的夏威夷群岛出发，向西越过国际日期变更线，一系列绵长的岛群便以 45 度斜线的方式，几乎贯穿了太平洋中部地区。这些在今天以"第二岛链"为国人所熟知的岛群，始于日本东北的千岛群岛，向东南经小笠原群岛、马里亚纳群岛、加罗林群岛、马绍尔群岛、图卢瓦群岛、斐济群岛一直延伸到新西兰。

在今天的海权观念之中，这条"第二岛链"是美国及其盟友围堵东亚地区的封锁线之一，是由日本列岛一直向西南经冲绳群岛、中国台湾地区、菲律宾、马来西亚、印度尼西亚所组成的"第一岛链"的后备阵地和有益补充。但是在 1943 年末乃至太平洋战争爆发之前相当长的一

太平洋岛群地图。

段时间里，"第二岛链"都曾是美、日对峙的第一线。

日本事实领有千岛群岛和小笠原群岛的历史大致可以追溯到 19 世纪中叶的江户幕府统治时期。此后在第一次世界大战时期，日本趁势夺占了西班牙人发现被出售给德国的马里亚纳群岛（除美西战争中被美国占领的关岛外）、加罗林群岛及马绍尔群岛，并由此建立起了一片被称之为的"南洋诸岛"的所谓"国联委托统治领"。

日本鲸吞德属太平洋群岛的行为，一度得到了英、美的默许甚至鼓励。但随着第一次世界大战的结束，日本在"南洋诸岛"的军事存在，形成了与英、美"事实接壤"的局面。毕竟英国也操控澳大利亚和新西兰侵占了德属新几内亚、德属萨摩亚地区，而日本控制下的马绍尔群岛最东段距离美国的夏威夷也仅有 3200 公里。

有鉴于此，在 1921 年 11 月 12 日举行的"华盛顿会议"上，美国除严格限制日本海军主力舰吨位只能维持为英、美的六成之外，更以除了夏威夷群岛之外，美国冻结包括菲律宾在内所有太平洋岛屿上的军事工程为代价，换取日本对"南洋诸岛"的非军事化。鉴于国力与英、美

日本政府于 20 世纪 30 年代出版的"南洋诸岛"地图。

之间的巨大差距，日本忍气吞声签署了限制其海军发展的《华盛顿条约》，但对于"南洋诸岛"上的军事设置建设却缓慢而秘密地进行着，并由此引发了著名的"阿梅莉亚·埃尔哈特失踪事件"。

作为 20 世纪初美国航空热和女权运动的弄潮儿，阿梅莉亚·埃尔哈特（Amelia Mary Earhart，1897—1937 年）和她驾驶的"小红巴士"洛克希德"Vega 5B"型民用飞机成为一个时代的象征。但是在 1937 年的环球飞行中，埃尔哈特却在离开新几内亚的莱城后不久音讯全无。根据航线和通讯记录，美国方面认为埃尔哈特的飞机是在飞抵日本"南洋诸岛"的上空时失踪的，随即出动以航空母舰"列克星敦"号为首的舰队进入当地海域进行搜救。

日本方面虽然派出水上飞机母舰"神威"、海洋调查船"甲州"配合美方的行动，但禁止美方人员登上"南洋诸岛"，于是关于埃尔哈特是因为飞临"南洋诸岛"上空时偶然发现了日本方面建设的军用机场等设施，而被日本方面击落，并惨遭酷刑处死的猜测一度甚嚣尘上，甚至出现了埃尔哈特在座机被击落后，被日本方面押送到东京，长期囚禁在皇宫之中，直到太平洋战争结束前被秘密处决的传闻。2012 年美国"国际历史飞机回收小组"在当时属于英国殖民地的吉尔伯特群岛的水下发现了埃尔哈特的飞机残骸，才使这些无端的臆想不攻自破。

但是"阿梅莉亚·埃尔哈特失踪事件"背后所折射出的美、日之间的不信任却是真实存在的。毕竟美国在西太平洋的前哨——关岛、威克

阿梅莉亚·埃尔哈特和她的环球飞行航线。

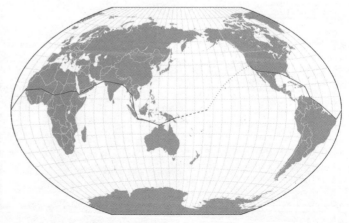

岛处于日本"南洋诸岛"的包围之下，而如果采取远程轰炸机单程突击的模式，日军航空兵理论上从马绍尔群岛出发已经可以直接攻击驻守珍珠港的美国太平洋舰队。因此在太平洋战争全面爆发之前，美国海军始终将"南洋诸岛"视为主要的威胁之一。

1941年12月7日，日本海军"偷袭珍珠港"之后，随即对美国方面临近"南洋诸岛"的关岛、威克岛展开进攻，并于1941年12月10日夺占了英国所属的吉尔伯特群岛，并着手在当地修筑水上飞机机场等军用设施。对于日本方面的"日拱一卒"的蚕食战略，美国颇为警惕，于1942年8月17日出动潜艇"鹦鹉螺"号（USS Nautilus, SS-168）、"船蛸"号（USS Argonaut, SS-166）运送美国海军陆战队第2突击营对吉尔伯特群岛最北端的马金岛（Makin）展开奇袭。

从结果来看，"奇袭马金岛"并不能算是功德圆满。美国海军陆战队的突袭，虽然成功重创了岛上日本海军第62警备队，但在日本海军航空兵和地面部队陆续赶赴战场的情况下，美国海军陆战队第2突击营只能仓皇撤回珍珠港，事后清点人数，不仅有21人战死、14人负伤，更有7人在撤退过程中不幸溺毙、9人被遗留在马金岛上最终成为日军俘虏。但是"奇袭马金岛"终究是美国海军陆战队第一次尝试从潜艇出击的"特种作战"，更有美国总统罗斯福的长子——詹姆斯·罗斯福挂名参与。因此美国国内宣传机构妙笔生花，"奇袭马金岛"变成了一场辉煌大胜，少数特种兵潜入敌营大肆破坏之后，从容撤回更由此成为美国英雄主义的标准

罗斯福的长子——詹姆斯·罗斯福，他是否参与了"奇袭马金岛"，目前还存在争议。

剧本。

　　无论成败，"奇袭马金岛"都堪称美国海军在中部太平洋发动的第一场反击。而这正是美国海军作战部长欧内斯特·金上将（Ernest Joseph King，1878—1956年）最为关注的战略方向。站在自身军种利益的考量，欧内斯特·金既不希望美国海军将过多的兵力用于大西洋和地中海方向，沦为大英帝国的配角；也不愿意跟从美国陆军的指挥棒，沿着澳大利亚—新几内亚—菲律宾—中国大陆的轴线向日本本土推进。作为美国海军之中少数先后指挥过鱼雷艇、潜艇、驱逐舰、巡洋舰、战列舰、航空母舰、陆基航空兵的"全能上帝"，欧内斯特·金认定海军的价值在于决战大洋，而击败日本最快的途径和模式，莫过于从中部太平洋直趋日本本土，途中再集中优势兵力打几场"中途岛海战"那样的航空歼灭战。

　　可惜的是在"奇袭马金岛"的同时，日美双方正围绕所罗门群岛南部的瓜达尔卡纳尔岛展开激烈争夺。出任南太平洋战区司令的美国海军中将小威廉·弗雷德里克·哈尔西（William Frederick Halsey，1882—1959年）更不断将美国海军的主力舰艇投入战场，最终在"圣克鲁斯海战"（Battle of the Santa Cruz Islands）中遭遇重创，美国海军仅有的3艘主力航空母舰中："萨拉托加"号、"企业"号先后遭遇重创，"大黄蜂"号更惨遭击沉。此战之后，欧内斯特·金便不再将美国海军陆续下水的新锐航空母舰和战列舰调往所罗门群岛的战场，而是选择将其集结于夏威夷珍珠港一线，用于组建一支全新的舰队。

　　对于拥有强大造船工业的美利坚合众国而言，其问鼎海洋霸权的勃勃雄心事实上早在19世纪末前便已经点燃。当英、德展开疯狂建造"无畏舰"的军备竞赛之际，美国海军也不断更新着自己的主力舰阵容，到1917年2月24日美国正式加入第一次世界大战的战团时，美国海军已经拥有17艘"无畏"级战列舰，此外还有26艘海岸舰和"前无畏"级战舰可供补充。不仅足以与在第一次世界大战中遭到严重削弱的英国匹敌，更远远地将第二梯队的日本、法国和意大利甩在了身后。

　　但美国海军并未由此止步。在通过《华盛顿海军条约》《伦敦海军条约》约束英国、日本等潜在对手海军规模的同时，美国海军一方面着手自身一线水面舰艇的更新换代，另一方面则通过技术积累完成了包括新型航空母舰和战列舰的设计和建造准备。因此当 1934 年日本正式宣布他们按要求提前两年通知退出《华盛顿条约》之时，曾担任过美国海军部长助理的总统罗斯福随即批准了一系列颇为激进的造舰方案。当然鉴于当时的美国仍未完全走出"大萧条"的经济重创，因此这些海军建造提案全部被冠以"通过公共工程项目增加就业和消费需求"的名义。

不过面对日本在东亚日益高涨的侵略气焰以及德国以"闪电战"横扫西欧的新局面，美国政府也最终抛掉了以"军备刺激经济"的借口，于 1940 年 7 月 18 日在美国众议院以 316∶0 的全票通过名为《两洋海军法案》(Two-Ocean Navy Act) 的造舰计划。该法案计划投入 85.5 亿美元用于海军建设，在 5—6 年的时间里开工建造总吨位合计约为 132.5 万吨的 257 艘各型舰艇，其中包括：18 艘"埃塞克斯"级航空母舰、2 艘"依阿华"级战列舰与 5 艘"蒙大拿"级战列舰、33 艘巡洋舰（其中 6 艘为相当于战列巡洋舰的"阿拉斯加"级大型巡洋舰）、115 艘驱逐舰、43 艘潜艇、15000 架飞机以及总吨位约 10 万吨的各类辅助舰艇。

按照美国海军的估算，当《两洋海军法案》所涉及的建造任务全部完成之际，美国海军的舰队规模将整体提升 70%。也就是说即便美国海军现役战舰全部战损，那么在造船厂里还有另一支更为强大的舰队正蓄势待发。当然这样一份气势恢宏的建造计划，也存在一定的"冒进"成分，比如《法案》中希望在 1941 年度便建成 11 艘"埃塞克斯"级航空母舰的设想，显然大大超出了美国造船工业的承受能力。事实上到 1941 年底太平洋战争全面爆发，当年 4 月才陆续开工的 5 艘"埃塞克斯"级

美国海军"埃塞克斯"级航空母舰第 12 艘"本宁顿"号。

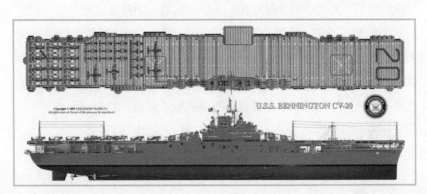

航空母舰均尚未完成船体的建造，更不用说开赴战场了。

　　尽管在日本海军"偷袭珍珠港"的过程中，美国海军的航空母舰由于恰好离港而躲过一劫，但考虑到未来海战中航空母舰所扮演的重要角色以及剧烈海空交锋的损耗，美国海军作战部决定将在建的9艘"克利夫兰"级轻型巡洋舰（总计在建27艘）改造为"独立"级轻型航空母舰。同时美国海军根据此前在大西洋战场上以商船改造成航空母舰为英国船队护航的经验，不断利用充沛的货轮资源建造出数量庞大的"护航航空母舰"。

　　正是在强大造船工业的保障之下，到1943年初，随着首批4艘"埃塞克斯"级航空母舰、9艘"独立"级轻型航空母舰的陆续服役，加上大修结束的"企业"号和"萨拉托加"号航母，美国海军在中部太平洋已经拥有了一支无坚不摧的海空突击力量。鉴于哈尔西还在南太平洋战场上搏杀，1943年8月5日，欧内斯特·金任命"中途岛海战"的功臣、美国太平洋舰队参谋长雷蒙德·阿姆斯·斯普鲁恩斯中将（Raymond Ames Spruance，1886—1969年）为中部太平洋战区的司令。不过出于政治平衡的目的，尼米兹不同意直接将斯普鲁恩斯中将编组为与哈尔西所部第3舰队并列的第5舰队，而是暂时只给予第5.0特混舰队的番号。但即便如此，从这一刻起太平洋战争的力量水平仍彻底倒向了以美国为首的盟军一侧。

　　不过相比以鲁莽著称的哈尔西，斯普鲁恩斯表现得颇为谨慎。一方面他将手中的航空母舰按照2艘"埃塞克斯"级航空母舰搭配1艘"独立"级轻型航空母舰，或1艘"埃塞克斯"级航空母舰搭配2艘"独立"级轻型航空母舰的模式，组建以3艘航空母舰为核心的战斗群。这样做的目的，是为了最大限度地形成航母舰载机的数量优势。

　　美国海军1艘"埃塞克斯"级舰队级航空母舰的舰载机数量为90架左右，1艘"独立"级轻型航空母舰则可以搭载53架左右的各型舰载机，也就是说，美国海军1个3艘航母战斗群总计拥有200架以上的舰载机。按照半数出击、半数整备的模式投入战斗，也足以形成一个百架规模的攻击机群。

附表：美国海军中部太平洋舰队各航母舰载机情况

（VF=舰载战斗机中队、VB=舰载轰炸机中队、VT=舰载鱼雷攻击机中队、VC=舰载反潜攻击机中队）

第1航母战斗群：

"约克城"号 "Yorktown" CV-10	VF-5	VB-5	VT-5
搭载战机型号	F6F-3	SBD-5	TBF-1
战机编制	36	36	18
"列克星敦"号 "Lexington" CV-16	VF-16	VB-16	VT-16
搭载战机型号	F6F-3	SBD-5	TBF-1
战机编制	36	36	18
"考彭斯"号 "Cowpens" CVL-25	VF-25	VF-6分遣队	VC-25
搭载战机型号	F6F-3	F6F-3	TBF-1
战机编制	26	12	9

第2航母战斗群：

"企业"号 "Enterprise" CV-6	VF-2	VB-6	VT-6
搭载战机型号	F6F-3	SBD-5	TBF-1
战机编制	36	36	18
"贝露森林"号 "Belleau Wood" CVL-24	VF-24	VF-6分遣队	VC-22B
搭载战机型号	F6F-3	F6F-3	TBF-1
战机编制	26	12	9
"蒙特利"号 "Monterey" CVL-26	VF-30		VT-30
搭载战机型号	F6F-3		TBF-1
战机编制	24		9

第3航母战斗群：

"埃塞克斯"号 "Essex" CV-9	VF-9	VB-9	VT-9
搭载战机型号	F6F-3	SBD-5	TBF-1
战机编制	36	36	18
"邦克山"号 "Bunker Hill" CV-17	VF-18	VB-17	VT-17
搭载战机型号	F6F-3	SB2C-1	TBF-1
战机编制	36	32	18
"独立"号 "Independence" CVL-22	VF-22	VF-6分遣队	VC-22
搭载战机型号	F6F-3	F6F-3	TBF-1
战机编制	16	12	9

第4航母战斗群（预备）：

"萨拉托加"号 "Saratoga" CV-3	VF-12	VB-12	VT-12
搭载战机型号	F6F-3	SBD-5	TBF-1
战机编制	37	24	18
"普林斯顿"号 CVL-23 Princeton	VF-23		VT-23
搭载战机型号	F6F-3		TBF-1
战机编制	24		9

　　此外斯普鲁恩斯还根据自己多年以来指挥水面舰艇编队为航空母舰战斗群护航的经验，开创性地将美国海军新近服役的新型"衣阿华"级等高速战列舰与航空母舰进行混编，极大地提升了航母战斗群的防空火力配备。进行完这些调整之后，斯普鲁恩斯信心满满地将目光投向了中部太平洋的战场。

　　按照美国海军作战部长欧内斯特·金上将的计划，斯普鲁恩斯所

部编组完成之后，便应直趋日本"南洋诸岛"最东端的马绍尔群岛。但斯普鲁恩斯和尼米兹都认为，日本陆、海军在马绍尔群岛经营多年，可谓树大根深。同时，马绍尔群岛距离日本海军联合舰队的主要海外锚地——特鲁克较近，如若贸然进攻极易与日本海军爆发舰队主力决战。而此时斯普鲁恩斯麾下的中部太平洋舰队无论是水面特混舰队还是两栖登陆部队，均处于初出茅庐的状态。要达到技战术和新型武器的完美融合，急需要一场牛刀小试的前哨战。因此斯普鲁恩斯向欧内斯特·金及美国参谋长联席会议建议：先集中兵力夺取吉尔伯特群岛，随后再以之为跳板攻取马绍尔群岛。

对于斯普鲁恩斯的意见，欧内斯特·金表示赞同。但仍认为美国海军中部太平洋舰队兵强马壮，不应只满足于夺取吉尔伯特群岛的首府塔拉瓦（Tarawa），而应该进一步深入日方控制区域，寻机夺取同样曾是英联邦殖民地的密克罗尼西亚首府瑙鲁岛（Nauru）。

对于欧内斯特·金的要求，斯普鲁恩斯感到颇为震惊。瑙鲁位于塔拉瓦以东 400 海里的日方控制区纵深，恰好处于日本海军拉包尔、特鲁克两大基地群的中间位置，刚刚组建的中部太平洋舰队如果深入其中，势必遭遇日本海军舰队和航空兵的联合绞杀。

权衡再三之后，斯普鲁恩斯于 1943 年 9 月 2 日当面向前来珍珠港视察的欧内斯特·金提出暂不攻取瑙鲁岛的请求。对于斯普鲁恩斯的谨小慎微，欧内斯特·金表示了理解。但仍坚持大军即出，不能只争一地。中部太平洋舰队依旧要在攻略塔拉瓦的同时，再选取一个打击目标。斯普鲁恩斯随即表示可以考虑攻占塔拉瓦以北约 100 海里的马金岛，理由是可以利用这座岛屿的礁湖建立舰队临时锚地，为下一步攻略马绍尔群岛做准备。

斯普鲁恩斯的畏缩不前，或许令欧内斯特·金联想到了遥远中国的那些"小脚女人"。但他并不想过多干涉这位前线指挥官的决策，何况在欧内斯特·金视察珍珠港的过程之中，斯普鲁恩斯派出"埃塞克斯"号、"约克城"号和"独立"号 3 艘航母由珍珠港出击，空袭了小笠原群岛最东段的南鸟岛。南鸟岛虽然只是一座距离日本本土 1125 公里、面积不过 300 公顷的珊瑚岛，但行政区划上却归日本首都东京管辖。此举的政治意味可谓颇为深远。体恤斯普鲁恩斯一片苦心的欧内斯特·金随即说服了参谋长联席会议，同意将在太平洋中部地区的反攻起点定在塔拉瓦和马金岛。自己的意见得到了领导首肯之后，斯普鲁恩斯随即于 9 月 18 日出动"列克星敦"号、"贝露森林"号和"普林斯顿"号，对塔拉瓦和马金岛展开空袭。

吉尔伯特群岛、马绍尔群岛和瑙鲁岛的简图。

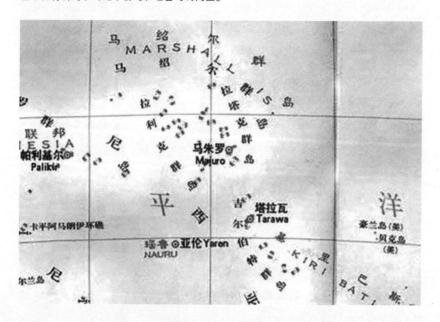

（二）破门之战——吉尔伯特群岛战役和美国海军航空兵优势的全面展现

久未露面的美军航母战斗群突然出现在太平洋中部战场，随即引起了日本海军联合舰队的高度重视。自"中途岛海战"以来，日本海军便始终将打击对手的航空母舰作为首要作战目标。因此击沉美军"大黄蜂"号、重创"企业"号和"萨拉托加"号航空母舰的"圣克鲁斯海战"（日方称"南太平洋海战"）一度被日本海军方面视为复仇之战。但为了取得这一战绩，日本海军方面也付出了航空母舰"翔鹤"遭遇重创、轻型航空母舰"瑞凤"飞行甲板受损的代价。

较之战舰的损伤，"圣克鲁斯海战"日本海军航空兵飞行员的伤亡更为惨重。根据战后统计，参与行动的日本海军舰载航空兵部队损失了49%的鱼雷攻击机、39%的舰载轰炸机和20%的舰载战斗机。148名富有经验的飞行员丧生于海天之间。如此惨重的伤亡加上此前在"珊瑚海海战""中途岛海战"中的战斗减员，参与过"偷袭珍珠港"的765名日本海军航空兵精英之中，已有超过400人死亡或被俘。

正是鉴于舰载航空兵部队的巨大损失，"圣克鲁斯海战"之后，日本海军参战的4艘航母中未曾受损的"瑞鹤""隼鹰"也不得不撤回本土，进行舰载机和飞行员的补充。因此"圣克鲁斯海战"的结果，事实上是两败俱伤，但与日本海军的有（航空母）舰无（舰载）机的窘境相比，有机无舰的美国海军情况稍许要好一些。毕竟失去航母的美国海军舰载机依旧可以转移到瓜岛的亨德森等地面机场继续作战。

鉴于美军在瓜岛战场的空中优势，时任联合舰队司令的日本海军大将山本五十六不断从本土的海军航空兵中抽调精锐投入这场围绕所罗门群岛的消耗战中，甚至不得不在1943年4月将刚刚在木土补充完整的舰载航空兵部队投入所谓的"伊（い）号作战"中去。但结果却差强人意。而就在山本五十六匆匆结束"伊（い）号作战"，赶赴前线的布干维尔岛视察当地日本海军陆基航空兵基地之时，早已准确掌握了其行程的美军拦截机群突然出现，将山本五十六及联合舰队参谋长宇垣

投入"伊（い）号作战"中的日本海军舰载航空兵。

缠分别乘坐的2架"一式"陆基攻击机击落，机上人员除宇垣缠侥幸逃生之后，包括山本五十六在内的日本海军联合舰队司令部成员全部遇难。

事后日本政府一方面以"海军甲事件"的暧昧称谓降低其影响范围，另一方面火速任命横须贺镇守府司令古贺峰一接掌联合舰队。虽然古贺峰一与山本五十六同为大将军衔，但在海军中的影响力却有着天壤之别。鉴于自身的政治威望和联合舰队当下恶劣的战略态势，古贺峰一于1943年5月借口美军在北太平洋阿留申群岛发起的反攻，将联合舰队主力由特鲁克前线陆续撤回本土，将"大和"等主力战列舰送入吴港进行雷达和防空系统的改装。但偏偏就在此时，6月8日日本海军"长门"级战列舰"陆奥"，于吴港内突然自爆沉没。舰上1474名官兵之中仅353人获救。

事后日本海军方面虽然组织了事故原因的调查，但结果令人大为失望。"陆奥"的沉没既不是美国海军潜艇的突袭，也不是所谓"'共产国际'特工的破坏"，最大的可能竟然是因为自身炮弹安全设计不过关而引发的自燃自爆。作为日本政府昔日在"华盛顿会议"之上绞尽脑汁才最终保留下来的战列舰，"陆奥"在几乎未向敌开一炮的情况下便沉没于己方的军港之中，不仅可谓窝囊，更令山本五十六死后本就士气低落的联合舰队更趋沮丧。

为了鼓舞士气，古贺峰一不得不改变原先在本土养精蓄锐的计划，于1943年8月乘坐旗舰"武藏",统率战列舰"大和""长门""扶桑",掩护向拉包尔方面运送战机的护航航空母舰"大鹰"再度南下特鲁克,并与楚克群岛(Chuuk Islands)休整的日本海军"机动舰队"主力:航空母舰"翔鹤""瑞鹤"、轻型航空母舰"瑞凤"、护航航空母舰"冲鹰"会合,准备寻找战机与美国海军展开决战。

演习中的"陆奥"号战列舰。

但是此时的日本海军联合舰队缺乏有效的战略侦察手段,完全处于被动挨打的地位。但就在9月8日美国航母战斗群空袭南鸟岛的前夜,古贺峰一还命令护航航空母舰"大鹰""冲鹰"经小笠原群岛返回横须贺,准备下一运输任务。古贺峰一的这一命令将舰队险些送到了美国海军航母战斗群的刀尖上。不过即便与美军航母擦肩而过,9月21日在父岛东北海域,"大鹰"号还是遭到了美国海军潜艇"石斑鱼"号(USS Cabrilla, SS-288)的伏击,右舷、舰尾被多枚鱼雷命中,但幸而无一爆炸。"大鹰"尽管一度失去动力,但最终还是在友舰"冲鹰"的拖拽下成功抵达了横须贺。

有趣的是"大鹰"自由货轮"春日丸"改造成护航航空母舰以来,便连续被美国海军的潜艇盯上,分别在1942年9月28日、1943年8月6日被美国海军潜艇"鲑鱼"号(USS Trout, SS-202)、"金枪鱼"号(USS Tunny, SS-282)伏击,但每次击中"大鹰"的鱼雷均由于引信的问题没有爆炸。显然这样的幸运并不可能维持太久,在不久的将来,美国海军的潜艇便将成为日本航母的终极杀手。

护航航空母舰"大鹰""冲鹰"返回横须贺的同时，古贺峰一也统率着联合舰队主力向北进入吉尔伯特群岛寻找战机。客观地说此时日本海军联合舰队编制有"翔鹤""瑞鹤""瑞凤"3艘航母，与来犯的美国海军"列克星敦"号、"贝露森林"号和"普林斯顿"号3艘航母组成的战斗群旗鼓相当。但斯普鲁恩斯对塔拉瓦和马金岛的空袭不过蜻蜓点水，完成任务后的美国海军很快便返回了珍珠港，扑了个空的古贺峰一也只能将舰队撤回特鲁克。

10月5日，美国海军中部太平洋舰队再次出动"埃塞克斯"号、"约克城"号、"列克星敦"号、"独立"号、"贝露森林"号和"普林斯顿"号总计3艘舰队航母、3艘轻型航母对威克岛展开空袭。面对这样一支美国海军强大的海空突击力量，古贺峰一不敢轻举妄动，只能等到美国海军撤走之后，才于10月17日带领联合舰队主力从特鲁克出击，完成了一次"贼去关门"的武装巡游。此后随着哈尔西指挥下的美军西南太平洋战区对所罗门群岛北部的日本陆、海军防御枢纽——布干维尔岛展开攻势，古贺峰一被迫将好不容易重整旗鼓的日本海军舰载机部队和以重型巡洋舰为主的第2舰队派往拉包尔方面助战，对美国海军中部太平洋舰队的威胁暂时也只能采取听之任之的态度。

多次被美国潜艇伏击却始终有惊无险的"大鹰"号。

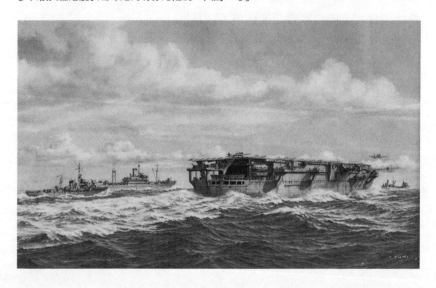

日本海军的大举南下，自然被哈尔西看在眼里。但此时美军西南太平洋战区手中连一艘航母都没有，要完成对拉包尔方面的航空突袭，哈尔西不得不向尼米兹求助。对于哈尔西这员心腹爱将，尼米兹自然是支持的，随即大笔一挥将中部太平洋舰队所属的第58任务群临时归在哈尔西的指挥序列之下。

由美国海军少将腓特烈·卡尔·谢尔曼（Frederick Carl Sherman，1888—1957年）指挥的美国海军第58任务群，此刻由舰队航母"萨拉托加"号和轻型航母"普林斯顿"号组成。尼米兹之所以在中部太平洋舰队所拥有的4个航母战斗群中单挑谢尔曼的第58任务群划入西南太平洋战区，一方面是因为谢尔曼和"萨拉托加"号航母在"圣克鲁斯海战"之前都曾是哈尔西的部下，另一方面则是因为此时谢尔曼正和斯普鲁恩斯闹得很不愉快。

斯普鲁恩斯对谢尔曼的不满，缘于其"抗命"不遵。在对南鸟岛空袭的任务中，斯普鲁恩斯曾计划由谢尔曼的第58任务群打头阵，但谢尔曼提出南鸟岛属于日本本土，贸然进攻很可能会遭到日本海军航空兵的全力反击，特别是在南鸟岛附近被击落的美军飞行员很可能将得不到任何救助而葬身鱼腹。作为一个参加过"珊瑚海海战"（谢尔曼时任航母"列克星敦"号舰长）的老将，竟然如此"畏战"，显然更多是要刻意给斯普鲁恩斯这个新领导难堪。

斯普鲁恩斯一气之下随即启动人事程序，准备撤换谢尔曼这个"刺头"。眼见中部太平洋舰队呈现"将帅失和"的局面，尼米兹只能暂时将谢尔曼编入西南太平洋战区所属的第3舰队序列，番号也由此变更为了"第58任务群"。眼见"萨拉托加"号重回自己的麾下，还带来了"独立"级轻型航母"普林斯顿"号，哈尔西自然是大喜过望，随即要求谢尔曼出动所有舰载机于1943年11月5日对拉包尔展开空中突袭。

客观地说以谢尔曼麾下2艘航母合计不过百余架舰载机，远程突袭日本陆、海军重兵守备的拉包尔，其危险程度远超过空袭南鸟岛。但是此前还爱兵如子的谢尔曼此刻却不再顾忌飞行员的死活，96架美国海军的各型舰载机冒着日本陆、海军密集的防空炮火和百余架战机的围追堵截，将炸弹倾泻在了停泊于拉包尔港内的日本海军第2舰队头上。

谢尔曼的此轮空袭事实上并未给予日本海军以毁灭性的打击，却为后续赶来的麦克阿瑟麾下的西南太平洋战区的陆军航空兵撕开了一个缺口，同时也令始终保持着观望态势的斯普鲁恩斯有些坐不住了。眼见对拉包尔的空中打击损失不大，且收获颇丰，11 月 17 日斯普鲁恩斯调集麾下第 50 特混舰队剩余的 3 艘"埃塞克斯"级舰队航母和 3 艘"独立"级轻型航母加入了空袭行动。对于斯普鲁恩斯的到来，哈尔西颇为得意，特意用自己擅长的美国式幽默写了一份电报："是时候把拉包尔（Rabaul）改写成'腊博尔'（rubble，意为碎砖破瓦）了"，俨然已经把自己视为斯普鲁恩斯的领导了。

斯普鲁恩斯麾下中部太平洋舰队的全力出击，虽然同样没有造成日本海军太大的舰艇损失，但是在防空作战和此后针对美国航母战斗群展开的所谓"布干维尔航空总攻击"中日本海军航空兵却是损兵折将。眼见好不容易积累起来的舰载机部队有全军覆没的危险，古贺峰一不得不要求第 2 舰队和所有舰载机部队撤出拉包尔。由此哈尔西利用老部下谢尔曼撬动所罗门群岛敌我力量对比的目的算是基本达到了。而斯普鲁恩斯也借此机会向尼米兹申请将谢尔曼所部调回自己的指挥序列，以便集中兵力发动对吉尔伯特群岛的进攻。而这仅仅是哈尔西和斯普鲁恩斯争夺美国海军主力航母战斗群的第一回合。

舰载机视角下的"萨拉托加"号。

而就在斯普鲁恩斯利用手中的新锐航母不断在小笠原群岛和吉尔伯特群岛之间四处点火的同时，美国海军中部太平洋舰队的两位两栖登陆作战负责人——第 5 两栖军军长霍兰德·史密斯少将（Holland Smith，1882—1967 年）、第 54 任务群（两栖登陆舰队）司令里奇蒙德·凯利·特纳少将（Richmond Kelly Turner，1885—1961 年）也正紧锣密鼓地筹措着对塔拉瓦和马金岛的登陆行动。

　　霍兰德·史密斯和特纳可谓是美国海军当时的登陆作战专家。而为了尽快在太平洋中部打开局面，欧内斯特·金更为其集中了一支颇为可观的两栖突击舰队。但在地面部队的调拨方面，欧内斯特·金这样的"全能上帝"却也是"巧妇难为无米之炊"。此时美国海军虽然编制有 4 个陆战队师，但海军陆战队第 3 师此时在哈尔西的指挥下准备登陆布干维尔岛。而以海军陆战队第 3 师的第 23 陆战团为基干组建的海军陆战队第 4 师，则仍处于整训阶段，尚不具备实战能力。可供使用的只有经历了残酷的瓜岛拉锯战，正分别在澳大利亚和新西兰休整的海军陆战队第 1、第 2 师。

　　按照欧内斯特·金的计划，海军陆战队第 1、第 2 师此时已经休整了半年有余，完全可以用于吉尔伯特群岛的登陆作战。但麦克阿瑟却坚持要扣下海军陆战队第 1 师用于攻打拉包尔所在的新不列颠群岛。为此美国陆、海军之间一度爆发了激烈的争吵。最终还是美国陆军参谋长乔治·卡特利特·马歇尔上将（George Catlett Marshall，1880—1959 年）出面调停，将"珍珠港事件"之后驻守夏威夷的美国陆军第 27 步兵师纳入中部太平洋舰队的指挥序列，以代替缺席吉尔伯特群岛战役的海军陆战队第 1 师。

　　仅从兵力和装备来看，这笔交易对于美国海军而言并不算吃亏，但是美国陆军第 27 步兵师自开战以来始终在美国西海岸承担警戒任务，官兵普遍缺乏实战经验，且没有经历过系统的两栖登陆作战。因此最终在兵力分配上，第 5 两栖军军长霍兰德·史密斯力主将第 27 步兵师用于日军防御相对薄弱的马金岛防线，而将夺取塔拉瓦的任务交给从新西兰出击的海军陆战队第 2 师。

　　由于此前已经通过频繁的空袭基本压制了塔拉瓦和马金岛两地的日军航空兵力，因此在战役正式打响之前，美国海军出动潜艇对目标地域进行了长时间的抵近侦察，修正了原有海图中的诸多错漏。但同时也发现塔拉瓦附近遍布珊瑚礁，登陆艇必须借助黄昏或夜间的大潮期才能登陆。权衡利弊之后，霍兰德·史密斯最终决定在上午8时30分的小潮高峰期发动进攻。

1943年11月10日，运载着美国陆军第27步兵师第105、第165步兵团各一个加强营，总计6500余人的"北部登陆集群"（美方战术编号：第52任务群）从夏威夷出发。与此同时于11月1日离开驻留已久的新西兰首府惠灵顿，前进至英、法共管的新赫布里底群岛（New Hebrides，今为"瓦努阿图共和国"）的美国海军陆战队第2师，则在完成战前适应性训练的同时，与海军登陆、支援舰艇分队编组为"南部登陆集群"（美方战术编号：第53任务群）。

11月12日，美国海军以陆基航空兵为主编组的第57任务群，从富纳富提（Funafuti，距离吉尔伯特群岛约1260公里）、贝克（Baker，距离吉尔伯特群岛约860公里）等地出击，对塔拉瓦和马金两岛展开了长达7天的空袭。与此同时，由斯普鲁恩斯亲自指挥的第50特混舰队主力沿着吉尔伯特群岛一字排开：由"约克城"号、"列克星敦"号和"考彭斯"号组成的第1航母战斗群在吉尔伯特群岛以北展开，负责拦截日本海军从马绍尔群岛南下的海、空力量；由"企业"号、"贝露森林"号和"蒙特利"号组成的第2航母战斗群驻守马金岛附近海域。由舰队航母"埃塞克斯"号、"邦克山"号及轻型航母"独立"号组成的第3航母战斗群则负责对塔拉瓦的航空火力支援。而最为危险的西进任务，则交给了谢尔曼麾下由"萨拉托加"号和"普林斯顿"号组成的第4航母战斗群，他们将负责监视特鲁克和瑙鲁方面的日本海军动向。

斯普鲁恩斯之所以将所有航母战斗群悉数投入战斗，与其说是为了"牛刀杀鸡"以空中打击的重锤粉碎塔拉瓦和马金两岛的抵抗，不如说是防患于未然。作为"中途岛战役"的亲历者，斯普鲁恩斯深知航母战斗群难以兼顾对地支援和航空决战两项任务。

如果在己方航母编队致力于支援两栖登陆之际，日本海军的"机动舰队"突然出现，那么即便在航母数量上占据绝对优势，自己也可能会重蹈南云忠一和山口多闻的覆辙。因此与其被动防御，不如主动"围点打援"，希望以吉尔伯特群岛为诱饵，将日本海军引入自己布设的陷阱。

由于航母战斗群主力将用于洋上决战，因此除了 11 月 18 日第 3 航母战斗群对塔拉瓦进行了一次航空突袭之外，整个登陆过程的空中支援任务将主要由 8 艘护航航母（北部登陆集群配备 3 艘、南部登陆集群配备 5 艘）担当。

按照预定计划，对塔拉瓦和马金两岛的登陆行动将在同一时间展开。1943 年 11 月 20 日凌晨，美国陆军第 27 步兵师及海军陆战队第 2 师分别抵达登陆场附近海域。上午 5 点左右，担负火力支援任务的 7 艘老式战列舰逐一弹射舰载侦察机，随即在空中校射的情况下向日军滩头阵地倾泻火力。不过这些已经远远落后于时代的庞然大物，似乎还不太适应对岸攻击的任务。

编入"北部登陆集群"的"密西西比"号战列舰（USS Mississippi，BB-41）展开炮击后不久，便发生了炮塔爆炸事故，43 名水兵当场身亡、19 人受伤。当然这已经不是"密西西比"号第一次自摆乌龙了，1924 年在一次演习中，这艘战列舰也曾发生过类似事故，造成了 48 人死亡。无独有偶，作为"南部登陆集群"的旗舰，"马里兰"号战列舰（USS Maryland，BB-46）也在齐射了 2 轮之后出现通讯系统失灵的故

美国海军蓄势待发的航母和舰载机部队。

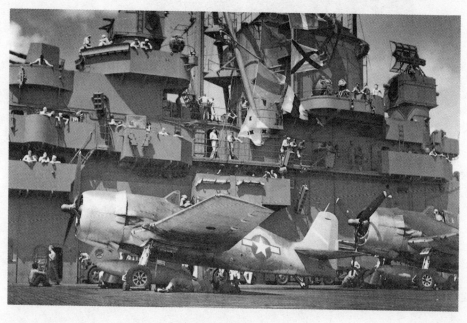

障。而比起这些机械故障来，美国海军在对岸轰击过程中大量使用高爆炮弹所产生的巨大烟雾，更令美军后续的火力展开和空中打击收效甚微。

　　1943 年 11 月 20 日上午 8 点左右，美国陆军第 27 步兵师及海军陆战队第 2 师登陆部队完成了从大型登陆舰到小型登陆艇及 LVT 两栖战车（履带式登陆车"Landing Vehicle，Tracked"的英文缩写）的换乘，朝着滩头阵地的方向发起了编波冲击。马金岛上的日本守军兵力有限，总兵力 693 人中还包括了第 802、第 952 航空队的 110 名地勤人员以及第 111 设营队的 340 名朝鲜劳工和军属，实战部队仅第 3 根据地队分遣队的 243 人。而就是如此薄弱的兵力，在此前美军的空袭中又伤亡了上百人。

　　鉴于敌我兵力过于悬殊，日本海军第 3 根据地队分遣队指挥官藤野齐助特务中尉决定放弃马金岛西南部的防御，将主要兵力和武器集中在北部的堡垒地区。1943 年 11 月 20 日上午 10 点左右，美国陆军第 27 步兵师成功控制了马金岛西部名为"红滩"的登陆场，并运来了师属炮兵营的 105 毫米榴弹炮，构筑起了覆盖全岛的炮兵阵地。

20 世纪 30 年代演习中的"密西西比"号。

但就在美军似乎已经胜券在握之际，美国陆军第27步兵师却突然将主攻方向调整到了马金岛北部地区。按照该师师长拉尔夫·科比特·史密斯少将（Ralph Corbett Smith，1893—1998年）事后的解释，第二梯队在马金岛北部的登陆，完全是经过缜密计算和事先布置的。美国陆军方面希望通过在马金岛西部的登陆，将日军主力吸引出北部的堡垒区域，随后再在北线给予对手致命一击。但考虑到此时西部登陆场已经进入了退潮期，后续部队只能在距离海岸线270米的地方涉水登陆。选择在北线发动新一轮登陆作战，可能更多的是一种根据战场环境的临时决策。

　　尽管在强大的舰炮和空中火力的支援之下，美国陆军第27步兵师在马金岛北部的登陆同样颇为成功，但两道防坦克暗壕和由水泥浇筑的机枪火力点，还是给美军的推进带来了巨大的阻碍。而装备着射击精度颇高的"三八式"步枪的日军散兵更借助岛上茂密植被的掩护，不断潜入美军的战线后方，狙击美军军官。亲临前线指挥的美国陆军第165团团长加德纳·康罗伊上校便死于这样的冷枪之下。

　　随着天色变暗，日军士兵更发挥了夜战的特长，不断袭扰美军的战线。此时双方的战线已呈现犬牙交错的态势。马金岛附近海域的美国海

由于退潮，美国陆军第27步兵师的后续部队只能涉水登陆。

军战列舰和舰载机顿时失去了用武之地。战斗随即成为地面部队之间的残酷攻防。对于第27师师长拉尔夫·科比特·史密斯少将而言，这并非不可接受的结果，毕竟陆军最为传统的战术便是一米一米向前推进，为了减少部下的伤亡，史密斯少将试图尽可能地放慢进攻的节奏。

但这一安排很快便引来了他的顶头上司——第5两栖军军长霍兰德·史密斯的不满。毕竟霍兰德·史密斯代表着海军的立场，马金岛周围庞大的攻击舰队每多停留一分钟便多一分遭遇日本海军偷袭的风险。11月20日美军发动对塔拉瓦和马金两岛登陆作战的同时，日本海军方面便从马绍尔群岛方向出动第775航空队所属的"一式"陆基攻击机对美军航母战斗群展开攻击。

尽管在美国海军航空兵的拦截之下，这些没有战斗机掩护的决死突击几同于自杀，但在11月21日的空袭行动中，日本海军第775航空队还是抓住了美国海军第50特混舰队第3航母战斗群正在回收战机的有利时机，成功以航空鱼雷重创了"独立"号轻型航母，导致这艘战舰主机舱、锅炉舱和弹药舱进水，被迫撤出战列、返回珍珠港进行紧急抢修。

可惜的是日本海军第775航空队此时在马绍尔群岛方面仅有40架"一式"陆基攻击机，在连续两天的突袭行动折损29架之后，便无力再战了。而美国海军在"独立"号遭遇重创之后，也紧急出动第50特混舰队第1航母战斗群对马绍尔群岛方向日军机场展开轰炸和空中封锁。而鉴于舰载机部队于"布干维尔航空战"中元气大伤，古贺峰一也不敢贸然出动以航母为中心的水面舰艇编队与美军展开决战，只能要求正在附近海域活动的潜艇部队向吉尔伯特群岛的美军水面舰艇展开突袭。

事实上早在美军于吉尔伯特群岛展开登陆之前，日本海军便已在该区域部署了"甲潜水部队"部队的"伊-19""伊-21""伊-35""伊-39"4艘潜艇。从战斗经历来看，这4艘潜艇无不是有着丰富战斗经验的精锐部队。11月17日，曾经在"圣克鲁斯海战"中重创美国海军"大黄蜂"号航母、"北卡罗来纳"号战列舰，击沉"奥布赖恩"号驱逐舰（USS O'Brien, DD-415）的日本海军功勋潜艇"伊-19"首先在对珍珠港进行抵近侦察的过程中发出了美军大举向吉尔伯特岛袭来的警报。此后"伊-35"在11月20日发出了塔拉瓦西南70海里处发现美国海军航母战斗群的消息。

得到敌军确切消息的联合舰队司令部随即命令特鲁克基地内的"甲潜水部队"的"吕-38""伊-40"以及正在特鲁克和本土之间执行运输任务的"伊-169""伊-174""伊-175"3艘潜艇赶赴吉尔伯特群岛参战。

可惜日本海军的增援部队尚未赶到，11月22日下午试图攻击美国海军航母的"伊-35"便被美军驱逐舰"米德"号（USS Meade，DD-602）和"弗雷泽"号（USS Frazier，DD-607）发现，在挨了一顿密集的深水炸弹攻击之后，"伊-35"被迫浮出水面，在美军驱逐舰和反潜战机的围攻之下被击沉。舰长山本秀男以下95人中仅3人侥幸获救。同一天从特鲁克出击的"伊-40"，在马金岛附近失去了联络，但由于美国方面没有相关的击沉记录，因此一般认为这艘潜艇是因机械事故而自沉于海底。艇长渡边腾次少佐以下97人全部阵亡。

正是鉴于日本海军航空兵和潜艇部队的大举来犯，火爆脾气的霍兰德·史密斯选择亲自赶赴第27步兵师师部督战，令现场气氛一度十分尴尬。但在领导的高压之下，第27步兵师也不得不全力猛攻。在美军

经过在大西洋上与德国潜艇部队的较量，美国海军驱逐舰的反潜能力有了长足的进展，图中为击沉"伊-35"的美军驱逐舰"米德"号。

的步步紧逼之下，11月22日夜马金岛守军发动自杀式冲锋，最终全体"玉碎"。11月23日美国陆军第27步兵师宣布马金岛战役以胜利告终。综合双方的伤亡比，美国陆军以64人阵亡、152人负伤的代价，全歼了岛上近千守军，似乎还算说得过去。但在美国海军的眼中，时间仍拖得太漫长。而就在马金岛地面战斗结束的次日，日本海军便针对美军舰队发动了更大规模的潜艇突袭。

11月23日夜，美国海军展开全面的反潜作业，"科腾"号驱逐舰（USS Cotten，DD-669）成功在马金岛附近海域击沉来犯的日军潜艇"吕-38"。但与此同时，日本海军潜艇"伊-175"成功突破美军驱逐舰的反潜警戒线，于11月24日上午10点逼近马金岛外围的美军支援舰队锚地，成功击沉了美国海军护航航母"利斯科姆湾"号（USS Liscome Bay，CVE-56）。舰上包括护航航母战斗群司令亨利·马斯顿·马林尼克斯少将（Henry Maston Mullinnix，1892—1943年）以下650人丧生，其中还包括"珍珠港事件"中的黑人士兵英雄多里斯·米勒（Doris "Dorie" Miller，1919—1943年）。

"伊-175"的战绩给了日本海军潜艇部队以莫大的鼓励，在随后的几天里其余参战潜艇不断尝试突破美国海军驱逐舰的反潜警戒线，但结果却是损兵折将。1943年11月25日、26日、27日三天时间里，日本

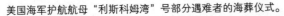

美国海军护航航母"利斯科姆湾"号部分遇难者的海葬仪式。

海军功勋潜艇"伊-19""伊-39""伊-21"先后被美国海军驱逐舰"雷福德"号（USS Radford，DD-446）、"博伊德"号（USS Boyd，DD-544）、"沙雷特"号（USS Charrette，DD-581）击沉。自此日本海军部署于吉尔伯特群岛方向的"甲潜水部队"全军覆没。

　　尽管成功击沉了日本海军5艘潜艇，但"利斯科姆湾"号护航航母的沉没还是令美国海军方面颇为痛惜，事后更是指责陆军第27步兵师作战不力，最终导致舰队长期暴露在日本海军潜艇的威胁之下。但事实上由海军陆战队第2师主攻的塔拉瓦方面的战斗延续时间更长，只是塔拉瓦远离日本海军的打击范围，因此护航及支援舰队损失才相对有限。

　　但在塔拉瓦战役中，由于登陆初期的火力准备不足，直接导致了登陆部队在靠近滩头后遭遇了日本守军密集的火力压制，大批登陆艇、LVT两栖战车及M4"谢尔曼"型坦克被击毁，各级指挥官更是伤亡过半。在这次战役中，美国海军方面出动4艘驱逐舰冒着对手的炮火，直接停泊在滩头阵地附近充当固定火力点。如果不是美国海军陆战队第2师经历过瓜岛苦战的磨砺，那么塔拉瓦战役在登陆阶段便可能归于失败。

　　11月21日夜，统一指挥塔拉瓦日本海军各部队的第3根据地队司

战后死伤狼藉的塔拉瓦滩头。

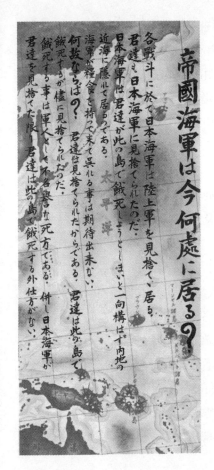

令柴崎惠次又对美军滩头阵地发动反击。日本海军陆战队的精锐部队更占据此前于近海搁浅的运输船"齐田丸"，对美军滩头阵地侧后构成火力威胁。美国海军方面调集了大批舰载机才最终将"齐田丸"彻底炸沉。

在惨烈的反复拉锯之下，仅有1669人的日本海军佐世保第7特别陆战队及902人的第3根据地本队很快便消耗殆尽。11月23日夜在带领部队对美军发动了3轮突袭之后，深感局势已难挽回的柴崎惠次在向美军决死冲锋的过程中被打死。岛上剩余的日军士兵和朝鲜劳工在美军密集的心理战攻势和劝降声浪中选择了投降。

虽然在美军于塔拉瓦投下的传单之上赫然写着："你们（日本）帝国海军的舰队呢？"但可以想见在面对柴崎惠次等同僚于塔瓦拉死战之时，身为联合舰队司令的古贺峰一同样承受着巨大的压力。11月21日，在日本陆军以第52师团步兵第107联队为基干编组的"甲支队"抵达加罗林群岛的首府——波纳佩岛之后，古贺峰一一度决定以轻型巡洋舰"那珂""五十铃""长良"，驱逐舰"雷""响"及2艘运输船组成运输舰队，在重型巡洋舰"鸟海""铃谷""熊野""筑摩"，轻型巡洋舰"能代"，驱逐舰"早波""藤波""初月""野分""舞风"的掩护下对塔拉瓦的美军展开"逆登陆"攻击。

但由于11月22日夜与塔拉瓦方面的通讯便已然中断，增援行动也只能宣告取消。不过从另一个角度来看，如果这支缺乏航空兵掩护的日本海军舰队真的向吉尔伯特群岛

美国海军揶揄日本联合舰队避而不战的劝降传单。

挺进,那么在斯普鲁恩斯麾下庞大的海空攻击机群面前,最终可能还没接近塔拉瓦便被悉数击沉了。

在夺占塔拉瓦和马金两岛的同时,美国海军还出动"舡鱼"号潜艇对位于塔拉瓦东南约 140 公里的阿贝马马岛(Abemama)展开武装侦察,不过上岛的美国海军陆战队士兵很快便发现岛上的日本守军不过 25 人。于是在几天的小规模战斗之后,11 月 25 日美国海军完全控制了阿贝马马岛,并开始在当地修筑机场,以便进一步攻略马绍尔群岛。

(三)雨林鏖兵——布干维尔岛的拉锯和美军在新不列颠岛的登陆

吉尔伯特群岛的地面战虽然仅仅持续了 3 天,但是由此而产生的巨大伤亡还是令美国海军高层颇为震惊。尼米兹于 11 月 27 日亲临战场,面对弹痕累累、尸横遍野的战场,这位美国海军太平洋舰队司令除了对参战部队好言宽慰之外,不得不责成斯普鲁恩斯等人认真总结经验教训。而中部太平洋战区的此番惨胜也无疑给仍在所罗门群岛和新几内亚苦战的哈尔西和麦克阿瑟以莫大的鼓励。在他们看来,美国海军作战部长欧内斯特·金渴望在中部太平洋地区"一脚破门",事实上已经踢到了铁板,只要迅速在自己的战区打开局面,仍有可能令参谋长联席会议维持以南太平洋和西南太平洋地区为主攻方向的决定。

有鉴于此,11 月 1 日成功在日军所控制的所罗门群岛北部要塞——布干维尔岛发动登陆作战的哈尔西,在以美国海军陆战队第 3 师巩固位于该岛西部的托罗基纳登陆场之后,又陆续投入了美国陆军第 37 步兵师及海军陆战队的后续部队,开始向布干维尔岛的纵深发起进攻。而面对美军在布干维尔岛的增兵,驻守拉包尔的日本陆军第 8 方面军也不得不从已经为数不多的战略预备队中,抽调出隶属于第 17 师团的步兵第 81 联队,以登陆艇"蚂蚁运输"的方式送往布干维尔岛,以配合守备该岛的日本陆军第 6 师团对美军登陆场的全面反攻。

作为日本陆军的精锐部队,来自日本九州岛南部的"熊本"第 6 师团向来自视甚高。在美国海军陆战队于布干维尔岛登陆初期,第 6 师团仅以步兵第 23 联队为基干组成的"滨之上支队"（指挥官为步兵第 23 联队长滨之上俊秋大佐），便试图配合在美军登陆场侧后展开"逆登陆"的所谓"第二机动决战队"（以第 17 师团步兵第 54 联队 1 个大队的兵力组成），全歼美国海军陆战队第 3 师，结果自然是碰了个头破血流。

不过在所谓的"第一次总攻击"受挫之后，第 6 师团倒没有如其他日本陆军部队那般的死打硬拼，而是迅速调整了策略，除在美军登陆场周边构筑警戒阵地，迟缓对方向纵深推进之外，开始在布干维尔岛中部的雨林地带构筑交通网，试图利用美军脱离滩头阵地、深入雨林地带之际予以邀击。

面对日本陆军方面的围而不攻，驻守托罗基纳登陆场的美军逐渐失去了耐心。随着登陆场所在区域内的美军野战机场和海军基地逐渐成形，美国海军陆战队决定在布干维尔岛南部再发动一场两栖突击作战。1943 年 11 月 29 日美国海军陆战队第 1 伞兵团第 1 营在营长理查德·费根（Richard Fagan）少将的指挥下，海军陆战队第 2 突击团 M 连等兄弟部队的加强下，于布干维尔岛南部的纳博伊地区展开登陆。

由于日军事先没有预想到美军会发动第二次登陆作战，美军突击部队成功在第 6 师团后方机关云集的纳博伊地区建立一个小型的滩头阵

纳博伊之战中被压制在滩头阵地的美国海军陆战队。

　　　　　　　　　　　　　　　　　　　　　　太平洋战争全史

地。但就在美军突击部队杀入日本陆军辎重兵第6联队的仓库区，可以放手大肆破坏之际，恰好撞上了此前刚刚在"第一次总攻击"中败下阵来的日本陆军步兵第23联队。不清楚战场情况的理查德·费根被这样一支突然出现的残兵吓得够呛，只能一边在滩头阵地组织固守，一边向上级机关申请马上撤退。

　　冒着日本陆军第6师团密集的炮火，美国海军在以3艘驱逐舰和1艘由登陆艇改装的炮火支援舰的掩护下，将理查德·费根所部救出了包围圈。事后美国方面宣称尽管理查德·费根所部伤亡百余人，但在舰炮火力的支援下也毙伤日军200人以上。而日本陆军第6师团更将这场小规模战斗吹嘘为"纳博伊歼灭战"，称击毙美军375人，缴获军用物资无数。

　　尽管"纳博伊之战"实际规模远没有战后双方宣称的那么大，但却给布干维尔岛的战局带来了深刻的影响。在日本陆军第6师团看来，仅凭借步兵第23联队这样一支残兵部队便成功击退了对手精锐的两栖突击部队，美军的战斗力不过尔尔。只要准备充分，完全可能一举将对手赶下海。而在哈尔西眼中，"纳博伊之战"预示着美国海军陆战队在布

日本陆、海军划分的西南太平洋战区，其中4号为拉包尔防区、12号为新爱尔兰岛、11号为新几内亚莱城地区、8号为芬什哈芬、5号为马丹地区。

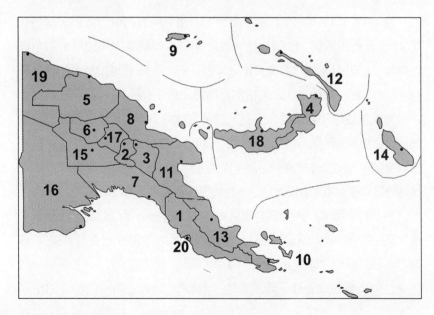

干维尔岛的两栖突击使命已经完成，接下来在该岛雨林中的拉锯战应该交给陆军完成。基于这样的考虑，1943年12月哈尔西指示美国陆军第14军军部及第23"亚美利加"步兵师接手布干维尔岛的战事。美国海军陆战队第3师则计划投入与拉包尔仅一海之隔的新爱尔兰岛的登陆作战中去。

哈尔西之所以在布干维尔岛战斗尚未结束之际，便急不可耐地又要登陆新爱尔兰岛，是因为此时麦克阿瑟所领导的美军西南太平洋战区在莱城、芬什哈芬一线击溃日本陆军第51和第20师团主力，完全控制了与新不列颠岛西部遥遥相对的新几内亚东部地区。急于向华盛顿方面证明自身价值的麦克阿瑟，一方面命令麾下的美澳联军主力继续向新几内亚西部的马丹地区挺进，一方面则计划将从海军作战部长欧内斯特·金手中扣下的美国海军陆战队第1师，直接用在新不列颠岛西部展开登陆。

对于麦克阿瑟在新几内亚战事尚未结束，便在新不列颠岛开辟新战场的行为，后世之人站在不同的角度给予褒贬不一的评价。赞许者认为麦帅用兵飘忽不定，成功打乱了日军的战略部署。而持否定意见的人士则指出麦克阿瑟多线作战，为兵家所忌。但要客观评价麦克阿瑟所发动的这场新不列颠岛西部战役，仍需要对其计划及实施过程进行理性的分析。

在1943年11月拟定作战计划之初，麦克阿瑟的设想是以美国陆军第42步兵师所属第112骑兵团，先行于新不列颠岛南岸的马卡斯角进行佯攻，以吸引拉包尔方面日本陆军的注意力。随后美国海军陆战队第1师主力于新不列颠岛西北部的格洛斯特角展开登陆。

单纯从战略部署来看，麦克阿瑟是有意将新不列颠群岛西部的日本陆军吸引到南部地区，随后从北线展开包抄，在寻机歼敌一部之后，再考虑向拉包尔方面挺进的问题。但令麦克阿瑟没有想到的是，他的作战计划恰好与日本陆军第8方面军司令今村均支援新几内亚的行动撞了个满怀。

在今村均看来，由于联合舰队的主力已撤出所罗门群岛，因此布干维尔岛的败局实际上已难挽回。拉包尔方面虽然仍驻守有日本陆军10余万人马，但一旦落入美国陆、海军于新几内亚和所罗门群岛所展开的包夹之中，势必成为被不断消耗的"磨心"。因此在所罗门群岛的沦陷已成定局的情况下，必须全力确保新几内亚战线。基于这一考虑，今村均于 1943 年 11 月上旬便决定将作为方面军预备队的第 17 师团开赴新不列颠岛西部，待机横渡丹尼尔海峡，支援新几内亚战线。

此时第 17 师团虽然已经将所属步兵第 81 联队调往布干维尔岛方向，兵力仅剩三分之二，但新不列颠岛上日本陆军还有诸多后方机关和零碎部队，因此在第 17 师团抵达预定位置时，日本陆军在新不列颠岛西部已经形成了一道相对连贯的防线：第 51 师团后方机关和补充部队驻守南线的马卡斯角。由松田严指挥的第 65 旅团（以步兵第 141 联队为基干）、步兵第 153 联队的主力、炮兵 1 个大队、搜索第 51 联队等部队控制着新不列颠西北部地区。第 17 师团所部生力军则停留在新不列颠岛中南部地区的加斯马塔一线。

日本陆军方面的部署，麦克阿瑟似乎并不知情。因此当 11 月 15 日，美国陆军第 112 骑兵团在马卡斯角登陆时，麦克阿瑟还刻意在两次登陆作战之间留出了 10 天的间隔期以便日本陆军可以尽可能多地向南线集中。但麦克阿瑟并没有预想到一度沉寂的日本陆、海军航空兵会在此刻复活。

由于预判马卡斯角方面登陆的美军兵力有限，因此拉包尔方面的日本陆军第 8 方面军与海军东南舰队决定全力歼灭这股敌军。在从特鲁克方面 60 余架战机加入的情况下，拉包尔方面的日本海军航空兵又恢复到了 200 架左右的规模，加上日本陆军第 4 航空军的残余力量，日本陆、海军联手对马卡斯角方面的美军登陆船队展开了多次空袭。

尽管按照日本方面的说法，他们在海上便成功消灭了美军半数以上的运输船团，但事实上承担第 112 骑兵团运输任务的 2 艘运输船："卡特·霍尔"号（USS Carter Hall，LSD-3）、"西澳大利亚"号（HMAS Westralia，F95/C61）和 2 艘护航驱逐舰"金沙"号（USS Sands，DD-243）、"汉弗莱"号（USS Humphreys，DD-236）无一沉没。日军航空兵的战绩至多是炸沉了几艘登陆艇而已。

附表1：马卡斯角登陆的美军作战序列：

第 112 骑兵团级战斗群

第 112 骑兵团

第 148 野战炮兵营（12 门 M2A1 型 105 毫米榴弹炮）

第 59 工兵连

第 236 高射炮营（不满编）

第 470 炮兵营（2 个重机枪排）

海军陆战队两栖工程兵第 1 营 1 连

第 26 军需战犬排

海军陆战队第 1 坦克营 B 连

预备队：
第 158 步兵团第 2 营 G 连、F 连

　　登陆之后，第 112 骑兵团随即与日本陆军爆发激战。自以为得计的麦克阿瑟随即启动第二步行动。但是当 1943 年 11 月 26 日，美国海军陆战队第 1 师扑向北线的格洛斯特角海滩之时，依旧遭到了当地日本陆军第 65 旅团的顽强抵抗。双方围绕着滩头阵地和美军控制的格洛斯特角机场展开了长达 5 个昼夜的拉锯战。饶是美国海军陆战队骁勇善战，也始终无法打开局面，向纵深推进。

　　1944 年 1 月 2 日，随着日本陆军步兵第 141 联队抵达战场，两军更围绕着名为三角山的制高点展开争夺。但此时战场的环境已经呈现出了新的变化。1 月 2 日麦克阿瑟在新几内亚中部的昆比岬发动了新的登陆作战，虽然投入的兵力有限，仅为以美国陆军第 32 步兵师第 126 步兵团为基干组织的团级战斗群，但昆比岬地处日本陆军第 20 师团抵抗美军的前沿要塞西奥和后方基地马丹之间，眼见后路被切断的日本陆军第 20 师团被迫放弃西奥前线，迂回绕过昆比岬附近的美军阵地，通过菲尼斯蒂尔山脉北坡的密林地带，向马丹地区转移。

　　弃守西奥之后，日本陆军在新几内亚的战线不得不又向西退缩了 300 公里，彻底与新不列颠方面切断了联系。与此同时为了配合哈尔西在新爱尔兰岛的登陆行动，斯普鲁恩斯所指挥的美国海军中部太平洋舰队，再度以空前庞大的航母战斗群出现在新爱尔兰岛的东侧，并再度对拉包尔展开密集的轰炸。担心美军会在新爱尔兰岛登陆、甚至直趋拉包尔的今村均不得不于 1 月 20 日命令第 17 师团及其他日本陆军部队放弃

新不列颠岛西部，退守岛屿中部的山岳地带。但此时美国海军陆战队第1师已无力展开追击，只能继续固守格洛斯特角机场，并在2月初全部撤离新不列颠岛，转往拉塞尔群岛上的帕武武岛（Pavuvu）进行休整。

　　有趣的是，战后英美战史专家均不约而同地否定了日本陆军在新不列颠岛西部的抵抗，而将美国海军陆战队第1师的损失归咎于恶劣的自然环境："海军陆战队为夺取这个小机场在泥水很深的沼泽地里苦战了3天，许多人实际上是被枯树上掉下来的湿树枝砸死的……在这些丛林里，一天的降雨量是16英寸。事实证明，新不列颠的'绿色地狱'的条件比在所罗门群岛中任何一个岛屿上遇到的都不知艰苦多少倍。"并高度赞扬了美国海军陆战队士兵的奉献精神："在海军陆战队第1师面前没有不可克服的困难。"但可以想见的是日本陆军也是在同样恶劣的环境下作战，如果没有他们的抵抗，美国人的麻烦会小得多。

　　纵观麦克阿瑟所发动的这次"新不列颠岛西部战役"，其最初的勃勃野心绝非只是为了夺取格洛斯特角的机场那么简单，但是由于恶劣的自然环境和日本陆军的顽强抵抗，最终播下的龙种也只能收获跳蚤。而在战前麦克阿瑟甚至一度打算在新不列颠岛中部地区发动一场空降行动。幸亏这一冒险的举措遭到了美国海军陆战队方面的抵制，否则美

在新不列颠岛西部雨林中苦战的美国海军陆战队第1师。

国海军独立第 503 伞兵团很可能会在新不列颠岛上折戟沉沙。但无论如何，美军在新不列颠岛西部的登陆都极大地牵制了日本陆军第 8 方面军的行动，为隔断新几内亚与拉包尔之间的联系打下了坚实的基础。

尽管麦克阿瑟和哈尔西对拉包尔形成了围攻之势，但在美国海军作战部长欧内斯特·金看来，这一方向的战斗纯属浪费时间。尽管吉尔伯特群岛战役造成的伤亡数字令其在参谋长联席会议上承受了一定的压力，但这并不能动摇其进一步攻略马绍尔群岛的雄心。当然这些意见并不方便由他直接提出，于是美国太平洋舰队司令尼米兹便成为了这一战略意图的代言人。

早在吉尔伯特群岛战役结束之后，尼米兹便在珍珠港向斯普鲁恩斯等中部太平洋舰队的指挥层传达了"先生们，我们的下一个目标是夸贾林环礁（Kwajalein Atoll）"的决心。但是对于这一计划，中部太平洋舰队上下普遍并不看好。因为根据情报，吉尔伯特群岛战役之后，日本陆、海军已经进一步强化了马绍尔群岛的防御力量。其中夸贾林环礁之上除了原有的日本海军第 6 根据地队所属的第 61 警备队之外，还陆续有日本陆军第 1 海上机动旅团第二大队等部队的加入。而根据此前在塔

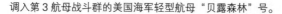

调入第 3 航母战斗群的美国海军轻型航母"贝露森林"号。

太平洋战争全史

瓦拉岛的攻坚经验，美国海军中部太平洋舰队普遍认为这是一块难啃的"硬骨头"。

不过秉承"没有困难要上，有困难克服困难也要上"的原则，尼米兹还是亲自操刀拟定了一份名为"银行利率"（bank rate）的计划，呈交给了欧内斯特·金审批。根据这份计划，美国海军通过在吉尔伯特群岛新建的机场对马绍尔群岛展开空中打击，随后攻击部队将直接插到马绍尔群岛的心脏地带，首先攻占夸贾林环礁，随后向马绍尔群岛西北端的埃尼威托克岛（Eniwetok Island）跃进。

这份单刀直入的计划自然非常贴合于欧内斯特·金杀伐决断的性格，因此除了将给人以市侩之感的行动代号"银行利率"改为杀气十足的"燧发枪"（Flintlock）之外，几乎一字未改，便直接下达给中部太平洋舰队，要求斯普鲁恩斯尽快予以执行。

斯普鲁恩斯虽然深知大规模登陆作战的准备不可能一蹴而就，但军令如山也不敢有违，只能对麾下第50特混舰队所属的第1、第3航母战斗群进行重新编组：原属于第3航母战斗群的轻型航母"独立"号由于在吉尔伯特群岛战役中受损，被迫退出战列返回珍珠港进行修理，留下的空缺由原属第2航母战斗群的"贝露森林"号轻型航母顶替。重新恢复齐装满员状态的2个航母战斗群随即向马绍尔群岛驶去，美国海军在中部太平洋的新一轮攻势由此拉开了序幕。

（四）主攻路线——美国参谋长联席会议的内部风云和马绍尔群岛战役

当美国中部太平洋舰队的2个航母群杀气腾腾地出现在马绍尔群岛近海之际，日本海军方面却仍处于盲目乐观的状态。因为根据此前布干维尔岛航空战和吉尔伯特群岛方面所传递回来的战果，日本海军方面判断已经击沉、重创了对手6艘以上的航空母舰，斯普鲁恩斯麾下的航母战斗群元气大伤，一时半会儿无法再发动大规模的进攻。有鉴于此，日本海军甚至取消了马绍尔群岛方面的航空警戒状态，将此前元气大伤的第22航空战队撤往马里亚纳方向的提尼安岛（日方称"天宁岛"）进行整补。马绍尔群岛地区剩余的陆基战机及"二式"飞行艇、"二式"水上战斗机编组为第24航空战队。

1943年12月4日夜，美国海军航母战斗群在完成了一次海上补给之后，抵达马绍尔群岛北段的朗格拉普环礁东南海域。与此同时，美国海军"海豹"号潜艇（USS Seal, SS-183）已经对夸贾林环礁进行了抵近侦察，并做好了营救落水飞行员的准备。12月5日黎明时分，美国海军出动总计386架舰载机组成的庞大攻击机群扑向此时正在夸贾林环礁内停泊的日本海军舰艇。

此时日本海军轻型巡洋舰"长良""五十铃"刚刚护送运粮船"杵埼"抵达夸贾林环礁不久。4点55分，在接到布设在夸贾林环礁北方罗伊（Roi）岛上的对空雷达发出的警报之后，2艘战舰迅速转入防空作战模式。与此同时驻守罗伊岛的日本海军第281航空队27架战斗机、第3舰队所属26架舰载机也起飞迎战。尽管在双方悬殊的数量对比之下，日本海军航空兵付出了25架战机被击落、3架严重受损的代价，最终仅击落了5架美军战机，但"长良""五十铃"2艘巡洋舰终究顶住了美军的空袭，仅挨了几发近失弹。虽然"长良"被引爆了一枚鱼雷造成了48人战死、112人受伤，"五十铃"螺旋桨受损，但侥幸并未沉没。

当然并非所有在夸贾林环礁的日本海军舰艇都有这样的幸运。在美军的攻击之下，停泊在环礁之内的日本海军特设运输船"建武丸"（6816吨）、特设驱潜艇"第七拓南丸"（342吨）、特设燃料补给舰"朝

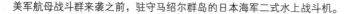

美军航母战斗群来袭之前，驻守马绍尔群岛的日本海军二式水上战斗机。

太平洋战争全史

风丸"（6517吨）等五艘征作军用的民船被击沉，运粮船"杵埼"和特设工作舰"山霜丸"遭重创。

面对美国航母战斗群的来袭，日本海军立即启动反击措施。1943年7月才在日本本土馆山基地编制完成的第531航空队，作为日本海军专业反航母作战的精锐部队，被首次投入战队。6架同样被日本海军寄予厚望的"天山"鱼雷攻击机于1943年12月5日6点30分从夸贾林环礁起飞，但很快便与基地失去了联系。根据美国海军事后的战报，这些鱼雷攻击机无一例外地被美军防空火力所击落。

但这点伤亡显然是吓不倒斗志昂扬的日本海军航空兵的，当天傍晚到夜间，从马里亚纳群岛赶来的日本海军第752、第753航空队分别出动8架和9架"一式"陆基攻击机对美国海军航母战斗群展开攻击，在2架战机受损、2架战机被击落的情况下，宣称击沉航母2艘、巡洋舰3艘，并重创航母1艘。但事实上美国海军方面仅有"列克星敦"号航母尾部被鱼雷命中，轻度受损，另外还有几艘战舰被己方的防空火力误伤而已。美国海军第50特混舰队所有参战舰艇均于12月9日安全返回了珍珠港。

这场被日本方面称之为"马绍尔群岛航空战"的小规模冲突，与

一架被"约克城"号航母防空炮火击落的"天山"鱼雷攻击机。

其说是斯普鲁恩斯为削弱日本陆、海军在夸贾林环礁防御力量所进行的短促突袭，不如说是在上级领导——欧内斯特·金和尼米兹的政治压力之下摆出的进攻姿态。可能是感觉此次行动未能达到预期效果，在舰队归航途中，斯普鲁恩斯又命令第50特混舰队抽调部分兵力组成第50.8任务群，交给曾在瓜岛战役中有出色表现的威利斯·李（Willis Augustus Lee Jr，1888—1945年）少将指挥，去袭扰曾经被欧内斯特·金提到过的瑙鲁岛。

威利斯·李少将曾代表美国国家队在第14届夏季奥运会上射击项目中夺得多枚奖牌，因此是美国海军中首屈一指的炮术专家。可惜的是这位擅长指挥大舰巨炮的指挥官似乎并不擅长运用航母战斗群，第50.8任务群在瑙鲁岛附近海域不仅没讨到什么便宜，反倒是驱逐舰"博伊德"号（USS Boyd，DD-544）在营救落水飞行员的过程中因为太过靠近海岸线，而被日军的岸炮击伤，可谓闹了个灰头土脸。

利用斯普鲁恩斯在中部太平洋的表现，欧内斯特·金又一次令美国海军在太平洋战争的主导权之争中占据了先手，尽管麦克阿瑟对海军方面的种种决策颇为不满，甚至在陆军部派来的特使面前大肆攻讦"海军阴谋集团"，宣称欧内斯特·金之流根本不懂战略："海军的这些正面攻击，如塔拉瓦之战，使美国人遭到了灾难性的大屠杀，作了无谓的牺牲。"并表示如果由他全权指挥对日作战，这场战争再过一年多一点时间就能结束了。

在希望自己的这些牢骚可以上达天听之

一张反映美国陆军、海军、陆军航空兵携手前进的宣传画，但作为政治利益集团，他们之间的关系远没有那么融洽。

外，麦克阿瑟还试图继续拉拢友邻战区的海军封疆大吏哈尔西。在一次私下的会晤之中，麦克阿瑟甚至暗示："如果你跟我来，我将使你成为纳尔逊做梦也不敢想象的伟人！"可惜此时麦克阿瑟与哈尔西的政治蜜月早已宣告终结。哈尔西深知随着所罗门群岛的战事接近尾声，自己执掌的南太平洋战区也即将成为历史。如果不能跟随欧内斯特·金的脚步，迈入中部太平洋战场，那么自己在美国海军中的地位将随时为斯普鲁恩斯所取代。当然身为一位海军将领，此时斯普鲁恩斯手中庞大的航母战斗群也令他颇为眼馋。因此最终哈尔西给麦克阿瑟的答复是"我很荣幸受到这份邀请，但可惜的是我没有资格担此重任"。

被称为"快乐的阿诺德"的美国陆军航空兵司令亨利·哈里·阿诺德。

就在麦克阿瑟不断试图夺取太平洋战场主导权的同时，欧内斯特·金也完成了其中部太平洋战略最终的政治布局——他成功说服了参谋长联席会议成员、美国陆军航空兵司令——亨利·哈里·阿诺德（Henry Harley Arnold，1886—1950年）上将。

美国陆军航空兵名义上从属于陆军，但事实上已经是等同于国家空军的独立军种了。因此在美国参谋长联席会议之上，除了代表白宫的总统特别军事顾问——海军上将威廉·丹尼尔·莱希（William Daniel Leahy，1875—1959年）之外，美国参谋长联席会议事实上便是代表陆军利益的总参谋长——乔治·卡特利特·马歇尔（George Catlett Marshall，1880—1959年）、代表海军立场的欧内斯特·金以及未来的"美国空军之父"亨利·哈里·阿诺德的角力场。

一段时间里，亨利·哈里·阿诺德的政治立场都更偏向于陆军。毕竟此时的美国空军还被称为"陆军航空兵"，无论是人员经费还是机场设施，与陆军之间均存在千丝万缕的联系。但是这一次，欧内斯特·金却给出了一个对阿诺德而言无法拒绝的条件：

一旦美国海军攻占马绍尔群岛,并进一步夺取马里亚纳群岛,美国陆军航空兵最为新锐的B-29型战略轰炸机,便可以从太平洋中部直接空袭日本本土,届时美国陆军航空兵将有可能成为独立战胜日本的主力兵种。面对这样的诱惑,亨利·哈里·阿诺德毅然决定站在美国海军这一边。

不过虽然得到美国陆军航空兵的支持,但欧内斯特·金还要面对手中缺乏有力的陆战部队的问题。此时美国海军陆战队一线的3个师之中,第1师被麦克阿瑟扣下,投入了新不列颠岛西部的"雨林地狱",第2师则刚刚在塔瓦拉岛的登陆作战中元气大伤,一时难以再战,第3师虽然在哈尔西的指挥下,正逐步从布干维尔岛撤出,但哈尔西仍计划将其用于新爱尔兰岛的登陆。因此在即将于马绍尔群岛展开的两栖登陆作战中,美国海军不得不投入1943年8月刚刚在加利福尼亚州的彭德尔顿基地完成编组的陆战队第4师。

马绍尔群岛地图。

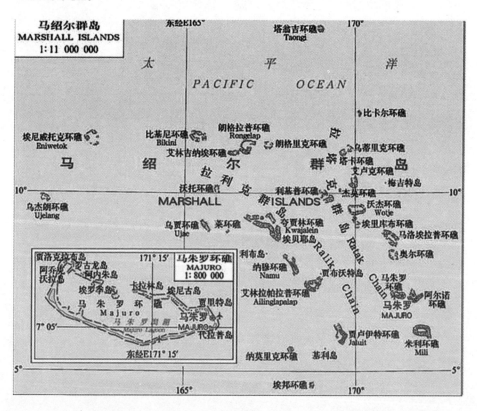

让这样一支新兵为主的部队独挑大梁显然是不合适的，美国海军还需要一支强大的陆军部队作为补充。考虑到美国陆军第 27 步兵师在马金岛战役的表现，欧内斯特·金决定换马，代之以此前在收复阿留申群岛战役中为美国海军所扣下的第 7 步兵师。

美国陆军第 7 步兵师，因以刺刀为徽章而被称为"刺刀师"。这支组建于 1917 年的部队，虽然在第一次世界大战欧洲战场的表现，远不如获得"马恩磐石"美誉的第 3 步兵师那般抢眼，但毕竟是美国陆军的老牌部队，有着光辉的历史和优良的传统。而在阿留申群岛战役之中，这个陆军师也接受了大量的两栖作战训练，且积累了一定的实战经验。因此在欧内斯特·金看来，由美国陆军第 7 步兵师和海军陆战队第 4 师联手对夸贾林环礁发动进攻，自然是泰山压顶、马到成功。

随着地面战部队陆续就位，"燧发枪行动"的准备工作已基本就位。尼米兹要求斯普鲁恩斯于 1944 年 1 月 31 日对夸贾林环礁发动登陆作战。但生性谨慎的斯普鲁恩斯却提议应在进攻夸贾林环礁之前，先夺取位于其东南的马朱罗环礁（Majuro）。

在后世一些英美学者撰写的纪实文学中，夺取马绍尔群岛的战略决策主要由尼米兹完成，而斯普鲁恩斯则始终扮演着一个拖后腿的角色，甚至于进攻马朱罗环礁的建议都是出于不敢直接进攻夸贾林环礁的心理。只是美军侦察部队抵达马朱罗环礁之后发现岛上的日本守军早已撤走，夺取马朱罗环礁的行动才没有延误进攻夸贾林环礁的进度。但从更为现实的角度出发，斯普鲁恩斯及其参谋团队应该是凭借着战前所收集的大量情报和资料，才最终决定出兵攻取防御空虚的马朱罗环礁。而事实证明，马朱罗环礁的确非常适合作为美国海军的前进基地。

1943 年 11 月 30 日，在美国海军第 5 两栖军直属侦察连夺占马朱罗环礁的同时，美国海军开始对夸贾林环礁展开密集的轰炸和炮击。在筹备马绍尔群岛战役的过程中，欧内斯特·金又进一步强化了斯普鲁恩斯手中的航母战斗群。1943 年 12 月 23 日，原定部署在大西洋战场的美国海军"埃塞克斯"级航母的 5 号舰"无畏"号（USS Intrepid，CV-11）通过巴拿马运河抵达珍珠港，与之同行的还有"独立"级轻型航母的 7 号舰"卡波特"号（USS Cabot，CVL-28），自此美国中部太平洋舰队所编组的舰队航母及轻型航母达到了12艘。斯普鲁恩斯将其单独编组为第58任务群，交由经验丰富的前"大黄蜂"号航空母舰舰长马克·安德鲁·米切尔（Marc Andrew Mitscher，1887—1947年）少将指挥。

面对着美国海军由750架舰载机和475架陆基战机组成的庞大攻击机群，日本海军仅有少数"零式"战斗机敢于飞抵夸贾林环礁上空，但这样螳臂当车的拦截最终不过是为美军飞行员增加战绩而已。在成功夺取制空权并对夸贾林环礁上的日军工事倾泻了成吨的炸弹之后，美国海军的水面舰艇随即抵近展开炮击。在对方强大的火力优势之下，日本海军仍敢以岸炮还手，实在可谓是勇气可嘉。而在炮战之中，一门从日俄战争时期的老式装甲巡洋舰"春日"上拆下的152毫米副炮还成功击伤了美国海军的"安德森"号驱逐舰（USS Anderson DD-411）。

可惜如此虚弱无力的反击最终只能招来美国人更为猛烈的炮火侵袭。吸取了在吉尔伯特群岛战役中使用高爆弹无法摧毁日军工事却会产生大量烟尘、遮蔽视野的教训，美国海军参战舰艇大量使用了装备延时引信的穿甲弹，且注意在每次炮击之间留出足够的间歇以便烟雾消散，因此极大地提高了炮击精度和毁伤效果。

在不断展开密集的火力准备的同时，从1944年1月31日凌晨开始，美国陆军第7步兵师和海军陆战队第4师分别在夸贾林环礁的外围岛屿南、北两线展开登陆。由于日本海军在这一方向上仅驻守了少数部队，因此这些外围岛屿很快落入美军之手。随后美军的后勤部队在恩尼贝根岛上建立起了履带登陆车和水陆两栖战车的检修基地，炮兵部队则在埃努布基岛上构筑了105毫米和155毫米榴弹炮的发射阵地，甚至连第7步兵师的师部也从登陆指挥舰搬到了埃努布基岛上。

1944年2月1日凌晨，运载美国陆军第7步兵师所属第32、第184团的运输舰到达夸贾林岛西北海域。5时58分，在距离登陆海滩约7000米处开始换乘。同时登陆编队中的4艘战列舰和4艘巡洋舰在南侧外海，数艘驱逐舰则驶入北面的礁湖，在1700米的近距一起开火，从两个方向实施舰炮火力准备。8时，设在埃努布基岛上的榴弹炮也开始轰击。8时40分，两栖登陆舰队指挥官特纳少将下令所有舰炮和地面炮火停止射击，让海风将岛上的硝烟吹散。随后从塔拉瓦起飞的岸基航空兵 B–24 型轰炸机群向夸贾林岛投下 1000 公斤的重磅穿甲炸弹。

在从美军航母战斗群上起飞的 18 架 SB2C"无畏"式俯冲轰炸机和 15 架经过改装的 TBF"复仇者"式鱼雷机飞临夸贾林岛，进行轰炸之后，30 架 F6F"恶妇"式战斗机又用机关炮和火箭对日军阵地进行扫射。而这些飞机刚刚离去，美军的舰炮和地面火炮又恢复射击。倾泻在小小的夸贾林岛上炸弹和炮弹，竟是美军在塔拉瓦的四倍，达到 1.2 万吨。

9 时，美军登陆部队分为四个登陆波向滩头阵地挺进，每一个攻击波次由 16 辆 LVT 履带两栖登陆车和水陆坦克、3 艘 LCI 登陆炮艇、4 艘登陆控制指挥艇和 2 艘车辆人员登陆艇组成，从距离海滩 4570 米的出发线以 5 节航速发起冲击。为保持队形，4 艘登陆控制指挥艇在履带登陆车和水陆坦克队形的左右两翼分别配置 1 艘，在中间配置 2 艘，所有履带登陆车和水陆坦克均以这 4 艘艇为基准，而 3 艘登陆炮艇则在履带登陆车的前方 200 米开道。

9 时 25 分，战列舰、巡洋舰和驱逐舰的炮火开始向纵深目标延伸射击，LCI 登陆炮艇上的火箭炮和 40 毫米机关炮则开始向海滩射击，美军的战术协同是如此地完美：当火箭炮爆炸的硝烟还未散去，LVT 履

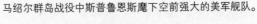

马绍尔群岛战役中斯普鲁恩斯麾下空前强大的美军舰队。

带登陆车的履带就已经碾上了海滩！在 12 分钟里，首批两个加强营的登陆部队 1200 名官兵就顺利登上了海滩，日军仅有零星的轻武器射击，抵抗极其微弱。美军顺利上岸之后，在前进了约 1000 米后，才开始遇到日军有组织的抵抗。而美军方面也不急于向纵深推进，至日落时，美国陆军第 7 步兵师已有 1.1 万人登上夸贾林岛，整个登陆过程中仅伤亡 70 余人。

当天夜间日本守军方面虽然组织了反击，但此时包括岛上最高指挥官——海军第 6 根据地队司令秋山门造少将在内的大批官兵已经被美军的优势火力消灭，残余的人马在陆军第 1 海上机动旅团第 2 大队长阿苏太郎吉大佐的指挥下，虽然趁着一场大雨向美军发动夜袭，但收效甚微。此后的几天里在美军优势兵力的围攻之下，阿苏太郎吉大佐且战且退，最终在 2 月 5 日夜间以一场自杀式的冲锋结束了这毫无意义的抵抗。

由于坚守夸贾林岛到最后一刻的，是来自日本陆军的阿苏太郎吉，因此日本陆军方面随即大吹大擂，宣称"守备队英勇奋战，击退了敌军 2 月 1 日的登陆，但终究未能抵挡住敌军在 2 日的强行登陆，后来转为壮烈的地面作战"。同时揶揄从开战前就认为"海上决战的机会为敌军来攻马绍尔之时"并做了长期研究和准备的日本海军方面，竟然未能进

使用火焰喷射器扫荡日军的美国陆军第 7 步兵师。

行多大抵抗，就使得"内南洋"的门户轻易落入敌手。

在美国陆军第 7 步兵师于夸贾林岛展开登陆的同时，美国海军陆战队第 4 师也在北线对日军盘踞的罗伊、那慕尔两岛发动进攻。但这支部队终究太过年轻，换乘登陆艇和 LVT 履带两栖登陆车的过程中发生了混乱，大大延误了进攻的时间。好在岛上的日本守军早已在长时间的轰炸和炮击中被削弱。到 2 月 2 日清晨，美国海军陆战队第 4 师已经基本控制了罗伊、那慕尔两岛。不过在那慕尔岛的战斗中由于岛上日军弹药储存点连续发生了三次大爆炸，横飞的弹片给美国海军陆战第 24 团造成了巨大的伤亡，最终美国海军陆战队第 4 师以阵亡 196 人、伤 550 人的代价完成了自己的处女秀。

整体来看，马绍尔群岛战役对美军而言是一场"牛刀杀鸡"般毫无悬念的胜利。美国海军以 375 艘军舰组成的庞大阵容将 5.3 万地面部队送上夸贾林环礁这片弹丸之地，从一开始便几乎立于不败之地。参战的美军士兵甚至开玩笑说他们可以徒步走过这个由钢铁铺成的锚地，冲上岛去解决战斗。与之相比，日本方面在岛上仅有 5100 名军人，且大多为航空兵地勤和基地工作人员，战斗兵员不足 3000 人。在如此悬殊的兵力对比之下，最终的战败也早在预料之中。

（五）以牙还牙——特鲁克大空袭和"海军丁事件"对日本政局的影响

尽管从地面战耗费的时间和兵员损失来看，美国陆军和海军陆战队在夸贾林环礁的表现还谈不上脱胎换骨，但是由于日本海军航空兵和潜艇部队并未如吉尔伯特群岛战役时那般对美军航母战斗群造成威胁，因此尼米兹和斯普鲁恩斯均认为大可不必急于将舰队驶回珍珠港。

鉴于日本联合舰队主力避而不战，斯普鲁恩斯建议美国海军陆战队第 4 师继续向马绍尔群岛西北段的埃尼威托克环礁（Enewetak）发起进攻。与此同时，由米切尔少将指挥的第 58 任务群所属的 3 个航母战斗群，全力猛攻日本海军的前哨基地特鲁克。眼见向来谨小慎微的斯普鲁恩斯能有如此气冲斗牛的魄力，尼米兹自然鼎力支持。但考虑到日本联合舰队尚有一定的实力，因此尼米兹要求第 58 任务群在开赴特鲁克展开航空决战之前，应该先行摧毁日本海军在特鲁克以东的两座主要岛屿——波纳佩（Pohnpei）和库赛埃（Kosrae）的航空基地。

　　事实证明，尼米兹高估了日本海军的防御力量和求战欲望。1944年 2 月 5 日，夸贾林环礁的战斗尚未完全结束，日本海军联合舰队司令古贺峰一便下令用"二式"水上飞行艇将散布于波纳佩、库赛埃等地的地勤工作人员撤离。而随着美军频繁出动 B-24 型轰炸机对特鲁克展开空中侦察，预感形势不妙的古贺峰一决定将停泊于特鲁克的联合舰队主力舰艇进行进一步疏散。

　　事实上作为山本五十六时代选定的前哨基地，特鲁克的战略位置此时已经颇为尴尬了。特鲁克距离所罗门群岛和新几内亚较远，不便于联合舰队随时应援这一方向的战斗。而随着美国海军在中部太平洋发起反击，吉尔伯特、马绍尔群岛相继失守，特鲁克又直接暴露在了美国海军航空兵的翼刀之下。为此早在 1944 年 1 月，古贺峰一便将战列舰"大和""伊势""日向""山城""金刚""榛名"，重型巡洋舰"高雄"先行撤回本土，进行战时改造去了。

　　2 月 6 日，又将第 1 舰队主力战列舰"长门""扶桑"，第 2 舰队主力重型巡洋舰"爱宕""鸟海""妙高""羽黑"，预定编入第 3 舰队的航母"瑞凤""千代田"转往帕劳群岛停泊。2 月 10 日，在上述舰艇开拔

1943 年停泊于特鲁克的"大和"和"武藏"。

　　　　　　　　　　　　　　　太平洋战争全史

完毕之后，古贺峰一则亲自率领旗舰"武藏"、轻型巡洋舰"大淀"赶赴横须贺。

古贺峰一此番重返东京，内心所承受的巨大压力可想而知。由于联合舰队在夸贾林环礁的攻防战中未能发挥作用，陆军方面颇有微词。而在彻底失去了马绍尔群岛的制空权和制海权后，当地更有3万余守军事实上沦为了弃子。在这样的情况下，如何处理马绍尔群岛的残局以及挽回颓势便成为了古贺峰一要与日本海军高层密切商讨的重点问题。

综合古贺峰一的汇报和国内的情况，日本海军部最终向陆军方面做出了如下通报：驻守特鲁克的海军第22航空战队目前有战机70至80架，3月末可达130架。第61航空战队（原第1航空舰队）目前正开赴马里亚纳，至5月末可达700架。正在新加坡展开训练的第1航空战队拥有战机230架，正在紧张编练中的第2、第3航空战队5月上旬将分别达到137架和90架的规模。而判断美国海军方面未来来袭的兵力为12艘舰队航母和轻型航母、30艘护航航母，总计拥有舰载机1700架左右。考虑敌可出动战机约为三分之二，因此在1944年6月，可集中己方900架战机与敌1200架战机奋力一搏。

日本海军的这份通报大体的意思无非是"再给我一些时间，我能

突入特鲁克的美军舰载轰炸机群。

翻盘"。对此陆军方面的态度是：目前正在向中部太平洋增派地面部队。特鲁克、马里亚纳、小笠原、帕劳等地要按虽无（陆军）航空战力而孤立于敌中，也能长期顽抗的标准配备。言下之意是陆军将不会向上述地区增派航空兵部队，如果美军来犯，当地的守备队将以"全体玉碎"的姿态进行抵抗。

就在日本陆、海军方面寄希望于用空间换时间，于 1944 年 6 月再与美国海军展开决战之际，2 月 15 日夜，此前在拉包尔空袭中严重受损的日本海军轻型巡洋舰"阿贺野"在离开特鲁克撤回本土的过程中，遭到美国海军"鳐鱼"号潜艇（USS Skate，SS-305）的伏击。本就状况不佳的"阿贺野"右舷被 2 枚鱼雷命中，支撑了一天之后最终沉没。

此时美国海军已经形成了在大规模空袭之前，派出潜艇在目标区域游弋以便救助落水飞行员，并截杀敌逃亡舰船的惯例。因此"鳐鱼"号在特鲁克近海的出现，显然预示着大规模的空袭即将到来。提心吊胆的日本海军在保持高度警惕了一昼夜之后，终于在 2 月 17 日 4 点 20 分捕捉到了大批敌机来袭的信号。

苦苦等待的靴子终于落了地，虽然可以缓解焦虑却不能改变事实。从纸面上来看，特鲁克当地周边的多个机场上，日本海军拥有近 400 架各型战机，但其中半数为尚未分配到部队、正在修理或调试的备用战机（日方称"保管机"），而剩余的半数战机之中也多为正在特鲁克进行训练的二线部队（日方称"练成部队"）。在这样的情况下，驻守特鲁克的日本海军航空兵第 201、第 204 航空队勉强凑了 35 架战斗机升空拦截，掩护 25 架"零式"战斗轰炸机和 17 架水上飞机紧急撤离。

特鲁克方面日本海军航空兵部署情况：

春岛第一机场：

第 2 空袭部队：第 735 航空队派遣队"一式"陆基攻击机 10 架、第 552 航空队"九九式"舰载轰炸机 15 架

第 1 练成部队：第 582 航空队"九七式"舰载攻击机 9 架、第 902 航空队派遣队各型水上侦察机 5 架、第 2 航空战队残留队各型舰载攻击机 9 架

竹岛机场：

第 1 练成部队：第 204 航空队"零式"战斗机 31 架、第 201 航空队派遣队各型战斗机 8 架、第 501 航空队"零式"战斗轰炸机 25 架、舰载轰炸机 2 架

枫岛机场：

第 2 空袭部队：第 551 航空队"天山"攻击机 26 架

第 1 练成部队：第 251 航空队夜间战斗机 9 架、第 938 航空队战斗机 5 架

春岛第 2 机场：

第 902 航空队派遣队水上侦察机 5 架

夏岛水上机场：

第 902 航空队本队：水上侦察机 13 架、水上战斗机 10 架、第 6 舰队侦察队小型水上侦察机 7 架

备用战机（保管机）：

海军航空厂支部（竹岛中央机场）：98 架

第 101 航空基地队：78 架

在美国海军航空兵 72 架舰载战斗机的扫荡之下，特鲁克上空很快便不见了"旭日"军徽的日军战机。夺取了制空权之后，美军随即对特鲁克各机场展开狂轰滥炸。大批刚刚从日本本土运来的崭新"零式"战斗机被摧毁在机库之中。按照日本方面的统计，2 月 17 日当天有超过 200 架战机在地面损失。

在夺取了制空权之后，美军开始将攻击的目标转向特鲁克地区的日军水面舰艇。首先遭殃的是此前刚刚离开特鲁克前往救助"阿贺野"的轻型巡洋舰"那珂"和驱逐舰"追风"。在击沉了这两艘军用舰艇之后，美国海军航空兵才慢慢收拾停泊在港内的日军辅助舰艇：日本海军为数不多的修理舰"明石"、运输船"爱国丸"，在美军的攻击中被引爆了舰上装载的各种弹药而发生剧烈爆炸，迅速沉没。

不过此时美国海军侦察机发现有部分日军舰艇已经在黎明时分逃出了特鲁克港区，因此美军舰载机的攻击重点随即由特鲁克港内转向了外海。7 点 30 分，美国海军的舰载机追上了日本海军由训练巡洋舰"香取"，驱逐舰"舞风""野分"，运输船"赤城丸"组成的"第 4215

船团"。

作为一艘 1940 年才服役的新锐战舰,"香取"虽然名义上是一艘训练巡洋舰,但各方面性能并不弱于日本海军的一线舰艇。面对美国海军航空兵的疯狂攻击,从特鲁克疏散平民的"赤城丸"虽然很快便被击沉,但担任护航任务的"香取""舞风""野分"3 舰却顽强抵抗,令美国海军不得不派出 2 艘最为新锐的"衣阿华"级战列舰"新泽西"号(USS New Jersey,BB-62)、"艾奥瓦"号(USS Iowa,BB-61),重巡洋舰"明尼阿波利斯"号(USS Minneapolis,CA-36)、"新奥尔良"号(USS New Orleans,CA-32)以及第 46 驱逐舰队的 4 艘驱逐舰赶往战场。

此时"香取"和驱逐舰"舞风"已经在空袭中多处受损,无力抵挡军容齐整的美国海军水面舰队。中午时分,满身疮痍的"香取"和"舞风"最终被美军的舰炮和鱼雷送入了海底。"第 4215 船团"仅有驱逐舰"野分"逃出生天。但是这支舰队毕竟为特鲁克方面的其他友军赢得了宝贵的时间。除了在美军舰队空袭开始之前冒险逃出港区的驱逐舰"时雨""村雨"之外,在美军空袭中一度受损的测量舰"宗谷"、驱逐舰"松风"抓紧时间将伤员后送,着手进行损管。而成功歼灭了日本海军"第 4215 船团"大部之后,本来准备再度对特鲁克展开空袭的美国海军航母战斗群又接到潜艇"刺尾鱼"号(USS Tang,SS-306)在特鲁克以北发现日本海军运输船队的消息。

日本海军训练巡洋舰"香取"。

"刺尾鱼"号发现的是由日本海军驱逐舰"藤波"护航的"第3206船团"。这支由日本馆山港出发的船队由"晓天丸""辰羽丸"和"瑞海丸"3艘运输船组成，满载着日本陆军第52师团步兵第69、第150联队9000余名官兵。"刺尾鱼"号潜艇在保持对其跟踪监视了一段时间之后，于2月16日夜间发起攻击，成功击沉了运输舰"晓天丸"。眼见日本海军"第3206船团"防卫松懈，美国海军第58任务群指挥官米切尔少将随即命麾下的航母战斗群全力出击，到2月17日傍晚，又成功击沉了"辰羽丸"和"瑞海丸"。"第3206船团"的日本陆军损失超过7000人，两个步兵联队几乎不复存在。残余兵力被驱逐舰"藤波"和扫雷舰"羽衣"救起，逃离了战场。

　　入夜之后，日本海军航空兵出动残存的4架"九七式"舰载轰炸机、5架"一式"陆基攻击机展开反击。借着下弦月的微弱光亮，这支散兵游勇竟成功突入美国海军舰队的上空，并成功用鱼雷重创了美国海军"无畏"号航母。事后美国海军有感于航母战斗群在夜间的脆弱，开始尝试使用装有雷达的TBF-1C"复仇者"型舰载夜间鱼雷攻击机充当航母战斗群的空中哨兵。而这一模式最终催生了美国海军最早的空中预警单位——以TBF鱼雷机为基础改造的TBM-3W型舰载预警机。

　　2月18日天亮之后，美国海军继续对特鲁克展开空袭。由于各大

测试中的美国海军 TBM-3W 型舰载预警机，其机身下方为机载雷达系统。

机场之前已经扫荡得差不多了，这一天美军的主要攻击目标集中在港内残存的日本海军舰艇身上。本就处于修理状态的日本海军驱逐舰"文月"和一度搁浅的驱逐舰"太刀风"被双双击沉。包括油料船"富士山丸""第三图南丸"，潜艇母舰"平安丸"在内的11艘辅助舰艇被击沉。但在整个空袭过程中，带有红十字标志的日本海军医疗船"天应丸"却始终毫发无损。此外水上飞机母舰"秋津洲"和前一天空袭受损的测量舰"宗谷"、驱逐舰"松风"也成功逃出了特鲁克。

　　美国海军方面曾以颇为戏谑又快意恩仇的口吻将空袭特鲁克称为："太平洋舰队对日本海军在1941年12月7日对珍珠港的'访问'（指'偷袭珍珠港'事件）进行了回访，并回赠了部分礼物。"因此后世常将空袭特鲁克称为美国版的"偷袭珍珠港"。

　　但仔细分析却不难发现，"空袭特鲁克"和"偷袭珍珠港"之间存在着太多迥然不同的差异。尽管美国海军同样以航母战斗群攻击了对手的前进基地，并击沉了多艘舰艇，在地面上摧毁了诸多敌机，但事实上日本海军方面对特鲁克即将遭遇攻击是有了充足心理准备的，并按部就班地进行了舰艇和人员的疏散。只是在特鲁克不再被视为联合舰队前线战略据点后，并没有迅速剥离其作为日本海军转运枢纽和重要航空兵基地的职能，由此才造成了多个运输船队在空袭中被击沉、200余架战机

特鲁克近海遭遇美军舰载机攻击的日军运输船。

　　　　　　　　　　　　　　　　　　　　　　　　太平洋战争全史

整齐排列在机场任人鱼肉的尴尬局面。

　　仅从战果上来看，"空袭特鲁克"事实上击沉了日本海军作战舰艇2艘轻型巡洋舰、1艘训练巡洋舰、4艘驱逐舰而已，远不足以与"偷袭珍珠港"相提并论。但是在这场空袭之中，日本海军损失了近20万吨的运输船舰，占当时日本所保有海上运力的4%。同时通过特鲁克向南太平洋前哨——拉包尔的海上补给线便彻底暴露在了美军空中和水下打击面前。所罗门群岛和新几内亚方面的日军战线，从这一刻起开始陷入了彻底崩塌的状态。

　　在以第58任务群对特鲁克展开空袭的同时，斯普鲁恩斯于2月17日发动了对埃尼威托克环礁的攻击。由于此前便基本摒除了日本海军联合舰队对登陆作战的干扰，因此美国海军此番没有再将主力航母战斗群部署在登陆场附近。此前一度被斯普鲁恩斯扣在手中的第4航母战斗群（含舰队航母"萨拉托加"号、轻型航母"普林斯顿"号和"兰利"号），在战前也被派往了马里亚纳群岛方向，开始扫荡塞班、提尼安和关岛等地的日军机场。而鉴于此前夸贾林环礁登陆战中，美国海军强大火力支

埃尼威托克环礁上在舰载机掩护下稳步推进的美国海军陆战队士兵。

援的成功，斯普鲁恩斯对此番用于攻略埃尼威托克环礁的地面部队数量也进行了削减，仅出动美国海军陆战队第4师所属之第22陆战团及美国陆军第27步兵师所属之第106团的2个营，总兵力仅10376人。

2月19日，在强大的舰炮和空中火力掩护下，美军登陆部队在埃尼威托克环礁所属诸岛屿展开登陆。驻守当地的日本陆军第1海上机动旅团及海军第61警备队分遣队总计不过3560人，面对美军强大的炮火，除了在敌登陆初期发动自杀式"玉碎"冲锋之外，几乎毫无办法。至2月23日，美军便以195人战死或失踪、521人负伤的代价完全占领了埃尼威托克环礁。

在美国作家托马斯·B.比尔等人所撰写的《斯普鲁恩斯传》中，斯普鲁恩斯本人似乎对埃尼威托克环礁战役颇为满意，其中最为得意的莫过于战役进行过程中日本海军连一架战机都没有出现在战场上空。出现这样的情况当然是由于此时美国海军航母战斗群已经完成了对特鲁克和马里亚纳群岛方面日军机场的压制，但另外一点却是斯普鲁恩斯所没有想到的，那就是此时日本陆、海军内部正进行着一场空前激烈的权力斗争。

2月21日，日军大本营发表了有关特鲁克遭遇空袭的相关消息，尽管在美军损失方面依旧作了相应的"技术处理"，宣称击沉敌军巡洋舰2艘、航母及舰种不明的战舰各1艘，但如实通报了己方损失的做法，依旧引起了海军方面的不满。基于此前一直"报喜不报忧"的新闻管理习惯，海军部认定此番通报特鲁克遇袭情况，是陆军方面在有意拆台。陆军方面则反唇相讥，翻出之前中途岛等战役的情况通报，指责海军方面始终在隐瞒真实情况、粉饰太平。

而就在日本陆、海军各执一词、相互指责之际，更为震撼性的消息从皇室内部传来：2月21日昭和天皇裕仁免除杉山元陆军总参谋长的职务，由首相、陆军大臣东条英机兼任；免除永野修身海军军令部长的职务，由海军大臣岛田繁太郎兼任。至此从明治时代便长期处于分离状态的日本陆、海军的军令、军政系统首次在东条英机内阁时期实现了统一。

站在东条英机的角度来看，太平洋战局的不断恶化除了有日、美国力差距的因素之外，也是日本陆、海军彼此掣肘、始终无法形成合力导致的恶果。要挽回颓势，身为首相的自己必须谋求军令、政令的统一。

而杉山元和永野修身作为日本陆、海军最大的两座山头，自然要首先予以铲除。

东条英机在陆军之中拥有一定的影响力，将杉山元请出参谋本部改任教育总监还算容易。但永野修身在日本海军之中深耕多年，一手扶植了山本五十六等一大批心腹将领，要将其赶出军令部却不是那么容易的事情。鉴于此，东条英机首先启动了追究特鲁克遭空袭的"海军丁事件"责任调查。

所谓"海军丁事件"，其实是以特鲁克英文名称"Truk"的首字母所命名的"海军T事件"的误写。客观地说事后总结经验教训的亡羊补牢本身很正常，撤换相关责任人也合情合理，但偏偏驻守特鲁克的是永野修身的心腹之一——第4舰队司令小林仁，这样一来"海军丁事件"便成为了一场打狗是否需要看主人的政治角力。最终小林仁虽然最终离任，但仍对外宣称是由于个人身体原因，算是保住了颜面。而鉴于"海军丁事件"的调查可能牵扯到更多自己在军中的亲信，永野修身也只能采用以退为进的策略，拱手让出军令部部长的职务。

据说永野修身辞去军令部部长当天，其副官吉田俊雄不无感慨地说道："一个时代结束了！"但客观地说永野修身在日本海军之中仍有诸多

1943 年晋升为元帅时的永野修身（前排中坐者）及其心腹幕僚团队。

的门生故吏，其与杉山元一道让出了日本陆、海军的实际指挥权之后，事实也仍处于退而不休的状态。反倒是统一了军政系统的东条英机和岛田繁太郎由此成为了众矢之的，不仅日本军队和政府内部揶揄其为"东条幕府"，民间对不利战局的各种冷嘲热讽也在别有用心者的推动下，被放大了声音。

2月23日，日本海军记者俱乐部"黑潮会"成员新名丈夫在主流报纸《东京日日新闻》（即今天的《每日新闻》）以好友山本光春的名义发表了《胜利还是灭亡，决定战局的时刻到来了》（勝利か滅亡か戦局はここまで来た）的社论。其中颇有针对性地写道："竹枪捅不下敌机（竹槍では間に合はぬ飛行機だ），唯有大力发展海军航空兵才是取胜之道。"这句话表面来看没什么问题，但联系到此时东条英机正在国内大力宣扬全民皆兵的"竹枪精神"，新名丈夫擅议军政的罪名便基本上被坐实了。

当然身为首相的东条英机不可能直接以这篇社论来大兴文字狱，但通过有关部门还是很快便将找到了对方的毛病。原来新名丈夫在大正时期曾因近视而免于兵役，日本陆军方面随即以此为借口要求这位已经38岁的中年男人重新入伍。消息传出之后，新名丈夫的后台老板们果然坐不住了，海军方面公开揶揄说："是为什么原因要单独征召一个大正时代的士兵啊？"而陆军方面则干脆一不做二不休，又临时征募249名大正时代免于兵役的中年男子，一起塞进了隶属于第11师团的步兵第12联队。

按照东条英机的本意是步兵第12联队即将开赴马里亚纳群岛，就让新名丈夫为国捐躯算了。不料海军方面上下运作，竟然只用了3个月的时间便将新名丈夫拉出了陆军。反倒是陪绑的那249名大正时代的中年男子最终被送往了硫磺岛，全部阵亡。由新名丈夫所撰写的这篇社论引出的风波，被日本史学家称之为"竹枪事件"。在战后相当长的时间里，"竹枪事件"都被归入日本民众反对战争、反对东条内阁法西斯统治的范畴，但综合整件事情来看，"竹枪事件"不过是日本陆、海军之间的又一次内耗。而对于急需做出一番成绩，向天皇裕仁证明自己的东条英机而言，他连一个小小的记者都无可奈何，未来留给他的时间和空间显然已经不多了。

第二章　末路狂奔

（一）死中求活——中国、缅甸战场的僵持局面和日本陆军的困境

虽然通过"海军丁事件"名义上统一了日本陆、海军的军令、军政系统，但事实上东条内阁的控制力依旧仅停留在陆军层面。对于格外渴望一场胜利的东条英机而言，要打开局面自然也只能从地面战场着手。不过此时放眼整个日本绵长的战线，太平洋之上无论是南部的新几内亚、所罗门群岛，还是中部的马绍尔群岛、马里亚纳群岛，日本陆军都处于任人鱼肉的境地，别说主动出击，甚至连被动挨打都扛不住几个回合。那么唯一能够取得一点政绩的，自然只剩下中国和缅甸这两个陆地战场了。

事实上自太平洋战争爆发以来，日本陆军在中国和缅甸战场集群便不断出于本集团的利益拟定了各种声势浩大的进攻计划。如1942年4月，日本陆军华北方面军便计划于当年6月或9月向西安一线发动进攻，击溃中国国民革命军第8战区胡宗南所部之后，再移师围攻延安。这一方案最终得到时任参谋次长的田边盛武和中国派遣军畑俊六的首肯。日本陆军制定了投入11个师团，先控制西安、宝鸡一线，随后夺占四川盆地的第50、第51号作战计划。

尽管在图上推演的过程之中，如何跨越"比富士山还高"的秦岭山脉，以及在山脉河流纵横的四川盆地快速推进仍是一时无法解决的问题，但此时的日本陆军仍沉浸在太平洋战争初期一路高歌猛进的狂妄之中，认为"大东亚战争的成果，给重庆及其所控制地区以极大影响。重庆在物资和精神上的孤立感，以及对抗战前途的不安，都在日益加剧……"只要"以坚强的威力与宽容的温情双管齐下，一面紧逼其要害部位，保持生杀予夺其权在我的态势，一面大搞政治谋略，促其反省或制造内讧的机会"，便可以"谋求使其屈服、崩溃或全面和平"。

可惜的是日本陆军的纸上谈兵尚未完成，1942年6月6日中途岛惨败的消息便传到了参谋本部。日本陆军在对华作战的方略上随即出现了两派截然不同的意见。其中以参谋本部第1部长田中新一为代表的

"激进派"，则认为中途岛战役之后，试图进一步夺回战略主动权的英、美盟军势必在东亚、东南亚战场展开反击。而根据田中新一的预判，地面战场上，英、美盟军与退守印度东部的中国远征军，将配合云南方面的中国军队对盘踞缅甸北部的日本驻军展开夹击。而在航空战领域，美、英除了会以其在太平洋、印度洋之上的岛屿为基地，封锁日本的海上生命线之外，更很有可能会在中国西南建设大型机场，直接轰炸日本本土。

鉴于此，田中新一在参谋本部不断强调："对重庆的处理不能无限期拖延，由印度向重庆的空运如不能阻止，则重庆地区不久将成为对日空袭的大基地。征服印度如有困难，只有进攻重庆，别无他途。"田中新一的这番话不仅代表着参谋本部内的少壮派，更得到了急于在中国战场上打开局面的"中国派遣军"上下的一致拥护。在空前的压力之下，1942年7月上旬，时任陆军参谋总长的杉山元批准了率先在"西安作战"的相关计划。

根据日本陆军参谋本部和中国派遣军方面商讨的相关会议记录，"西安作战"拟投入8个师团的兵力组建"甲集团"，于1942年9、10月间的枯水季强渡黄河，一举击破中国军队胡宗南所部40个师，攻占

驻守中国西南机场的美国志愿航空队（俗称"飞虎队"），他们的存在令日本方面感到如芒刺在背。

西安之后，将战线推进到广元、汉中一线。

仅从图上推演来看，中国派遣军还是颇有可能完成上述任务的。但是在首相兼陆军大臣东条英机等"稳健派"看来，"中途岛战役"败北之后，日本陆、海军事实上需要向太平洋战场投送更多的兵力，因此在中国大陆战场上还是应致力于维持现状。因此对于"西安作战"的相关计划，东条英机等人的意见是：仅仅实施西安作战效果不大，结果不能不扩大到四川作战，如此则必须从国力的大局进行考察。

事实上东条英机的对华政策，早在太平洋战争爆发之前便已经向杉山元等人和盘托出：既要继续对重庆施加军事压力，又须着眼于经济压力，即加强全面封锁。此外，治安肃正是解决事变的必要条件，故须特别加强扶植汪（精卫）政权的武装力量。简单来说，东条英机的政策便是对重庆政府采取经济封锁、政治诱降的策略，而集中兵力和资源在汪伪政权的配合下对共产党领导的敌后抗日根据地展开"围剿"。

而就在一干参谋忙着在地图上攻占重庆的同时，针对中国共产党领导的敌后抗日游击战争，日本陆军华北方面军司令冈村宁次不得不动员3个师团又2个旅团的兵力，对中国共产党领导下的冀中抗日根据地展开了残酷的"五一大扫荡"。显然，面对如星火燎原般的中国广大军民

中国共产党领导下的敌后游击战，极大地牵制了日本帝国主义的扩张势头。

的抗战热忱，日本陆军非但无法征调占领区的人力、物力用于"以战养战"，而且很难集中兵力对中国西北、西南的大后方发动大规模的进攻。

如果说日本陆军"中国派遣军"方面拟定的"西安作战"和"四川作战"计划，还有一定的可实施空间的话，那么为了策应德国、意大利在北非的军事行动，日本海军在1942年7月拟定的所谓"西进作战"计划，并要求陆军方面予以配合，则只能用痴人说梦来形容。

鉴于当时隆美尔所领导的德意"非洲军团"势如破竹般的攻势，日本方面判断英国方面很可能会放弃亚历山大港和开罗，退守苏伊士运河一线。尽管日本陆军也认为德、意联军在攻占开罗之后，也很可能无力继续东进，战线将维持在尼罗河流域，但考虑丢失亚历山大港这一东地中海的主要海军基地之后，英国海军将可能撤往印度洋方向，日本海军一度产生了大举西进，彻底歼灭英国海军印度洋舰队的念头。

1942年6月22日，大本营海军部发出第107号指令，要求联合舰队出动潜艇部队袭扰非洲东南沿海、印度洋西北部和孟加拉湾等地。7月11日，军令部更进一步提出考虑以第2、第3舰队为基础，组织兵力前出至印度洋中部，捕捉击破该方面之敌军舰艇及船舶。

根据军令部的相关构想，7月17日联合舰队方面表示将于9月底将第3舰队主力部署于新加坡，随后向阿拉伯海和马达加斯加岛南部进击。当然上述行动还要得到陆军方面的支持。7月18日，在陆海军作战部会议上，日本海军方面就强调：为了配合德、意在北非作战，陆军方面有必要在锡兰岛登陆，并向加尔各答等印度东部地区发动进攻。

眼见海军方面如此气冲牛斗，日本陆军参谋本部也只能表示来年（1943年）春季进行锡兰作战的可能性很小，但已命"南方军"着手研究，并已准备投入2个师团的兵力。而进攻加尔各答的作战准备则需要三四个月，虽有困难，但并非不可能。

客观来说，日本方面无论是海军还是陆军，对德意在北非的军事进展都抱有观望态度，而西进印度洋之后辽阔战线所带来的后勤压力是无法回避的事实。而此前一度受到压制的对华作战"激进派"则趁势鼓噪，提出在大举西进之前，先行解决"重庆问题"。而与此同时，同为轴心国的德国和意大利方面又发出要求日本协助对苏作战和出兵印度洋的外交照会。面对来自内部和外部的压力，焦头烂额的东条英机只能采取含糊其词的拖延战略，在回复参谋总长杉山元的意见中，他这样表述道："如能同时实施重庆作战与印度洋作战，最好。如无可能，则对印度洋作战是否于全局有利？只对重庆作战究竟如何？对印度洋作战，海军要给以最大限度的协助；对重庆方面，难道就不能这样干吗？"概括来说，就是说了等于没说。

此后随着1942年8月，美军在所罗门群岛南部的瓜达尔卡纳尔岛展开登陆，无论是海军方面的西进印度洋还是陆军的"西安、四川作战"事实上已都化为了泡影。但出于自身政治利益的考虑，日本陆军"南方军"和"中国派遣军"方面还是先后递交了1943年春于本战区发动战略进攻的相关提案。

1942年8月11日，"南方军"方面首先递交了"关于向印度东北部扩大防区的意见"和作战计划。以"敌于加尔各答增强航空势力，威胁我占领地区之防卫，且为封锁援蒋路线，亦有必要将航空基地向前推进"为由，提出要在印缅边境地区发动攻势。鉴于英国军队在马来亚和缅甸战场的一溃千里，加上"南方军"判断在印度东北部地区仅有英联邦印度陆军5个师的兵力，因此日本陆军大本营方面大笔一挥，便批准于1942年10月中旬以后，迅速攻占印度阿萨姆邦东北部和孟加拉吉大

随着英军统帅蒙哥马利在阿拉曼击败隆美尔统帅的德意北非军队，轴心国会师印度洋的战略计划彻底泡汤。

港的第 21 号作战计划。

眼见"南方军"方面获得了特批，本就蠢蠢欲动的"中国派遣军"方面自然也活泛起来。1942 年 8 月 19 日，华北方面军参谋李键抵达东京，开始游说参谋本部重启"西安作战"。华北方面军司令冈村宁次之所以挑选了仅为少佐军衔的李键出行，自然是看重了其身为朝鲜王族，又是首相秘书官广桥真光女婿的特殊身份。可惜的是李键在陆军之中毕竟资历尚浅，由其所提出的在 1942 年 11 月抽调 1 个半到 2 个师团，强渡黄河攻占潼关的计划也遭到了参谋本部的否决。

鉴于李键人微言轻，"中国派遣军"方面随即又派出了作战参谋岛贯武治和第 11 军高级参谋藤原武回国，再次向大本营重申战机稍纵即逝，如不尽快发动"西安、四川作战"，整个 1942 年"中国派遣军"将在无所事事中度过的现实困境。但参谋本部也给出了充足的理由：黄河 5、6 月份的枯水季已过，而秋冬季又不利于从陕西翻越秦岭攻入四川，因此华北方面军事实上已经无法于 1942 年发动"西安作战"了。而从距离上来讲，驻守武汉的日本陆军第 11 军虽然具备直捣重庆的有利条件，但第 11 军所部 8 个师团又 1 个混成旅团，对阵的是中国军队第 5、第 6 和第 9 战区总计约 100 个师的兵力，完全处于被包围的态势。如果大举西进，很可能会将自身陷入危险的境地。

因此参谋本部最终给出的指导性建议是：第 11 军方面先行向常德一线进击，打开重庆门户的同时控制湖南沃野，以备下一个阶段的作战。等到来年春天（1943 年）再以华北方面军大举南下，击溃陕西、河南一线的中国军队。随后再对四川展开两线夹击。由于综合了此前"第 50 号（西安）作战"和"第 51 号

加入日本陆军的朝鲜王族李键。

（四川）作战"的相关要点，因此这一份新的作战计划，最终被定名为"五号作战"计划。

应该说较之此前的"西安、四川作战"计划，"五号作战"的设想更为实际，也更为恢宏。为了能够达到一战定乾坤的目的，参谋本部甚至计划抽调18万关东军入关参战。主持修订"五号作战"计划的杉山元，甚至放出豪言说："1941年12月南进的地面兵力为39万，而五号作战计划使用的兵力约相当于南进作战计划的2.5倍，堪称百万大军的大远征"。

不过日本陆军内部却并非所有人都买杉山元的账。"五号作战"的计划一经公布，关东军方面便找上门来，表示尽管此刻苏德两国正在伏尔加河流域鏖战，但关东军如果大量抽调入关，仍有可能招致苏联方面的进攻而且此番攻势很难使重庆国民政府屈服，因此提请参谋本部"慎重考虑"。

关东军作为日本陆军的"顶门长子"，其相关意见杉山元不仅不能不听，更要好言宽慰。杉山元首先向关东军方面强调说"绝非忽视北方"，随后又表示："（五号）作战尚未肯定，须经充分研究方能决定。"而为了压制关东军的反对声浪，杉山元不得不于9月3日上奏天皇裕仁，希望能够得到"圣意"的支持。裕仁虽然也对瓜岛的战事颇为关心，但最终还是给了杉山元一个面子，批准了"五号作战"计划。

得到"五号作战"即将顺利启动的消息后，"中国派遣军"总司令畑俊六难掩心中的激动，于9月9日召集华北方面军、第11军、第13军、第23军及日本陆军航空兵飞行第3师团参谋长开会，以"为了我军的荣誉，我号召全军进行殊死的战斗！"为口号，给所部作了动员。

可惜这样的亢奋并没有维持太久，随着瓜岛战事的日益严峻，9月17日，大本营方面决定将原本计划用于发动锡兰作战的第38师团从缅甸调往拉包尔方面。同时，原本计划从"南方军"调往中国大陆战场的部分后勤单位也转属在所罗门前线组建的第17军。9月22日又下达了暂停向"中国派遣军"调拨战备物资的决定。如此一来，事实上便无限期推迟了"五号作战"的发动。

对于这些中央决策层的变化，身为"中国派遣军"总司令的畑俊六也是无可奈何，只能要求"中国派遣军"参谋部继续进行作战研究，采取对前沿各地展开空中侦察，改善并增加兵站仓库设置等措施来强化战备。同时华北方面军和第11军等部队则陆续组织大规模演习，积极展开临战训练。

日本陆军"中国派遣军"司令畑俊六。

1942年末，出于对所罗门战局的悲观预期，日本陆军参谋本部最终决定取消"五号作战"的相关计划。而"中国派遣军"方面则相应提出打通"平汉铁路（北京到武汉）"和"粤汉铁路（武汉到广州）"的要求。此时日本陆军参谋本部正准备从"中国派遣军"中抽调精锐的第6师团南下参战，对于"中国派遣军"的建议也只是含糊其词、不置可否。

瓜岛的战事也同样影响到了日本陆军在缅甸的战备，9月19日在接到大本营方面要求缩小印度作战规模的要求时，"南方军"方面还不明就里，派遣参谋回国申述："进攻作战两个师团即可足用，为确保梅克纳河以东地域需用三个师团，拟再掌握一个预备师团，由第38、第2师团及独立混成第21旅团等担任，如有可能请准予仍旧使用近卫、第5师团。"有趣的是，"南方军"要求作为预备队使用的第38、第2师团及独立混成第21旅团刚刚先后开往所罗门群岛战场，显然无法及时赶回，因此"南方军"真正的目的，是申请使用驻守印度尼西亚地区精锐的近卫、第5师团投入"第21号作战"中去。可惜的是，参谋本部此时已经抱定了"目前对印度除静观外别无他策"的宗旨。

10月3日，面对"南方军"的参谋人员，参谋本部第1部部长田中新一更放纵下属服部卓四郎、井本熊男发表了一番颇为严厉的训斥："两个师团怎么够用？不能进行基础不好的作战……南方军的上报意见不明确，基础不稳固。现有的方案虽经总司令批准，但有谁在切实地注意作战？这将使总军丧失威信。"在参谋本部蛮横的批评声中，"南方军"方面也只能吃瘪，默默地收起了"第21号作战"的相关计划。

"五号作战"和"第21号作战"虽然先后流产，但"中国派遣军"和"南方军"方面却并不愿就此作罢。1942年12月18日，日本陆军第11军司令冢田攻在从南京返回汉口的途中，座机被中国军队高射炮击落，机上11人悉数坠机身亡。

历任过"华中派遣军"参谋长、参谋本部次长、"南方军"参谋长的冢田攻显然长于谋划，但1942年5月接任第11军司令之后却几乎没有什么太过出彩的表现，似乎也证明了其短于实践。而随着来自关东军的横山勇执掌第11军，这支驻守武汉的日本陆军重兵集团又再度活泛起来。

1943年2月13日，横山勇指挥第11军主力发动所谓的"江北歼灭战"，以5个师团又一个独立旅团的兵力对驻守峰口镇的中国军队第128师王劲哉所部展开围攻。第128师官兵虽拼死抵抗，无奈兵力相差悬殊，最终包括师长王劲哉在内大部被俘。首战告捷之后，横山勇随即又移师南下，于3月9日发动了旨在攻占石首、华容的"江南歼灭战"。驻守当地的中国军队第73军汪之斌面对敌优势兵力被迫后撤。横山勇上任之后便连续发动的这两场战役虽然规模不大，却有效地解除了中国军队对武汉的合围态势，为日后大举进犯鄂西和常德等地创造了条件。

1943年5月5日，日本陆军第11军再度出动7个师团及1个独立混成旅团，对武汉以西的公安至宜昌上游的石牌沿江一带发动进攻。由陈诚指挥的中国陆军第6战区则集中了5个集团军、14个军、41个师的庞大兵力予以阻击，两军鏖战近一个月的时间，才最终在石牌地区将日军击退。

鉴于横山勇所发动的一系列小规模短切作战的成果，1943年8月28日，"中国派遣军"制定了当

日本陆军悍将横山勇。

年秋季以后的作战指导大纲。除了"华北方面军"继续执行"清剿"敌后抗日根据地的"扫荡作战"之外，还要求第13军以所部4个师团的兵力，围歼孝丰、广德地区的"忠义救国军"，第11军以5个师团的兵力，对常德地区发动进攻。

"忠义救国军"是重庆国民政府军统方面训练的一支敌后游击队，战斗力尚不足以与日本陆军主力相抗衡。因此面对日本陆军第13军于9月30日晚间发起的进攻，"忠义救国军"被迫放弃了广德，撤入天目山区。日本陆军于广德附近展开了一番"扫荡"之后，最终于1943年10月下旬除留下警备部队外，其他均返回了原驻地。

不过尽管广德之战对于日本陆军第13军而言是一场必胜之役，但战前第13军司令下村定却拒绝将驻守安庆的第116师团调往常德，配合第11军作战。下村定的理由是：第13军所属之部队大都为警备师团，目前又在准备进行广德作战，新占领地区还须派出部队防守，加之驻徐州的第17师团，已于9月11日接到调往南太平洋新不列颠岛的命令，如果将第116师团这样的甲种编制师团调至其他地区，则第13军的部队将难以确保（南）京、沪、杭及皖中、皖北和苏中、苏北的安定。

面对下村定扣住第116师团不放的举动，"中国派遣军"方面也没有很好的办法，只能派出作战主任参谋宫崎舜市中佐，前往上海与第13军参谋长木下勇进行沟通。木下勇则回复说：以目前情况看，从116师团抽出4—5个大队不可能（派遣军原拟抽调其6个大队），抽出一个大队还可以。第11军所需的部队，应当从华北方面军去抽调，那里的部队较多。无奈之下，"中国派遣军"总参谋长松井太久郎不得不亲自出马。

松井太久郎抵达上海之后，直言不讳地向木下勇表示："华北方面军驻长治的第36师团已准备调往赤道以南的新几内亚，再从华北抽调部队至武汉的第11军是不可能的；为了配合常德作战，第13军必须抽出有力的部队组成一个支队。"眼见事情已经无法挽回，第13军方面又在部队编制上动起了脑筋，最终回复说："可以抽出一个支队转属第11军，但这个支队的3个大队，全部由3个中队编成。"因为第116师团是甲种编制，每大队下辖6个中队，所以第13军如此安排，事实上出动的还是只有 1 个半大队的兵力。

眼见自己费了半天的口舌只争取到半个大队的兵力，松井太久郎心中的不爽可想而知。随即直接下达命令："第 13 军调 116 师团主力（6 个大队为基干）和另一个支队（3 个大队为基干），于 11 月上旬到达武汉地区，归第 11 军指挥。"如此一来，第 13 军不仅要调出第 116 师团的主力，还得从于 5 月 1 日由合肥独立混成第 13 旅团改编、现在接替第 17 师团、驻于徐州的第 65 师团中调出 3 个步兵大队。

1943 年 11 月 2 日，常德会战正式打响。日本第 11 军以东线的第 68 师团和西线的第 3、第 13 师团对常德进行迂回包围，由中路的第 116 师团直接进攻常德城区。中国军队驻守常德的第 74 军第 57 师虽然拼死抵抗，但最终还是因兵力和火力上的巨大差距而败下阵来。不过攻占常德之后，日本陆军第 11 军方面也由于兵力消耗过大而不得不做出放弃常德、全线后撤的决定，并由此引发了"中国派遣军"方面的不满。

广德战役和常德会战虽然都以日本陆军的获胜而告终，但是在战役的组织和后续展开的过程之中，日本陆军"中国派遣军"各部却由于兵力分配而闹得颇不愉快。这其中固然有下村定、横山勇与畑俊六自身性格上的矛盾，但同时也暴露出了在向太平洋战场不断调入地面部队的情况之下，"中国派遣军"兵力捉襟见肘的尴尬。

一方面是精锐部队陆续抽离，战斗力日益孱弱，一方面却是得到英、美军事援助，装备（特别是航空战力）日益强化的对手。日本陆军"中国派遣军"虽然仍不断以"短切作战"以控制战场主动权，但却在每每进击之后又不得不放弃阵地后撤。在这样彼此往复的拉锯之中，等待其的不过是一场慢性死亡。

（二）乌（ウ）号作战——全景回顾"英帕尔战役"（上）

"中国派遣军"所面对的困局，事实上也发生在驻守缅甸的日本陆军第 15 军身上。1941 年 12 月，日本陆军假道暹罗攻入缅甸之时，一度可谓是势如破竹。至 1942 年 5 月已在缅甸中、南地区击败英联邦军队及从云南赶来参战的中国远征军。随后日本陆军在以第 33 师团向印度方向追击英联邦军队和中国陆军新编第22、第38师的同时，以第56师团主力兵分两路攻入中国云南境内，并先后攻占腾冲、龙陵等地，与中国军队形成隔怒江对峙的局面。不过此时日本陆军第15军在缅甸的攻势也达到了极限，4个师团及军直属部队在缅甸全境展开，进入全面驻防和扶植当地傀儡政府的阶段：

第15军缅甸布防情况：

（一）第15军（司令：饭田祥二郎），司令部位于仰光。

（二）第18师团（师团长：牟田口廉也），驻守仰光以北之彪关至萨尔温江铁路沿线。师团司令部位于东枝。

（三）第33师团（师团长：樱井省三），防守彪关以北至密支那一线（含孟加拉湾海岸线）。师团司令部位于仁安羌。

（四）第55师团（师团长：竹内宽），防守塔泽向北沿铁路两侧至密支那和曼德勒以东曼大姆至南坎的长方形地区。师团司令部位于曼德勒。

进驻缅甸一所寺庙的日本陆军。

（五）第56师团（师团长：渡边正夫），防守腊戌及以北的南坎与中国云南怒江以西的腊孟、松山、腾冲、龙陵、畹町地区。师团司令部位于龙陵。

（六）野战重炮兵第3联队（联队长：长屋朝生大佐），防守彪关东西一线以南的地区。

（七）第73兵站地区队（队长：静川真浏大佐），防守仰光城及就近的地区。

（萨尔温江以东缅、暹两国有争议的三角地区，由暹罗北征军防守）

1942 年 8 月 1 日，在日本陆军的羽翼之下，由缅甸著名的反英人士巴莫（Ba Maw，1893—1977 年）博士领导的所谓"缅甸国"傀偏政府正式成立，与此同时，此前为日军负弩前驱的"缅甸独立义勇军"也改编为所谓的"缅甸防卫军"。但无论是执掌缅甸军政大权的日本陆军第 15 军，还是远在东京的东条英机内阁对巴莫等前缅甸独立运动的领导人都缺乏信任，因此"缅甸防卫军"成立之后，原有兵力 27000 人以上的"缅甸独立义勇军"被裁减为仅有 3 个大队 2800 余人。这样做的目的自然是为了避免出现将来"缅甸防卫军"倒转枪口的局面，但与此同时，在缅甸战场上日本陆军也不得不几乎全部承担所有的防御使命。

与日本陆军的失道寡助相比，在经历了由于协同不良而在缅甸战场一败涂地之后，盟军方面却是痛定思痛，不断加强彼此之间的联系和协同。一方面鉴于中国陆军有 2 个师的部队，英联邦军队退守印度东部，盟军中国战区参谋长兼中缅印战区美军司令史迪威不得不奔走于新德里和重庆之间，最终说服中英双方，同意在印度东部比哈尔邦的小镇兰伽建立美式陆军训练营，帮助败退的中国军队恢复战斗力的同时，对其进行脱胎换骨式的改造。

随着美国方面源源不断向印度东部运来武器装备和补给物资，重庆国民政府也采用"驼峰航线"的返程运输机，不断将国内矢志报国的热血青年运往兰伽受训。从 1942 年 10 月 20 日至当月末首批向印度空运 4000 新兵为开端，在此后的近半年时间里，平均每天重庆国民政府都向兰伽训练营补充 650 人。在如此充沛的兵员补充之下，史迪威于印度东部组建了下辖 2 个整编师、3 个炮兵团、1 个工兵团、1 个独立炮兵营的中国陆军新编第 1 军（简称新 1 军）。而正是有了兰伽训练营的成功经验，1943 年 4 月，史迪威成功说服重庆国民政府，于昆明建立类似的机构，分两批整训 60 个美式陆军师。

中国军队在兰伽厉兵秣马的同时，英国人也在印度东部不断积蓄兵力、准备反攻缅甸。除了驻守印缅边境的第 4 军之外，英国陆军还在加尔各答组建了第 15 军，用于保卫孟加拉沿岸地区。而随着曾在埃塞俄比亚组织当地部落武装抗击意大利人的英国陆军"特战先驱"——奥德·温盖特（Orde Wingate，1903—1944 年）少校的到来，英国人更尝试以轻步兵分队渗透敌后的方式，在印缅边境发起反攻。

　　从 1942 年 9 月开始，英国陆军便不断在印缅边境地区主动出击，当年 12 月更发动了旨在夺取缅甸西部若开半岛的"第一次若开战役"。但来自旁遮普省等干旱平原的印度士兵，无法适应印缅边境地带满是沼泽和稻田的作战环境。而满是崇山峻岭和原始雨林的战场环境，更极大地限制了英军的后勤补给。尽管战役之初，英国军队一度合围了由日本陆军第 33 师团的 2 个大队组成的"宫胁支队"，但始终未能将其全歼。而随着 1943 年 2 月下旬日本陆军第 55 师团的大举驰援，英军更是全线溃败，近一个旅的兵力在印缅边境地带惨遭围歼。如果不是奥德·温盖特率部突然出现在日军侧后，截断了纵贯缅甸北部的密支那铁路，英国陆军的损失可能会更大。

　　为了歼灭奥德·温盖特所部，日本陆军第 15 军不得不将第 18 师团主力及第 33、第 55 师团各一部部署在密支那铁路沿线，并从 1943 年 4 月开始对缅甸北部展开为期一个月的"大扫荡"。但在对手优势兵力的围剿之下，奥德·温盖特还是率部成功突围，于 1943 年 5 月退回印度境内。奥德·温盖特所指挥的印度陆军第 77 步兵旅也由此得到了"钦

被称为"钦迪队"的英国陆军第 77 步兵旅。

迪队"（"钦迪"是印度神话中的神兽，可以在天空和陆地自由驰骋）的美誉。

"第一次若开战役"虽然以盟军的失败而告终，却也暴露了日本陆军在缅甸地区战线过长、兵力不足的缺陷。而"钦迪队"在缅北扰乱日军后方的特种作战，更令美国人颇为艳羡。在与英国方面争夺印度陆军第77步兵旅的控制权无果的前提下，史迪威决定另起炉灶，于1943年9月组建了美国人主导的"格拉海德"突击队，指挥官为曾任美国驻日大使馆武官的弗兰克·道尔·梅里尔（Major General Frank Dow Merrill，1903—1955年）中校。

与英国方面的奥德·温盖特相比，梅里尔没有那么多传奇的冒险经历和丰富的特种作战经验，但能够讲一口流利日语的他深谙日本和东亚文化，因此在首批于美国旧金山招募了一批美、英志愿者充当核心骨干之后，梅里尔便不断在突击队中安插进亚洲面孔，除了中国士兵、印缅边境的亲西方土著部落之外，据说梅里尔还从美国本土的集中营里招募了一批日裔美国人，以刺探窃听日军情报。这支部队最终获得了"第5307联合突击队"的番号。

美、英及中国远征军在印缅边境不断强化的兵力配备，令日本陆军第15军方面如芒刺在背。1943年3月18日，原第15军司令饭田祥二郎调回国内，其职务由原第18师团长牟田口廉也接任。曾在"卢沟桥事变"中贸然打响"中日全面战争第一枪"的牟田口廉也起于行伍、生性莽撞，升任一军之长后，逢人便说由他挑起的战争也将由其一手终结，摆出一番"吾辈不出，苍生奈何"的架势。此后不久，日本陆军方面又于3月27日组建"缅甸方面军"，司令正是昔日"卢沟桥事变"中牟田口的顶头上司——河边正三。于是乎整个缅甸方面的日本陆军顿时成了"激进派"的舞台

1943年6月末，缅甸方面军司令部在仰光举行了图上兵棋推演。认为方面军的防线从中国云南的怒江起，经缅甸本部的密支那直到缅甸中部，长达一千多公里，而对面之敌则有钦敦江方向以英帕尔为前进基地的英国陆军第4军，驻守利多的中国驻印远征军以及集结于中国云南的中国入缅远征军。除此之外，日本方面还根据情报，获知英美在印度东部还集结有一至两个空降师。在这样的情况下，判断上述几方面敌

军会在 1943 年雨季过后，以夺回缅甸北部和中部地区为目标发动全面反攻。

按照常理来说，在兵力对比如此悬殊的情况之下，日本陆军比较理性的对策，应该是放弃处于两线受敌，且地形、气候均不利于长期作战的缅甸北部地区，在缅甸中部重新构筑防线，逐次抵抗，以削弱对手，然后再视整体战局的变化，展开反攻，或者全军退守遏缅边境。但偏偏这样合理的方案，对于不能轻言后撤的日本陆军而言是最无法接受的。因此摆在参与图上兵棋推演的大本营、南方军、第 3 航空军的幕僚以及缅甸全军的首脑面前的，只有这两个选项：是在国境内迎击来达到防御目的，还是进攻英帕尔，摧毁敌军的反攻根据地以完成防御任务。

作为缅甸方面主力部队第 15 军的司令，牟田口廉也认为在此广阔战场，面对四面绝对优势敌人的反攻，以守势战术完成防御任务几乎是不可能的。与其如此，莫若在敌人反攻之前先发制人，急袭并捣毁敌军反攻的根据地。而道路的恶劣、补给的困难、地形的艰险等有关这次战役成败的一些关键问题，如果假以后 6 个多月时日的拼命努力，得到上级司令部的妥善筹划，并非不能解决；这些困难还可以反过来利用敌人修筑的道路和军需品而得到缓和。另外，对于制空权、火力、机械装备均居劣势的日军来说，在这种地形艰险、密林遍布的地带作战，反而比在缅甸中部平原地区更为有利。

缅甸方面军最终同意了牟田口廉也的意见，制定了名为"乌（ウ）号作战"的相关计划。但此时日本陆军已经在瓜岛及所罗门群岛深陷泥潭，无力向缅甸战场大举增兵。直到 1943 年 3 月 22 日，才勉强将陆续从本土运来的第 13 师团所属之步兵第 58 联队、第 116 师团所属之步兵第 138 联队、第 40 师团所属之山炮第 40 联队，以第 18 师团的步兵第 35 旅团司令部及步兵第 124 联队为核心编组为第 31 师团，算是勉强多了一支机动兵力。

鉴于兵力的严重不足，1943 年 7 月上旬，"南方军"总司令寺内寿一委派副总参谋长稻田正纯，汇报相关作战的准备情况，申请增派第 15、第 54 师团，并调拨相关军需物资。寺内寿一亲自出面，大本营方面还算买账，第 15、第 54 师团先后归入"缅甸方面军"的指挥序列，但在相关物资方面，大本营也是巧妇难为无米之炊。大量运输工具和粮秣方面的不足，只能通过"缅甸方面军"就地筹措来解决。

虽然一口气陡增了 3 个师团的兵力，但按照"乌（ウ）号作战"的相关计划，在正式发动对英帕尔的进攻之前，缅甸方面军还要在中国云南和缅甸北部的密支那、胡康河谷一线展开各 1 个师团的兵力。第 15 军方面本拟将第 18 师团主力放置于极易受到攻击的缅甸北部密支那、胡康河谷一线，但此时第 18 师团长正是不久之前刚刚因为与东条英机不睦而被赶出参谋本部的田中新一，这位习惯了纸上谈兵的前作战科科长急于在任上做出一番成绩，抵达了密支那之后便认定此处地处印度东部与中国云南之间，极易遭遇两线夹击，要在胡康河谷作战，必须"先予怒江方面之敌一击"。他的意见随即得到了第 15 军司令牟田口廉也的首肯，同意第 18 师团"以有力之一部协助第 56 师团作战"。

仅从纸面兵力来看，此时中国军队在怒江以东集结着 16 个主力师，单凭第 56 师团一支孤军的确力有不逮。但事实上此时中国军队并无在怒江一线大举反攻的计划，怒江西岸仅有第 36 师等少数部队驻守。面对第 56 师团大举来袭，中国军队迅速撤过怒江，导致第 18 师团以步兵第 114 联队为主组建的"丸山支队"（指挥官为步兵第 114 联队长丸山房安）扑了个空。

而就在田中新一草率分兵的同时，1943 年 10 月 30 日夜，第 18 师团于胡康河谷一线的防御正面突然全线告警。田中新一判断此举为驻守利多的中国驻印远征军的总攻，随即命师团主力之步兵第 55、第 56 联队，山炮第 18 联队及重炮兵独立第 21 大队出击，一方面解救前线被围的各"守备队"，一方面则寻找战机包抄对手的侧翼。

统率师团司令部随后跟进的田中新一很快便接连不断地接到"捷报"，从南、北两线出击的步兵第 56 联队第 3 大队和步兵第 55 联队第 3 中队先后报告包围了敌军主力，正在全力予以围歼。长期以来轻视中国军队的田中新一丝毫没有怀疑战报的真实性，满心期待着"丸山支队"赶回战场之后一举在胡康河谷击溃对手。

事实上田中新一并不知道他投入近 2 个联队兵力所包围的仅为中国驻印远征军 1 个团的兵力。之所以投入如此之少的兵力，完全是因为已经升任盟军东南亚战区副司令的史迪威错误判断了日本陆军在缅甸的布防情况。在史迪威看来，连绵数千平方公里的胡康河谷并不适合大规模

　　　　　　　　　　　　　　　太平洋战争全史

用兵，因此他计划从这一方面入手，修筑一条连接印度利多和中国昆明的军用公路，并布设输油管道。按照史迪威的估计，该项工程完工之后，美国不仅可以轻松为重庆方面 90 个步兵师提供美式装备，在中国大陆展开大反攻，更能在中国西南建立庞大的空军基地群，部署新型的 B-29 型战略轰炸机夷平日本。

基于上述理由，史迪威才将目光投向了胡康河谷。不过在他的概念之中这片被称为"野人山""死亡之谷"的原始丛林，只是掩护以其名字命名公路的天然屏障，因此在该方向上仅驻守有中国驻印远征军新编第 38 师之第 112、第 114 团，整体呈防御态势。只是随着工程的逐渐推进，1943 年 10 月史迪威才下令新编第 38 师以第 112 团前出至大龙河和塔纳河的交汇处，以掩护工兵部队在当地修建野战机场。由于自上而下均视此次行动为普通的战线前推，因此第 112 团不仅没有携带火炮等重型武器，而且还兵分三路分头突进。最终虽然在边境地区成功包围了几股日军边防部队，但很快便遭到了日本陆军第 18 师团主力的反包围。

按照日本陆军的传统思维模式，在野战中当兵力、火力均处于劣势

在胡康河谷空投补给的美军运输机，其上空还盘旋着承担掩护任务的美军战斗机。

的情况下，中国军队很可能会主动撤出战斗。但当在大龙江右岸的于邦一线成功围困住了中国远征军第 112 团一部之后，战斗却进行得异常艰苦。日本方面虽然成功突袭了第 112 团团部，并将该团第 1 营李克己所部围困在一个东西长不过 200 米、南北宽不过 100 米的狭小空间之内，但此时经过兰伽训练营的磨砺，中国驻印远征军已经拥有了不弱于美军一线部队的战斗力，在美军空中掩护和不断通过丛林秘密抵达包围圈内部的生力军支援下，李克己营在日军的围困之下坚守了 50 多天，直到新编第 38 师师长孙立人亲率援军抵达。

有关孙立人缘何在自己的部下被围那么久才抵达战场，后世出现了两种截然不同的说法。美国史料之中往往强调中国军队动作迟缓、意志不坚，甚至揶揄孙立人等将领不断向美军索要物资，却极少用于作战。而中国方面的一些传记则强调是由于史迪威当时陪同蒋介石前往埃及参加开罗会议，代理指挥的美军参谋长海登·波特纳（Haydon LeMaire Boatner，1900—1977 年）少将迟迟不肯批准中国驻印远征军的增援计划，才最终导致了第 112 团在于邦一线长期被围。直到史迪威回到缅甸，亲自与孙立人一起乘坐飞机视察了整个战场，才最终同意孙立人率军出击。

客观地说上述两种说法都存在着一定的主观臆断成分，孙立人并非不想一步便跨到于邦的战场，但是他所率领的新编第 38 师主力包括了 2 个步兵团、2 个山炮营、1 个重炮营和其他师直属部队，在胡康河谷的雨林中推进自然要比轻装的第 112 团慢得多。而另一方面美军参谋长海登·波特纳也并非有意拖延增援的时间，而是此时美军正在谋划着以"第 5307 联合突击队"秘密渗透至日军纵深，因此不希望孙立人的新编第 38 师大举进入胡康河谷以防打草惊蛇。而事实上在李克己营被围的过程中，美国陆军航空兵始终不断给予其空中火力支援和空投补给支持。正是在美军战机的羽翼之下，李克己营才能够在日军的包围之下，坚持了近 2 个月的时间。

1943 年 12 月中旬，新编第 38 师所属之第 114 团、113 团及炮兵第 2 营抵达于邦前线。此时围攻李克己营的日本陆军各部队早已师劳兵疲，田中新一被迫决定放弃于邦，于 12 月 27 日开始全军退守塔纳河一线。不过刚刚被蒋介石授予全权指挥中国驻印远征军的史迪威显然不会给田中新一这个机会。12 月 28 日，史迪威命新编第 22 师投入战斗，从右路迂回攻击日军防线的侧翼。

1944 年 1 月 9 日，新编第 22 师以主力第 65 团从日军防备松懈地段强渡塔纳河，并随即沿河左岸在崇山峻岭中快速推进。日本陆军第 18 师团猝不及防，只能陆续调集小股部队予以拦截。但此时日本陆军在单兵作战能力上的优势早已荡然无存，根本无力抵挡快速突击的中国陆军第 65 团。眼见后路有被包抄的风险，本就在塔纳河前线承受着中国陆

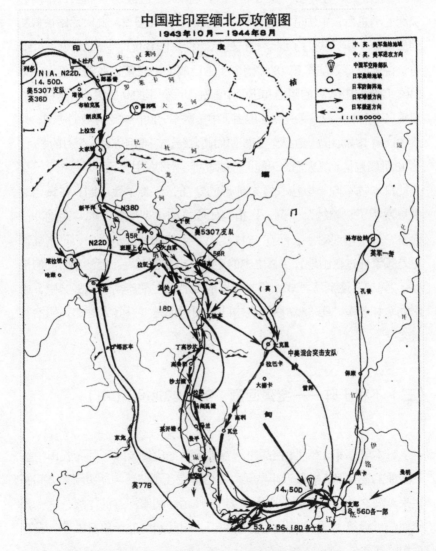

中国驻印远征军和美军"第 5307 联合突击队"在缅甸北部的反击简图。

军新编第 38 师强大压力的第 18 师团，只能选择再度"转进"：全线退守胡康河谷的心脏地带——孟关。

作为第 18 师团的防御支撑点，日本陆军在孟关地区修筑了大量工事，本指望可以一挫对手的攻势，随即再转入反攻。但此时中国驻印远征军已经调集了大量的重炮和坦克。与此同时，美军"第 5307 联合突击队"配合中国陆军第 38 师第 113 团越过胡康河谷出现在了第 18 师团的侧后。

3 月 5 日，在得到"第 5307 联合突击队"已成功穿插到日军防线纵深的消息后，中国驻印远征军对孟关展开三面强攻。此时后路被截断的田中新一早已失去了继续顽抗的信心，只能仓促命令部队向南突围。应该说此时日本陆军第 18 师团事实上已成瓮中之鳖，在侧后美军"第 5307 联合突击队"的阻击和正面中国驻印远征军的高压之下，等待其的似乎只有全军覆没一条死路。但由于中美两军之间仍缺乏有效的协同，最终才让第 18 师团逃出生天。但即便如此，经过胡康河谷近 6 个月的鏖战，第 18 师团也是元气大伤，只能扼守胡康河谷南部的甘马因苟延残喘。

日本陆军向来以擅长复杂地形的穿插、突袭作战自诩。在日语之中更发明了"鹎越"一词，代指宛如成群的小型猛禽一般从高地冲击而下，一举击溃对手。而在 1942 年上半年的缅甸战争之中，日本陆军更是频繁通过在山地、密林之中的短促突击重创对手。但随着时间的推移，"鹎越"逐渐不再成为日本陆军的专利，在胡康河谷作战之中，中国陆军和美军"第 5307 联合突击队"便可谓是"以其人之道，还治其人之身"。

（三）不和于阵——全景回顾"英帕尔战役"（中）

日本陆军第 18 师团在胡康河谷的兵败如山倒，除了师团长田中新一战前部署有误，导致近半数兵力白白浪费在了怒江与胡康河谷之间的往来奔波之外，更重要的原因是第 18 师团在胡康河谷的作战，从一开始便与上级第 15 军之间没有形成共识，因此始终处于单打独斗、没有后援的状态。

　　　　　　　　　　　　　　　　太平洋战争全史

当 1943 年 11 月底在胡康河谷一线发现中国驻印军的前锋部队之时，田中新一便向第 15 军司令部请求增援。但此时的第 15 军司令牟田口廉也醉心于即将发动的"乌（ウ）号作战"，不仅未能派出一兵一卒的战斗部队增援，甚至连增派几个用于后勤补给的汽车队的要求也无法满足。不过牟田口廉也对第 18 师团下达的命令却颇为中肯："停止现在的攻势，在孟关地区外围迎击敌军，不得已时固守甘马因。"可惜这样的意见，田中新一根本听不进去，事后更到处宣扬"这个命令挫伤了第 18 师团长和下级指挥官的情绪"，更一步坐实了牟田口廉也的"愚将"之名。

如果说全力筹备"乌（ウ）号作战"的第 15 军方面无力支援胡康河谷的话，那么更高一级的"缅甸方面军"的情况又如何呢？此时的"缅甸方面军"虽然已经下辖了 7 个师团，"南方军"方面还将此前在瓜岛战场遭遇重创的第 2 师团，以及部署在缅、暹边境地区的独立混成第 24 旅团调入缅甸战场，但这些部队仍在途中，在胡康河谷战事爆发之际，"缅甸方面军"同样没有足够的机动兵力可供调遣。

除了在怒江以西继续与中国入缅远征军对峙的第 56 师团，编入第 15 军准备进攻英帕尔的第 15、第 31、第 33 师团之外，剩余的第 54、第 55 师团被编于 1944 年 1 月 6 日新组建的第 28 军，计划用于印缅边境南部的若开地区，配合英帕尔方向的"乌（ウ）号作战"，对英军展开一次战略突袭。

与在英帕尔方向的"乌（ウ）号作战"一样，针对若开地区的"八号作战"，同样基于英军在印缅边境南部不断增兵，而试图采取先发制人的手段来摆脱困局。自蒙巴顿出任盟军东南亚战区司令以来，英国陆军在印缅边境加速进行着兵力集结，原有的第 4、第 15、第 33 军被编组为第 14 集团军，由擅长防御作战的英军将领威廉·约瑟夫·斯利姆统一指挥。

而根据日本陆军的情报，英国陆军此刻将约 4 个师兵力（实际为 3 个师）的第 15 军部署于若开一线。其中 2 个师（英印军第 5、第 7 步兵师）不断向日军方向进逼，同时在其后方的吉大港方面出现了大规模兵力集结的迹象，联系到 国海军近期在孟加拉湾的频繁活动，日本陆军"缅甸方面军"有理由相 斯利姆有意采取陆地正面牵制、两栖迂回登陆的战略在印缅边境南部发起进攻。由于手中的兵力不足以防御缅甸南部绵长的海岸线，因此唯有主动出击，才能避免陷入对手的海陆夹击。

2月4日，依照"八号作战"的相关计划，日本陆军第28军以第55师团5个步兵大队、1个炮兵大队的兵力，组成"樱井支队"（指挥官为第55步兵团樱井德太郎）先行突袭英印军第7步兵师防区，在切断其与友邻的英印军第5步兵师的联系之后，再由第55师团主力对其展开正面强攻。

作为大正时代便从陆军大学毕业的老将，樱井德太郎此时已然47岁了。在他的军旅生涯中，他曾被北洋政府聘请为北京陆军大学的教官，也曾以"中国通"的身份在"中国派遣军"司令部工作过，也曾当过多个师团的参谋长，可始终仕途不顺，直到1943年8月才升任少将，还被委以步兵团长这个冲锋陷阵的角色，相比与他同期毕业的佐藤贤了，因为傍上了东条英机这棵大树，早已在日本军政两届扮演起"一言兴邦、一言丧邦"的权威角色，樱井德太郎心中的不忿，自然可想而知。因此带领着"樱井支队"进入战场之后，表现得格外卖力，先是成功突袭了英印军第7步兵师的师部，随后又在对方的阵地内狼奔豕突，迅速完成了对英军的分割包围。

第55师团长花谷正出身关东军，曾与石原莞尔一起参与过"九一八事变"的策划，此后又作为伪"满洲国"的军事顾问一度活跃于诺门坎战场之上。但整体来说花谷正似乎并不擅长用兵，而且人格也颇为恶劣，从他接任第55师团开始便因为其所奉行的体罚政策而引发多人自杀和精神失常。接到"樱井支队"进攻得手的消息后，花谷正随即不假思索便下达了全军突击的命令。

事后很多日本史料之中都会这样记述第55师团主力展开进攻之后的情景："敌军约3千名、坦克百余辆、汽车千余辆霎时间陷入我军包围之中，眼看奇袭就要成功，可是被包围的敌军以其优势的火炮和坦克构成一个圆桶形阵势，利用密集的自动武器和火焰喷射器封闭了阵地间的空隙，而且在其绝对优势的空军力量毫不间断的支援和空投补给之下，构成了铁桶一般的防壁。这种仰仗空投补给的新战术，竟使日军瞠目结舌。仅有少数山炮的第55师团，奋力反复猛攻，结果徒使我军损失激增。敌将第 14 军司令官斯利姆调印度第 26 师前来增援，并令英国第 36 师向国境地带的掩护阵地挺进，令西非第 81 师向加腊丹河谷地带推进，转入积极反攻。第 55 师团这时腹背受到敌军 5 个师的反击，陷入了敌军反包围中，加上补给困难，战况呈现令人悲观的形势。"

从这段记述来看，日本陆军第 55 师团的攻击受挫完全缘于武器装备上的差距，是为"非战之过"。但仔细分析却不难看出其破绽百出，英印军 3000 余名步兵无论如何也不可能配备百余辆坦克，千余辆汽车组成铁桶般的防壁更是于理不合。而从战场环境来看，英国陆军更不可能在战场上迅速调集 5 个师的兵力展开反击。因此要了解这场"第二次若开战役"的真实情况，必须参照英国方面的有关资料。

事实上早在日本陆军第 55 师团发起进攻之前，斯利姆便吸取了英国陆军在印缅战场上两次失利的相关经验，着重于防御日本陆军所擅长的轻步兵渗透战术。英印军各部队防区都构筑了完备的防御工事。师部遇袭之后，英印军第 7 步兵师虽然一度陷入了指挥系统的瘫痪状态，但随即获得了友邻的英印军第 5 步兵师的全力支援。英印军第 9 步兵旅、第 24 山炮团先后抵达战场，加上英印军第 7 步兵师原有的第 89 步兵旅、第 8 炮兵团、皇家第 9 炮兵团等部队。不过日本陆军传说中的"百余辆"坦克，事实上仅仅是英印军第 25 骑兵团所属的 2 个装甲连而已，满打满算也不过 20 余辆 M3 型坦克。

鉴于自身战斗步兵有限，而火炮充足，因此据守若开前线的英印军构筑了一种步兵防守外围、炮兵居中策应、装甲部队应急支援的环形阵地模式，英军方面称之为"工具箱"（Admin Box），而日本方面则呼之曰"圆筒阵地"。不过尽管在火炮和坦克等重型武器方面占据着优势，但是英印军第 7 步兵师毕竟被"樱井支队"切断了后路。如果不能及时得到补给，那么很快这些赖以阻击日本陆军一波波冲击的战争机器便会弹尽油绝、沦为废铁。值此关键时刻，盟军方面紧急向若开方面增派了714 架次的运输机，空投了超过 2300 吨物资。据说为此蒙巴顿勋爵还特意与史迪威进行了沟通，请求美国方面能暂停通过"驼峰航线"向重庆方面的空中援助，将所有的运力集中用于保障若开方面的空投。

与不断得到空中补给的英印军相比，日本陆军第 55 师团却是饱受弹药粮秣输送不畅之苦。而与行军途中不断要求下属为其开挖单人防空洞的花谷正相比,指挥着"樱井支队"死死卡着英印军后路的樱井德太郎,境遇显然更为糟糕。本是穿插敌后、完成对敌包围的任务的"樱井支队",此时事实上已经深陷对手的重围之中,而由于是轻装穿插,依赖骡马和缅甸挑夫维持的后勤补给线很快便被英印军切断。

在英印军的围攻和饥饿、伤病的折磨之下,至 2 月 24 日,"樱井支队"已由出击时的 2150 人锐减至不足 400 人。眼见再战下去有全军覆没的风险,樱井德太郎不待师团长花谷正批准,便决定将幸存者带出地狱。至此日本陆军对英印军第 7 步兵师的围困事实上宣告瓦解。得到樱井德太郎擅自撤退的消息之后,自知已无法取胜的花谷正也只能选择放弃继续进攻,于 2 月 26 日转入防御阶段。此后整个 1944 年 3 月份第 55 师团正面防线始终处于英印军的猛攻之下。日本陆军第 28 军方面被迫抽调第 55 师团前往助战。

对于大本营方面关于缘何在合围敌军之后却无法歼灭的疑问,第 55 师团司令花谷正选择将罪责全部推到"樱井支队"的身上,不过花谷正向来有吹捧陆军大学,打压其他学历军官的传统,因此对于自己的学弟樱井德太郎网开一面,将擅自撤退的罪名安在了"樱井支队"主力的步兵第 112 联队长栅桥真作的头上。

客观地说栅桥真作的确在战斗中说过"不忍让天皇陛下的赤子白白送死"(天皇の赤子を殺すに忍びず)。但他率部撤出战斗毕竟得到了上级领导樱井德太郎的首肯,自然不能说是擅自。不过 4 月 11 日被解除了联队长职务的栅桥真作并不孤单,因为不久之后英帕尔战场便又传来了第 31 师团长佐藤幸德擅自率部脱离战斗的消息。

佐藤幸德的人生轨迹颇为传奇,出身日本东北山形县的他,从小便进入仙台陆军幼年学校就读,此后经过陆军士官学校、陆军大学的深造,很早便在参谋本部任职。在此期间其与以东条英机为代表的"统制派"颇有交际,据说还参与过桥本欣五郎组织的军中小团体——"樱之会"。不过佐藤幸德为人孤傲,在当时弥漫着"下克上"风气的日本陆军之中,更常常有一言不合便反唇相讥之举,不仅在参谋本部中与牟田口廉也等政见不合的"皇道派"人士常有口角,甚至连东条英机等"统制派"大佬也吃过他的瘪。

中日战争全面爆发之后,佐藤幸德被下放到隶属于"朝鲜军"的第

19 师团，不过佐藤幸德运气实在不佳，到任后不久第 19 师团便卷入了日苏边境冲突的"张鼓峰事件"，而由他指挥的步兵第 75 联队更是首当其冲，在与苏联红军的交锋中一度损兵折将、伤亡过半。不过无论如何，作为"张鼓峰事件"中坚守国境的一线将佐，佐藤幸德还在日本陆军之中获得勇猛果敢的"刚将"的美誉，不过此公对这件事情的看法却是"自己得罪了东条英机，才被派到前线去受罪的"（俺は東條首相に受けが悪くてね、張鼓峰事件の時も連隊長として派遣され）。

怀着这样扭曲的心理，佐藤幸德的仕途自然走得磕磕绊绊，直到 1943 年 3 月才最终升任由多支部队临时拼凑而成的第 31 师团的指挥官。此后得知"缅甸方面军"批准了第 15 军主动出击英帕尔的"乌（ウ）号作战"方案，佐藤幸德更是不爽。因为按照相关计划，第 15 军所下辖的 3 个师团之中，竟然选择了成立时间最短的第 31 师团承担正面进攻、直趋印度东北部重镇科希马的任务，而齐装满员的第 15、第 33 师团却只负责从侧翼迂回包抄。在佐藤幸德看来，此举自然也是曾经和自己有过多次争吵的牟田口廉也在有意为难自己。因此从接到命令的那一刻起，便是各种怪话不断。

佐藤幸德先是在第 15 军司令部高唱反调，到处宣扬在补给如此困

"张鼓峰事件"中，以"肉弹战术"对抗苏联装甲部队的日本陆军。

难的情况下贸然发动进攻,实乃不谋之举。在无人响应的情况下,佐藤幸德干脆将第31师团的各级军官组织起来,在公开训诫中说:"诸公之中大半要在英帕尔的山里饿死了啊!"(諸君の大半はアラカン山中で餓死するだろう)如此打击士气的言论竟然从担任主攻任务的师团长口中说出,自然引发了全军哗然。不过既然上级领导牟田口廉也不予置评,第15军上下也只能听之任之。

事实上第31师团虽然承担正面进攻任务,但并非首发出阵。按照预定计划,由柳田元三指挥的第33师团便奉命从南线穿越印缅边境的崇山密林,将于3月8日对英军发动进攻,为3月15日出击的第31师团和第15师团先行牵制英印第4军主力。肩负如此困难之任务,陆军大学第34期以优异成绩获赠天皇赐刀的柳田元三却是任劳任怨。

此外在3个师团之中,第31师团的战斗力也谈不上最为孱弱。虽然比不上拥有3个步兵联队(第213、第214、第215联队)、1个重炮兵联队(第18联队)、1个战车联队(第14联队)的第33师团,但好歹第31师团除了下辖3个步兵联队(第58、第124、第138联队)之外,还有一个山炮第31联队提供火力支援。而长期驻守于伪"满洲国",一度准备调入山海关以南执行"警备、讨伐作战"的第15师团此前刚刚经历了一次编制改革,麾下仅有3个步兵联队(第51、

日本陆军第15师团所装备的"三一式"山炮。

第 60、第 67 联队），总计只有 18 门山炮，且其中 10 门为堪称古董的明治 31 年（1898 年）定型生产的"三一式"。而即便如此，身为检察官之子的第 15 师团长山内正文也没有发什么牢骚，有了这样的参照物，自然更映衬出佐藤幸德的蝇营狗苟。

鉴于第 33 师团最先进入攻击位置，道路状况较好且重型装备较多，因此第 15 军方面将绝大部分的汽车中队交付其使用。而剩下 2 个师团由于道路险阻，且缺乏足够的机械化运力，第 15 军被迫从缅甸当地征集了大量的水牛、大象充作畜力以运载弹药、粮秣、重型武器等辎重。在将各地的耕牛全部拉入部队仍显不够的情况下，日本陆军甚至连当地居民饲养的山羊都不放过，还美其名曰是效仿"成吉思汗的智慧"，表示在赶着这些羊驮运物资前进的同时，还能将其充作口粮。但事实上日本人的食谱之中，羊肉从来不占主要地位，在整个英帕尔作战期间，日本陆军宰羊吃肉的现象其实也并不多见。

附表：日本陆军第15军在英帕尔作战期间所使用的畜力：

战马 12000 匹

缅甸牛 30000 头

大象 1030 头

羊、山羊等数目不详，仅知第 15 师团方面征集了 10000 头左右

事实上在热带雨林中作战，用骡马乃至大象充作运输工具本无可厚非。与美军相比同样没有那么多富裕车辆的英联邦各部队，从所罗门群岛到新几内亚战场，从北非到缅甸都大量征调过当地的骡马、骆驼、大象等畜力。甚至美军的"第 5307 联合突击队"在胡康河谷实行渗透作战期间，也大量使用了骡马替代吉普车等交通工具。因此从这个角度来看，第 15 军在准备英帕尔作战期间的这些举措无伤大雅，真正导致整个战略天平失衡的，其实还在于两军兵力特别是航空战力上的巨大差距。

日本陆军在缅甸战区虽然表面上驻守着一个飞行师团（第 5 飞行师团）的航空兵力，但事实上这个纸面上拥有 5 个战斗机队、2 个轻型轰炸机队、2 个重型轰炸机队、1 个侦察机队的航空集团，此刻早已在与

英、美的连番空战中被消耗成了空壳。其中最具战斗力的所谓"加藤隼战斗队"（飞行第 64 战队）号称在从 1943 年 7 月 2 日到 1944 年 7 月 30 日的战斗中累计击落了盟军战机 135 架，但自身亦损失了 83 架战机。而这些战机已经包括"加藤隼战斗队"指挥官加藤建夫在内的飞行员损失，对于日本而言都是短时间之内无法弥补的。

而就在缅甸日本陆军航空兵日益捉襟见肘，最终加上驻守仰光的日本海军航空兵亦不足 200 架的同时，英、美在印度东部各机场部署的战机数量却呈几何级数地增长。根据日本陆军方面的估算，英国皇家空军在整个印度战场拥有 700 架左右的各型军用飞机，而在 1944 年春将增加到 1000 架。除此之外美国陆军航空兵在印度和中国战场还有超过 400 架的战机。如此悬殊的兵力对比之下，日军不用说早无还手之力了，甚至连招架之功都无从谈起。

由于英、美完全掌握了制空权，日本陆军的后勤系统运作极不顺畅，在汽车、火车等现代化交通工具极易成为空中打击目标的情况下，畜力运输（这在英、美军队中仅仅在步兵分队作为战术补充）反而成为了日本陆军的战略支柱。而正是这种运输规模上的差异最终决定了"乌（ウ）号作战"的悲剧收场。

"加藤隼战斗队"的精神象征——加藤建夫在 1938 年时留下的照片。

对于日本陆军第 15 军的进攻计划，英国陆军第 14 集团军司令斯利姆通过情报机关和战术侦察大体了解了七七八八。按照这位参与过第一次世界大战的英国老将的计划，驻守英帕尔地区的英国陆军第 4 军应该主动后撤，将日军引到阿萨姆邦的平原地带，然后英军充分发挥自身坦克和战机方面的机械化优势予以致命一击。与此同时，已经扩编为英印军第 3 步兵师的奥德·温盖特所部"钦迪队"可以灵活穿插到日军侧后对其补给线展开打击。

可惜的是斯利姆的计划虽然看起来很完美，但在实际操作上却出现了巨大的疏漏。一方面为了配合中国驻印远征军和美军"第 5307 联合突击队"在胡康河谷的作战，史迪威以盟军东南亚战区司令部的名义，抽调英印军第 3 步兵师配合美军于胡康河谷以南的伊洛瓦底江两岸展开空降。具体的战略是美军"第 5307 联合突击队"渗透到当地先开辟简易的野战机场，随后利用运输机和滑翔机将英印军第 3 步兵师主力陆续运抵战场。

史迪威之所以提出这一计划，自然是为了围歼此前南逃至甘马因、瓦鲁班一线的日本陆军第 18 师团。除了从斯利姆手里要来了英印军第 3 步兵师之外，史迪威还通过其在重庆的关系，要求中国军队将第 14 师、第 50 师空运至利多，沿着新 1 军夺占的胡康河谷一线南进。

史迪威的计划看似颇为可行，但事实上由于胡康河谷一线复杂的地形地貌，加上日本陆军第 18 师团的节节抵抗，中国驻印远征军进展缓慢，直到 3 月 9 日才攻克瓦鲁班，迫使日军全线退守孟拱河谷一线。而这段时间里，在伊洛瓦底江流域空降的英印军第 3 步兵师事实上是一支孤军。如果日本陆军"缅甸方面军"可以及时审时度势，放弃事实上并无多大胜算的"乌（ウ）号作战"，集中第 15 军所部 3 个师团全力猛扑英、美军空降区域，不仅极有可能全歼对手，更可以有效策应在胡康河谷一线损兵折将的第 18 师团。

尽管 3 月 5 日当晚日本陆军第 15 军便成功俘获一名英军滑翔机驾驶员，并从其口中获得了英军正大举展开空降的有关情报，但是这一消息直到 3 月 9 日才被递送到"缅甸方面军"司令部。此时日本陆军航空兵第 5 飞行师团在缅甸上空执行拦截任务的过程中便发现英、美军在伊洛瓦底江两岸有大规模实施空降并建设野战机场意向，建议"缅甸方面军"中止"乌（ウ）号作战"，全力肃清敌空降部队。

但是"缅甸方面军"司令河边正三却认定敌军空降的不过是小股袭扰部队，根本无须动用正准备冲入英帕尔的第15军主力。根据河边正三司令"敌情有变，决心不变"的意见，第15军要求驻守盟军空降地域周边的第18、第15和第56师团各抽出一个大队赶赴现场，扫荡敌空降部队。但此时第18师团早已在胡康河谷作战中损兵折将，仅有此前调往中国云南方向的"丸山支队"——步兵第114联队这一支完整的作战力量，此刻还要分兵"扫荡"后方的盟军空降兵，自然力有不逮。而第15、第56师团则距离战场较远，对战场环境和敌情均不了解，相关部队抵达战场之后只能是展开了"宛如群盲扪象（盲人摸象的日文版）似的攻击"，结果自然是铩羽而归。

从一线部队口中了解到空降的敌军不仅兵力雄厚，而且拥有吉普车和火炮等重型装备，"缅甸方面军"才意识到情况不妙，但此时英帕尔方向第15军所属之第33师团已经与英军全面交火，眼见中止"乌（ウ）号作战"势无可能，"缅甸方面军"一边要求飞行第5师团出动战机从空中攻击敌空降场，一边令刚刚抵达缅甸的独立混成第24旅团主力和第2师团部分兵力赶往伊洛瓦底江流域对敌军空降场展开围攻。

在英、美航空兵强大的空中掩护之下，日本陆军飞行第5师团很难接近伊洛瓦底江流域的敌军空降场，即便有几次侥幸突防成功，也都在

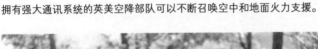

拥有强大通讯系统的英美空降部队可以不断召唤空中和地面火力支援。

当地英、美地面部队强大的防空炮火下损兵折将。而日本陆军地面部队中独立混成第 24 旅团不过是以第 54 师团部分老兵糅合后方补充兵而成的二线部队,其指挥官林义秀少将更常年从事特务情报工作,缺乏实战经验。而第 2 师团则刚刚在瓜岛战役中遭遇重创,此刻元气未复。

这两支部队先后进入战场之后,于 3 月 25、26 日发动进攻均无功而返。日本陆军"缅甸方面军"司令官鉴于情况严重,只能将作为战略预备队的第 53 师团投入战场。第 53 师团长是日本陆军之中的防空炮专家,曾历任关东军高射炮兵司令和陆军防空学校校长,但是对于指挥步兵攻坚却似乎没什么经验。因此 4 月 8 日,经过一番权衡之后,"缅甸方面军"决定任命曾任关东军第 20 军司令的本多政材出任新组建的第 33 军司令,统一指挥部署于缅甸北部和中国云南地区的第 18、第 53、第 56 师团。

本多政材本人没什么突出的战功,且他长期驻守在亚寒带地区,是否适合带部队在热带作战也是个未知数。关键是此时第 33 军名义上下辖 3 个师团又一个混成旅团(独立混成第 24 旅团被归入第 53 师团的指挥序列),但其中第 18 师团连遭重创早已处于苟延残喘的阶段,此刻腹背受敌更是处境艰难,几乎不能算作战力。第 56 师团要对抗怒江以东的中国入缅远征军,亦是分身乏术。唯一可以指望的也不过是刚刚赶到战场的第 53 师团和独立混成第 24 旅团了。

缅甸方面军错综复杂的指挥系统。

当然在写给大本营的报告中，"南方军"方面还是颇为得意地表示：虽然"判断在北缅地区降落的敌空降部队，以后将在优势空军的支援下，切断第 18 师团的背后，企图使胡康方面的战局急速发展，同时重断打开援蒋路线（利多公路）"，但是"南方军的根本方针为：命第 18 师团继续在加迈以北长期坚持，待完成英帕尔作战后，再调转兵力，彻底歼灭第 18 师团当面之敌"。

尽管站在后世的角度来看，"南方军"的这番言论犹如痴人说梦，但从时间线上来考虑，这篇报告脱胎的 3 月 14 日，第 15 军在英帕尔战场上正处于攻势如潮的阶段，大量夸大的宣传更令"缅甸方面军"和"南方军"都产生了胜利就在手边的错觉。

（四）白骨走廊——全景回顾"英帕尔战役"（下）

对于日本陆军而言，英帕尔方面传来的最大利好消息，莫过于 3 月 8 日率先展开攻击的第 33 师团传来的各种捷报。第 33 师团长柳田元三在日本陆军之中有着"稀代の秀才"的美誉，排兵布阵的确颇有心得。针对己方突击正面的英印军第 17、第 20 步兵师，柳田元三选择亲率师团所属之工兵和山炮部队从正面对英军第 17 步兵师展开进攻，而步兵第 214、第 215 联队则从两翼迂回包抄对方的侧翼。与此同时，第 33 步兵团长山本募少将则率以步兵第 213 联队为基干，加强了"战车"第 14 联队的山本支队，大举奔袭英印军第 20 步兵师的防区以牵制对手。

柳田元三的初衷可能是利用山本支队牵制威胁自己侧翼的英印军第 20 步兵师，以便自己集中兵力打击英印军第 17 步兵师。但出乎意料的是，不仅怀着必死决心冲入敌阵的山本支队扑了个空，从两翼包抄英印军第 17 步兵师的步兵第 214、第 215 联队也没有遇到对手的抵抗。而接下来发生的故事，则可谓是一出扑朔迷离的"罗生门"。

按照日本史料中的说法，第 33 师团攻入英印军第 17 师的防区后，一路如入无人之境。直到 3 月 14 日在缅甸西部的阿拉干山脉中以所谓"鹈越"战术快速推进的日本陆军步兵第 214 联队的一个小队，才突然发现在崇山峻岭之间，有一支由上千辆卡车组成的车队正在狭窄的盘山公路上缓慢蛇行着，随即认定这是在后撤途中的英印军第 17 步兵师。秉承着见敌必战的精神，这支尖兵部队随即投入了阻击英印军车队的行动中去，虽然全军覆没，但仍为友军第 215 联队主力的抵达争取到了时间。

被日本陆军步兵第 215 联队卡住了东撤的道路后，上万英印军盘桓于蜿蜒崎岖的公路之上，只要柳田元三亲率师团主力从后方展开进攻，便可以轻松歼灭这条首尾难以呼应的"钢铁长蛇"。但就在此时，日本陆军步兵第 215 联队长笹原政彦大佐向师团部发出了："我们做好了烧毁联队密码本、烧毁军旗，全军覆没的准备，决心与敌人死战到底"。但这份表决心的电报，却被柳田元三误认为是步兵第 215 联队已经到了山穷水尽的地步，于是连忙下令步兵第 215 联队暂时后撤 2 公里，而正是因为这一命令导致英印军第 17 步兵师逃出生天，并顺利进入了英帕尔平原地带，给后续攻入该地区的日本陆军第 15、第 31 师团都造成了极大的困扰。

这则故事尽管听起来趣味性十足，但仔细分析却也不过是类似"中途岛战役"中所谓"命运 5 分钟"的刻意粉饰和以讹传讹而已。事实上

1942 年攻占仁安羌油田的日本陆军第 33 师团。

日本陆军发动"乌（ウ）号作战"之时，正值英国陆军第4军按照上级领导第14集团军司令斯利姆的要求，从印缅边境南部地区全线后撤之际。日本陆军第33师团正好踩在了英印军第17、第20步兵师放弃前沿阵地，通过后方应急修建的公路网络，乘坐汽车大举后撤之际。柳田元三以2个步兵联队迂回包抄，的确一度将英印军第17步兵师主力截断在了印缅边境的狭窄谷地。

　　根据日本陆军方面的战报，除了英印军第17步兵师之外，还有上千辆汽车、2000多头各种牲畜和随军劳工也陷入了日军的包围之中，日本本土的报纸上甚至一度出现了"缅甸前线的歼灭战达到最高潮，被完全切断了退路，数万敌军在烈火中挣扎"的报道。但"十而围之"是自古以来歼灭战的基本原则，兵力仅与对手相当的日本陆军第33师团，不仅无力一举歼灭对手，甚至连维持一个稳固的包围圈都无法做到。在这样的情况下，随着英印军第23步兵师等英军部队从外线发动解围作战，第33师团脆弱的包围圈随即瓦解。包括英印军第17步兵师在内的英国陆军第4军顺利脱离了印缅边境的山地，退守地形对其更为有利的英帕尔平原地带。

　　客观地说战局发展到这一步，日本陆军已经失去了利用印缅边境的山地环境，充分发挥自身轻步兵优势展开"鹓越"战术、渗透突袭对手的有利战机。因此柳田元三向第15军司令牟田口廉也建议见好就收，中止"乌（ウ）号作战"。应该说柳田元三的建议不仅颇为合理，同时不失为当时日本陆军所能做的最优选择：利用英国陆军第4军暂时后撤的有利时机，第15军完全可以调转进攻矛头，配合第33军对伊洛瓦底江两岸的英、美空降军展开围攻，随后更可以进一步北上支援第18师团。

　　可惜的是这一合理性建议被牟田口廉也嗤之以鼻。在他看来，柳田元三此举完全是为了掩饰第33师团未能全歼英印军第17步兵师的过失。何况此时第15军所属之第15、第31师团已经于3月15日强渡钦敦江，攻入敌阵，此时整个战场形势已是箭在弦上，不得不发。日本陆军第31师团得以兵分三路，迅速向英军在英帕尔地区的防御支撑点——科希马（Kohima）挺进。而本身就没有多少重型武器的第15师团则进一步全员轻装，要"像一团烈火似的穿过群山前进"，穿插至英帕尔与科希马之间，彻底封锁英帕尔的北部通道。

由于驻守钦敦江西岸的英国陆军同样处于主动后撤的态势，因此日本陆军第31、第15师团均进展顺利，至4月6日已攻占重镇科希马。但是尽管日本陆军宣称在当地歼灭了英军一个步兵旅，但事实上此时英军在科希马地区仅有2个营和当地的印度武装警察部队驻守。尽管此时第31师团仅仅是控制了科希马的中心城区，城郊地区的战事仍在进行，但无论如何，夺取这座重镇都令牟田口廉也颇为得意，认定英军不堪一击，不无吹嘘地向随军记者表示"插在英帕尔的太阳旗将宣告我们在印度胜利的日子为期不远了"。

在坦克的掩护下猛扑英军阵地的山本支队。

但是并非所有人都有牟田口廉也这般"气吞山河"的豪迈。统率第33师团的柳田元三在围歼英印军第17步兵师失利之后，便始终将部队控制于印缅边境一线，并未按照第15军的相关要求继续向英帕尔方面继续前进。为了树立自身的权威，更为了夺取第33师团这支第15军中最具战斗力的部队，牟田口廉也宣布将"山口支队"归属于军司令直辖。眼前自己苦心打造的这支"尖刀部队"要被牟田口廉也抢走，柳田元三不得不据理力争。两人之间电报往来，搞得关系极为紧张。4月22日牟田口廉也更直接跑到第33师团的指挥部，以训斥二等兵的语气当着一干参谋的面直斥柳田元三拥兵自重、意欲保存实力。如此当面打脸当然令柳田元三无法下台，两人之间随即彻底决裂。

5月16日，经过"缅甸方面军"的运筹，驻守暹罗的独立混成第29旅团长田中信男抵达第33师团司令部，柳田元三随即被解职。而关于牟田口廉也和柳田元三之间的这段矛盾，后世的日本学者大多站在了牟田口廉也这一边，指责柳田元三罔顾大局，始终令第33师团处于一种"慢进"的状态，不仅导致英印军第17、第20步兵师顺利退守英帕尔，更令英国方面可以从容地从后方将包括英印军第5、第7师的第15军及以英国陆军第2师为骨干的第33军一部调往前线，最终导致力量对比的天平完全倒向了英国一侧。

这些日本学者的意见固然有一定的道理，但问题是一方面由第33师团精锐部队组成的山口支队始终在牟田口廉也的指挥下猛扑英帕尔平原南端的多个战略性高地，此后又陆续投入了第53师团调来的两个步兵大队以及由印度独立运动领袖苏巴斯·钱德勒·鲍斯（Subhas Chandra Bose，1897—1945年）所统率的"印度国民军"（Indian National Army，简称：INA）所部约7000余人。在战后西方主流历史学家的口中，曾经以印度国大党主席身份领导印度独立运动的鲍斯此时已经沦为

苏巴斯·钱德勒·鲍斯在印度国民志愿军成立大会上演讲。

了日本政府的傀儡，而其所建立的"自由印度流亡政府"和"印度国民军"也不过是一群乌合之众。不过在日本学者的眼里，鲍斯以及由45000名前英印军战俘、印度海外侨民组成的"印度国民军"却是为了拯救正在饥荒和疟疾折磨下的3亿印度同胞而奋战的"自由战士"。但无论如何，在当时的力量对比之下，鲍斯试图借助日本军队之手摧毁英国在南亚次大陆的殖民体系，达成促成印度独立的目的显然是不可能达到的。

得到了第33师团所属重炮和坦克支援的"山口支队"大举北犯，令英国陆军不得不抽调英印军第5、第17、第20、第23师的部分兵力轮番上前阻击。双方在英帕尔南部山地鏖战长达近一个月之久。在此期间柳田元三虽然没有参与前线的战斗，但也指挥着第214、第215联队巩固了后方。从这个角度来看，指责第33师团保存实力显然并不客观。

另一方面，英军向英帕尔方面的增兵主要依赖空中运输。除了通过760架次的运输机将英印军第5师送抵战场之外，从4月18日开始，英军平均每天向前线空运148吨物资，5月增长至194.8吨，6月更达到了362吨。而与英军充沛的物资补充形成鲜明对比的是，由于地形和运输能力的限制，日本陆军第15军方面各参战部队除了出发前所携带的枪支弹药和约每人20日份的口粮之外，几乎很难得到来自后方的补给。在这样的情况下，柳田元三选择缓慢推进，一度令第33师团的补给情况要大大优于第15军所属的其他两个师团。

由于日本文化向来喜欢为任何事务都蒙上一层暧昧不明的薄纱，加之明治维新以来传统的封建人身依附关系解体，民主、平等的思想日益深入人心，而日本军队更是"下克上"风潮迭起，令上位者往往不得不投鼠忌器，虽大多对外以严厉著称，但实则外厉内荏，更多的时候喜欢通过政治交易来解决问题，或用类似集体利益来驾驭下属。如牟田口廉也这般一言不合便将师团长级下属直接撤职的杀伐决断并不多见。但从实际效果来看，牟田口廉也此举不仅没有起到杀鸡儆猴、整肃军纪的作用，相反令第15军上下更趋离心离德，土崩瓦解。

从第33师团内部来看，新任师团长田中信男全无威信，上任之后不仅需要时间了解地形地貌和部队情况，而对于第33师团所面对的困局，田中信男也没有很好的办法，只能依靠强制士兵签署"决死突击"

誓约书的方式，大搞"形式主义"。而放大到整个第 15 军内部来看，柳田元三被解职，也在军中产生了物伤其类的效果。其中首当其冲的便是出征之前便满腹牢骚的第 31 师团长佐藤幸德。

5 月 31 日，佐藤幸德突然致电第 15 军司令部，表示："60 天以来，我师团始终奋勇作战，超过了人类的极限，且刀折矢尽，现在我只能强忍着眼泪，从科希马撤退，待日后再来祭奠英灵"（善戦敢闘六十日におよび人间に许されたる最大の忍耐を经てしかも刀折れ矢尽きたり。いずれの日にか再び来たって英灵に托びん。これを见て泣かざるものは人にあらず）。佐藤幸德以师团长的身份写下这段文字，虽然有些狗血，但却改变不了他违背上级作战意图和抛弃友军的事实。

不过与遭到了诸多非议和指责的柳田元三相比，佐藤幸德却在战后被奉为了不做无谓牺牲的"仁将"。个中原因除了战后日本国内尊重生命、以人为本的人道主义盛行之外，更在于佐藤幸德巧妙地利用了牟田口廉也的外厉内荏以及第 15 军欺上瞒下的种种做派，为自己编织了一条完整的证据链。

在战后一些为佐藤幸德辩护的文章之中总会提到两份电报，一份是第 15 军方面要求第 31 师团从科希马继续向东进攻迪马普尔（Dimapur）的，另一份则是"缅甸方面军"司令部方面要求佐藤幸德坚守科希马的，希望由此证明上级机关下达给第 31 师团的命令"荒唐可笑，令其无所适从"，第 15 军和"缅甸方面军"司令部的一干参谋对前线情况愚昧无知。

那么事实真的是这样的吗？从日本陆军方面的资料来看，"乌（ウ）号作战"开始之后，第 31 师团的进展还算顺利。成功夺占科希马之后，第 31 师团缴获了一部分英军的补给物资和武器弹药，基本实现了此前第 15 军方面"打下英帕尔，坐吃丘吉尔"的"以战养战"理念。但在此后的近两周时间里，第 31 师团也同样处于"无所事事"的状态。

可从英国方面的战史来看，局面却完全不是这个样子的。由于战前英国方面认为科希马地处战线纵深，且位于易守难攻的高原之上，因此英印军在当地一度仅驻守有 1 个营，而其以西 30 英里作为军用物资中转站的迪马普尔更一度只有一个连的兵力在防守。因此当日本陆军第 31 师团出现在科希马外围之时，的确打了英国一个措手不及。

不过大英帝国从来不愿意承认是自己的战略部署出现了问题，于是便出现了"这些亚细亚式纳粹冲锋队员（指日本陆军），作为徒步行走的步兵来说，也许可算是世界上最顽强的了。他们在丛林中行军一天所经过的路程，相当惊人；他们在科希马周围出现的时间，比原先预计的要早"这样的感叹。但平心而论，即便再给英国人一个月的时间，他们也不会去强化科希马的防御。

　　不过科希马城内除了英国正规军之外，还有相当数量的印度阿萨姆邦当地民团和邦武装警察，在进一步动员了部分后勤机关和辅助人员参战之后，英印军的实际参战兵力与第 31 师团步兵团长宫崎繁三郎指挥的日军突击队其实相差并不大。4 月 6 日，日本陆军事实上仅仅是控制了科希马城区的中心地带，而当地英军则退守城郊。

　　在此后两周的时间里，第 31 师团事实上是在与盘踞在科希马周边诸多孤立据点的英印军展开激战。凭借着强大的空中火力支援和不断空投下的补给物资，逃出科希马城区的英印军与前来支援的英印军第 5 步兵师第 161 旅会合，据守附近的山脊地带，缺乏重炮的日本陆军第 31 师团仰攻不利，被迫采取长期围困的态势。据说日军一度截断了当地唯一的水源，但英国守军还是依靠己方运输机低空投下的那些装满饮水的车轮，顽强地支撑了下来。

日本陆军第 31 师团猛扑科希马外围的英军防线。

在日本陆军第31师团迟迟无法解决科希马地区战事的同时，英印军增援部队不断在迪马普尔（Dimapur）地区集结。面对腹背受敌的困局，摆在日本陆军第33师团面前的只有两个选择：要么放弃在科希马地区的缠斗，集中兵力向迪马普尔进攻，或者先解决科希马地区的英军残部，再构筑防线以迎战迪马普尔之敌。而出于自身集团利益的考虑，第15军和"缅甸方面军"也下达了各自的"指导性建议"，第15军认定此番"乌（ウ）号作战"的主要目的是攻占英帕尔，因此要求第31师团继续向西攻击前进，而"缅甸方面军"则从政治角度考虑出发，希望第31师团在隶属于英联邦领土的科希马地区长期坚守以产生攻占敌境的效果。

客观地说无论是哪一个选项，对于缺乏空中支援、重型武器和后勤补给的第33师团而言事实上都无法轻松完成。但对于集结于迪马普尔（Dimapur）地区强大的英国陆军第2师和英印军第7步兵师而言，显然先行消灭科希马一线的敌军更为现实一些。对此英军主帅斯利姆事后表示"佐藤（幸德）毫无例外的是我所遇到的日军将领中最无见识的一个。他奉命攻占科希马，并在那里构筑工事固守。他那傻瓜头脑中只有一个目标——打下科希马"，多少有几分站着说话不腰疼。

但是对于第31师团而言，少数英印军在科希马残存的据点虽然兵力有限，但在白昼却几乎可以得到不间断的空中火力支援，相反日本陆军却被迫潜伏于溪谷、密林之中，甚至到了白天不仅不能举炊，甚至都不能晾晒一件衫衣的程度。即便发动夜袭稍有进展，也往往在第二天黎明之后被对手轻松夺回。而迪马普尔的英军亦是步步紧逼，逐渐对第31师团形成了合围之势。眼见形势不妙，佐藤幸德才最终决定主动后撤、脱离战斗。

站在第31师团官兵的角度来看，师团长佐藤幸德置个人命运于不顾，毅然决定后撤，自然要比那些战到最后还要发动一波"玉碎进攻"的莽夫要可爱得多。但对于与第31师团防线相连、同样苦苦与英军搏杀的第15师团而言，佐藤幸德的行径却无异于将他们推入地狱，出征后不久便患上了严重的肺结核的第15师团长山内正文更是由此一病不起。

得知第31师团擅自撤退之后，第15军司令牟田口廉也多次派出参谋前往撤退中的第 31 师团司令部，要求佐藤幸德重整军容，继续配合第 15 师团向英帕尔方向进攻。6 月 10 日，鉴于山内正文的健康状况，通过"缅甸方面军"调来了第 12 独立守备队队长柴田夘一接手第 15 师团的指挥。但佐藤幸德则以牟田口廉也和第 15 军司令部未能按要求提供补给相回应，继续向东后撤。最终逼迫牟田口廉也以佐藤幸德精神出现问题为由，将其强行撤换，代之以从苏门答腊岛调来的独立混成第 26 旅团长河田槌太郎，至此第 15 军麾下 3 个师团的领军人物被悉数替换。

　　临阵换将本是兵家大忌，何况此时英帕尔战场上的整体环境也进一步呈现对日军不利的态势。第 31 师团的擅自撤离，令第 15 师团侧翼完全暴露，一度陷入英印军的合围之中，为避免被歼灭也只能向东突围。眼见北线 2 个师团全线崩溃，南线的第 33 师团也无法打开局面，牟田口廉也于 6 月 23 日向"缅甸方面军"司令部提出停止"乌（ウ）号作战"的相关建议。但经过层层请示之后，直到 7 月 10 日"缅甸方面军"才最终下达停止"乌（ウ）号作战"的决定，令其转入作战开始前的防御态势。

　　和瓜岛战役一样，对于英帕尔战役的失败，日本陆军方面也往往

英帕尔战役结束后，沿着公路推进的英军装甲部队和一头不知道是否为日军所征用的大象擦肩而过。

强调后勤补给不同所产生的非战斗减员，各类文学作品中更不遗余力地描述出一幅日军从英帕尔一线后撤之时饿殍遍野、伤兵满营的惨状，甚至宣称日军进出英帕尔一线的道路就是一条"白骨走廊"。但从相关数据来看，日军在英帕尔战役中战死约 11400 人，病死约 7800 人，加上1100 人左右的失踪者，合计约 20300 人，相当于参战总兵力约 90000 人的 25% 左右，相较于日本陆军此时在太平洋其他战场的遭遇，英帕尔之战似乎并没有那么凄惨。同时英国方面在付出约 15000 人战死、约25000 人负伤的情况下，还有约 47000 人感染了疟疾等疾病，显然在热带条件下作战，英国所承受的非战斗减员也并不比日本方面轻松多少。

真正导致日本陆军在英帕尔战役中惨败的因素既不是后勤不畅带来的饥饿和伤病，也不是英国人拥有的庞大物资储备和武器装备的优势，而是错误的战略决策和内部失和。从某种角度来看，那些大雨中相互搀扶着、跟跟跄跄向印缅边境地区后撤的日本陆军第 15 军士兵，与昔日那些被迫翻越"野人山"撤回云南的中国远征军并无二致。

（五）血脉"完""断"——缅甸战区的全线崩溃与重整

从结果来看，日本陆军第 15 军所发动的"乌（ウ）号作战"，无疑是一场惨败。但如果考虑到两军交换比和两军战略态势，英帕尔战役的结果对于日本陆军而言并非不能接受。因为根据"南方军"于 1944 年 5月 5 日在新加坡召开的军级会议，1944 年"南方军"的首要任务已经由向印度和澳大利亚推进的"东西两线决战"改为了"太平洋地区的反击决战"。而在具体的举措方面，除了全力构筑所谓的"四角要塞"①之外，主要的兵力也被配置于苏门答腊、马来半岛一线，准备迎战英国皇家海军可能发起的两栖登陆作战。缅甸战区所承担的任务只是"确保要域"

---

① 四角要塞——指由菲律宾群岛南部、帕劳、鸟头半岛（新几内亚岛西部，今属印度尼西亚）、哈马黑拉四个顶点中间的海域，是当时日本主要的石油产地和连通各战区的航运中心。

而已。

在参加这次会议之前，日本陆军参谋次长秦彦三郎两次前往缅甸，与"缅甸方面军"司令河边正三、第15军司令牟田口廉也展开会商。实地走访了英帕尔战役前线的秦彦三郎深知各参战部队已呈强弩之末之势，因此在私下里多次向河边正三建议："我看英帕尔作战停下来为妙，你看如何？"但河边正三只是含糊地应对"也许不得不停下来"。

秦彦三郎在日本陆军之中摸爬滚打多年，自然深知河边正三的忧虑。身为方面军司令贸然结束一场看似仍有机会获胜的战略进攻，是要承担相当大的政治风险的。因此秦彦三郎决定通过参谋本部来阻止这场战役的进行。不过在5月15日于参谋本部作战室的汇报之中，秦彦三郎同样爱惜羽翼，也不敢采用部下拟定的"英帕尔作战不能成功"的决绝词句，而改用了他自己认为比较缓和的方式向兼任参谋总长的首相东条英机陈述了自己的意见。结果换来了东条英机一番"战争不到最后是不知道结果的，这样懦弱怎么行！"的训斥。

东条英机在参谋本部作战会议上的此番言论，自然成了日后其要为"英帕尔战役"惨败负责的主要证据。但平心而论，此时的东条英机不仅要兼顾日本所有的军、政事务，同时还要参与多条主要战线的决策，不要说"缅甸方面军"的具体情况，可能连英帕尔所处的地理位置东条英机都未必清楚。在秦彦三郎含糊不清的说明之下，自然也只能秉公而论。

事实上东条英机在参谋本部作战会议上的发言，也并没有明确"乌（ウ）号作战"必须进行到底。而从5月11日开始，中国入缅远征军在怒江一线发起的反击，事实上也给了"缅甸方面军"结束"乌（ウ）号作战"作战一个良好的契机。从时间上来看，

作战会议上的东条英机。

此时将第 15 军撤回，达到"乌（ウ）号作战"此前预定的从缅甸冲入印度东部的计划，也给予了对手以一定的杀伤，捣毁了科希马等地的英军前进基地。可叹的是日本陆军向来轻视中国军队，驻防怒江以西的第 56 师团，虽然已经陆续抽调了 3 个步兵大队的兵力增援第 18 师团，但仍自以为依托自身经营多年的防线便足以应对。不仅没有向"缅甸方面军"求援，还雄心勃勃地拟定了一个在怒江以西歼灭中国军队的计划。

第 56 师团当时的战略部署是以步兵第 113 联队据守腊孟、松山一线，步兵第 148 联队据守腾冲一线，步兵第 146 联队则驻守于后方的畹町，师团预备队随时支援怒江前线。整体来说，第 56 师团的布防呈现出前沿层层阻截、消耗对手，最终投入预备队防守反击的姿态。

第 56 师团之所以敢于在对岸中国陆军大军集结的情况下，仍保持着战而胜之的自信心，除了师团长松山祐三在太平洋战争前长期担任后方守备职务，并没有亲自与中国军队交手之外，更源于自第一次入缅作战失利以来，中国军队便始终屯兵于怒江以东，鲜有主动进攻的行动。第 56 师团不仅从容地修筑了大量工事，更有闲暇在当地大搞调查研究。少数日本军人，还根据该地民族众多的情况，研究各民族之历史、习俗、语言、文化和人类学。防守腊孟的日本陆军中队长辻义夫中尉，根据他长时的观察认为：怒江只有在雨季才会显出奔腾怒号的凶险面目，堪称"怒江"，而当旱季时的缓缓细流，则应用其原名——潞江。

事实上对于日本陆军盘踞怒江以西的行径，中国军队上下无不同仇敌忾。但在何时出兵反攻的问题上，重庆国民政府却与英、美之间存在着诸多博弈。早在 1942 年下半年缅甸失守、怒江告急之时，中国军队便有收复失地的打算。但此时史迪威正在中美之间兜售其在中国境内整训 100 个美式装备师的宏伟蓝图，罗斯福和蒋介石也一致认为，此举将有利于更快击败日本并重建东亚政治秩序，于是对滇南和缅北的反攻计划便被拖延至远征军的整训之后。

但整训数十万大军并非一朝一夕之事，何况在昆明成立的训练中心采用的是分批训练的方法，即每期训练六个星期，每期每一兵种轮训干部 150 人至 450 人。受训期满后，再由学员回原单位担任各单位的训练班教官。这种方式不仅速度较慢，更由于受训干部的专业素质和原部队的重视程度存在着极大的差异，因此在云南整训的入缅远征军的战斗力普遍不能与驻印远征军相比。

　　加上其间中国军队内部的人事调动和各类战事的影响，导致反攻计划一拖再拖。直到 1943 年底，中国入缅远征军第 11 集团军所属第 2 军、第 6 军、第 71 军；第 20 集团军所属第 53 军、第 54 军才基本编练完毕，但兵员缺编仍达 22000 人。重庆国民政府只能将同样接受了整训、列装美式装备的第 8 军调入。但此时蒋介石却对反攻滇西、缅北失去了兴趣。

　　重庆国民政府之所以改变了初衷，一是因为开罗会议之后英国方面迟迟不愿兑现承诺，在缅甸南部展开两栖登陆。二是因为此刻日本在太平洋战场败象已呈。按照史迪威的计划，在夺回缅甸以后，这支美式装备的中国陆军将依次发起汉口战役和徐州战役，并在攻克徐州后，配合向日本本土发动空袭。因此重庆国民政府有意跳过收复缅甸的阶段，直接想在中国大陆展开反攻。

　　鉴于史迪威指挥下的中国驻印远征军已经攻入胡康河谷，而重庆政府却没有在滇西发动反攻。1944 年 3 月 17 日，罗斯福总统致电蒋介石，要求蒋介石命令滇西远征军发起攻势。蒋介石则复电表示中国的首要任务在于：继续保持作为大规模轰炸日本本土的唯一地面基地，并配合盟军未来在中国沿海地带的反攻。自以为有理有据的蒋介石还提出：一旦英国在缅甸沿海展开大规模登陆作战，主力当立即对缅甸采取攻势。

　　蒋介石显然高估了自己的政治影响力。4 月 3 日、4 月 4 日罗斯福两次致电蒋介石，强烈要求驻守云南的中国入缅远征军立即开始反攻。罗斯福的强硬姿态令仰人鼻息的重庆国民政府不得不重新估计形势。一方面积极与美国军方沟通，要求其提供更多的渡河器材以及炮兵和空中支援，另一方面则调集更多的兵员和物资向云南集中。就在重庆国民政府在短时间之内重新拟定了进攻计划，向云南地区调集更多的兵员和物资的同时，4 月 17 日夜日本陆军华北方面军第 12 军，以第 37 师团、混成第 7 旅团渡过黄河，突破中牟附近的中国军队阵地，并于 19 日傍晚占领郑州，主力到达新郑。日本称之为"大陆交通线作战"（中国称之为"豫湘桂战役"）的军事行动由此全面展开。

　　尽管站在后世的角度来看，自拟定"西安、四川作战"以来，日本陆军"中国派遣军"方面枕戈待旦、厉兵秣马已久，此番大举进攻确有雷霆万钧之势，即便重庆国民政府没有同期发动滇西反攻，可能也未必能当其锋芒。但滇西反攻动用了重庆国民政府最为精锐的一支地面部队以及绝大多数的美式装备却是不争的事实。

5月11日午夜，中国陆军第20集团军兵分7路强渡怒江，于腾冲以北的桥头、瓦甸、江苴一线与日军展开长达22天的激烈攻防战的同时，日本陆军第12军横扫了黄河以南的中国陆军第1战区主力，并于5月14日和5月29日先后攻占新安和洛阳。至此日本陆军打通平汉铁路线的"扣（コ）号作战"，取得了圆满成功。

6月1日，中国入缅远征军第11集团军主力渡过怒江，对滇缅公路东侧地区的拉孟、龙陵、芒市展开猛攻。日本陆军第56师团有感于驻守腾冲的步兵第148联队侧翼遭到威胁，随即命其逐渐收缩兵力、固守腾冲。中国陆军第20集团军随即向腾冲一线展开猛攻。直到9月11日才最终以伤亡近2万官兵的代价，歼灭了日本陆军步兵第148联队所部6000余人。而几乎在同一时间里，中国入缅远征军直属第8军以7763人伤亡的代价，最终拔除了据守松山的日本陆军步兵第113联队所部1250人。

在中国远征军于滇西一线缓慢推进的同时，日本陆军于大陆战场又发动了名为"投（卜）号作战"的湘桂作战。5月27日，日本陆军第11军以5个师团的兵力横渡洞庭湖、汨水、浏阳河组成的河网地带，于6月18日攻占长沙。6月28日，日本陆军大举围攻湘南重镇——衡阳。在经历了40天的惨烈攻防之后，最终于8月8日迫使驻守衡阳的中国军队方先觉所部第10军投降。

从9月6日开始日本陆军"中国派遣军"更配合"南方军"驻守越南的第27师团发动了"桂（林）柳（州）作战"。调任第6方面军司令的冈村宁次奉命指挥第11、第23军、飞行第2师团（飞机约150架）和日本海军第2中国派遣舰队一部，以打通桂越（南）公路为目标，向桂林、柳州进攻。战至11月11日，桂林、柳州双双失守。11月24日日军又夺占南宁。11月28日，"南方军"第21师团一部从越南突入中国，向广西绥渌（今属扶绥）进攻。中国陆军溃退入贵州。日军随即沿黔桂铁路于1944年12月2日攻至贵州独山，逼近四川，震动重庆。12月10日，日本陆军第21师团与第22师团于在绥渌会合。至此日本陆军的"大陆交通线"全线打通。

　　与日本陆军在中国大陆的狼奔豕突形成鲜明对比的是，在攻占了腾冲和松山之后，中国入缅远征军对日本陆军第56师团所在地龙陵的进攻却是一波三折。从6月5日围困松山开始，中国入缅远征军第11集团军便尝试着对滇缅公路要冲的龙陵发动进攻，但连续两次均在日本陆军外线增援部队的压力下功败垂成。

　　对此日本参谋本部一度盛赞第56师团长松山祐三用兵如神，宣称："在两个月内，该师团的战斗虽因兵力大相悬殊和地势艰险未能给予敌军决定性打击，但对四面八方蜂拥而来的大量敌军，施展恰如燕子翻身的灵活战术，极尽了内线作战之妙。"更鼓吹"精神万能论"曰："该（第56）师团与第18师团均系在北九州编成的部队，从昭和十七年（1942年）5月以来就担任云南省的防务；在松山师团长的统率下，提出了把当地的战场当作自己练兵场的豪迈口号，洋溢着必胜的信念。面对十几倍的敌军之所以能够如此英勇善战，原因就在这里。"这些虽然是溢美之词，但却不能不说道出了中日两军在技战术水平和战斗意志上的差距。

　　当然除了第56师团自身的努力之外，日本陆军能够两度破解龙陵之围，还在于"缅甸方面军"在中止"乌（ウ）号作战"之后对整个战

"英帕尔战役"后转入追击的英军部队。

局的重整。从 7 月中旬开始，第 15 军各部队转入退却作战。尽管日本方面宣称："此次退却作战是日军战争史上未曾有过的艰苦战斗。各师团既处于上述艰苦环境中，而将士还由于长期苦战和补给断绝，早已疲惫不堪；各师团的伤病员分别达两千名左右，即使用全部兵力也不能抬着护送，而且处在第一线上的人员也大都患有痢疾、疟疾和脚气等病……敌人打通了英帕尔—科希马道路以后，恃其地面和空中的充裕供应，正将乘我军的颓势，以破竹之势向我反击，其兵力竟达到六七个师。敌空军冒着阴雨，向我猖狂窜扰，控制了整个战场，我军白天几乎无法行动……"

"由于道路泥泞崩坍，车辆完全不能行动，而且时值雨季顶峰，横在我军退路上的蒙尼普尔河、雅纳河、尼瓦河、亲敦江等几条大河自不待说，所有河床干道也都泛滥，洪水奔流。至于渡河器材、设备，寥寥无几，无济于事。到达明京山脉的行军距离足有五百到一千公里。另一个困难问题是，一路上医药卫生用品的补给，毫无准备。"但同样的问题事实上也困扰着追击之中的英国军队。而且由于拥有更多的重型装备，在追击日军的过程中，英国人受天气和河流的影响更为严峻。

日本陆军第 15 军的退却分为两个阶段。第一阶段从 7 月 16 日起，由第 31 师团、第 15 师团及"山本支队"向亲敦江西岸及加包山谷的耶沙皎一线，第 33 师团主力则向铁定一线，分批撤退。伤病员徒步先行，行动困难的则选择了自杀的办法了结生命。一时间徒步的病人，在沿途的密林中力尽而倒下的、被浊流吞没下落不明的不计其数。

由于境况凄凉，日本陆军方面也承认第 31、第 15 师团已开始出现军纪松弛和道德败坏的现象。但同时又表彰第 31 师团用于殿后的宫崎繁三郎指挥的宫崎支队，宣称该部在支队长的率领下紧密团结，护卫着全体伤病员，突破敌阵，成功撤到安全地带。此外在新任田中信男师团长统率下的第 33 师团，也以"果敢的反击"摆脱了英印军第 5 师的追击，相对完整地撤离了敌境。日本陆军方面宣称"对此果敢的行动，全军深为感动"，但仔细想来不过是困兽之斗而已。

8 月中旬，日本陆军方面宣称历尽艰辛完成了第一阶段退却，但此时英国军队已经大举迫近。其中东非第 11 师大有抢先绕到第 33 师团背后联络线上的吉灵庙和加里瓦之势。眼见如此，日本陆军第 15 军不得不于 8 月 20 日继续转入渡过钦敦江，退到明京山脉，进入新的防御阵地的第二阶段退却。

按照日本陆军的说法这自然又是一段非常艰苦的退却：此时雨季的钦敦江河面宽度已经增到 1500 米以上，而且渡河点完全暴露在英军炮火和飞机扫射轰炸之下。8 月 25 日，就在这种情况下日本陆军开始渡河退却。经过第 31、第 15 两个师团后卫部队拼死战斗和渡河战斗队的奋战，终于在 8 月 30 日夜半，使最后一兵渡过了钦敦江东岸。

不过渡河之后，向明京山脉撤退的第 15 师团，和向实皆、曼德勒方向退却的第 31 师团，军纪和士气均陷入了崩溃的状态。反倒是腹背受敌的第 33 师团，依然保持严格的军纪和高昂的士气，借着该师团的勇敢奋斗精神，自力突破敌人包围，向后撤退。

这场日本陆军笔下的胜利大逃亡，自然有其客观依据。但除了英国军队是否能够在雨季组织起如此有效的追击存在疑问之外，更重要的是日本陆军虽然成功地撤回了数万残兵，但相关的武器装备却损失殆尽。以第 15 师团为例，一个步兵大队剩下的武器只有一挺重机枪、两挺轻机枪和两个掷弹筒，仅及一个小队的装备。甚至一个师团的步枪总数也只有 600 支左右。

在第 15 军虽然成功撤回，但战斗力仍有待恢复，一时指望不上的情况下，"缅甸方面军"决定好好利用手中剩余的第 28 军和第 33 军重新构筑缅甸地区的防御工事。第 28 军驻守印缅边境南线，与英印军第 26 步兵师、西非第 81 步兵师形成对峙局面。虽然从兵力来看双方相差无几，但处于守势的日本陆军第 28 军担任防御的地区南北达 600 公里，东西达 200 公里，其中包括关系方面军死活的仁安羌油田地带、勃生的产粮地区和首都仰光，有勃固山脉、伊洛瓦底江、阿拉干山脉平行纵贯其间，勃生河、伊洛瓦底江两河口的三角洲形成一大片沼泽地带，在日本方面看来这种地形的特点使运用兵力受到很大限制。

为了应付形势的恶化，第 28 军决定部署大变动，并将这一新的作战称为"完作战"。其内容是将作战地区分为持久地带（主要是沿海一带地区）、机动决战地带（勃生河三角洲北部及仰光周围地区）和反击地带，以求重点集中兵力。分别以"樱支队"（第 55 师团之一部）及"松支队"（第 54 师团之一部）担任持久作战；使第 55 师团主力转入勃生地区，担任该方面的防御。第 54 师团的主力担任阿拉干山脉以东地区的防御。按照日本方面的说法，据守在前线的 1500 人左右的"樱支队"和"松支队"，采用"果敢的挺进和游击战术"死死拖住了 30 倍于其的对手。不过考虑此时正值缅甸的雨季，英军似乎也没有大举进攻的意图和可能。

由于后方已无野战部队，仰光地区不得不由高射炮队司令官吉田权八少将统一指挥的高射部队和后勤部队担任防御；而仁安羌油田地带则交给刚刚组建的第 49 师团的一个步兵联队（第 153 联队）担任防御。第 49 师团的前身是 1944 年 1 月在朝鲜组建的留守第 20 师团所属之独立第 64 步兵团。由于此时日本本土兵源已经接近枯竭，因此整个师团有 20% 左右的士兵为朝鲜人。1944 年 5 月第 49 师团受命前往缅甸，但途中却有 2 艘运输船被击沉，伤亡超过 1600 人。而除了分兵驻守仁安羌油田之外，第 49 师团的主力受命北上，支援第 33 军在缅甸北部的战斗。

此时按司令本多政才的计划，日本陆军第 33 军正在紧锣密鼓地准备着所谓的"断作战"。所谓的"断"指的是继续截断中美联军试图打通的利多公路。但在具体举措上却不再以攻入胡康河谷的中国驻印远征

英国陆军在缅甸的机械化部队在雨季很难施展开来。

太平洋战争全史

军为主要目标，而是选择让正面的第18师团在第2、第53师团的交替掩护下暂时后撤，与退守明京山脉的第15军一道重组防线。而以第2师团、第49师团两支生力军向云南运动，与第56师团一道对抗中国入缅远征军。

尽管从战场环境来看，"断作战"似乎有舍本逐末之嫌，但事实上，本多政才此举却切中了中美在缅甸地区的战略要冲。毕竟对于史迪威而言，他并没有如蒙巴顿、斯利姆等英军将帅那般收复缅甸的热忱。出于美国的国家利益和个人的政治抱负，在史迪威眼中，他的当务之急仍是迅速打通印缅—滇缅的公路网络，以便通过陆路向中国运输军事援助，再以美式军械武装的中国军队于大陆战场展开反攻。正是为了掩护这条战略大动脉，史迪威才发动了胡康河谷作战，而此后在密支那等地陆续展开空降，与其说是准备一步跨入仰光，不如说是为了帮助正面推进的中国驻印远征军尽快打破僵局。

正是由于吃透了史迪威的战略意图，本多政才决定豪赌一把。一方面放手让损兵折将的第18师团暂时后撤，以摆脱中国驻印远征军的压力。另一方面则增兵云南方面，协助第56师团抗击中国入缅远征军的同时，继续扼守日军在滇西所控制的龙陵等要冲，如此一来也恰好卡住了美国军援物资从地面抵达中国境内的末端。

在具体部署上，第33军的战略是：令第56师团在芒市周围集结剩余兵力做好反攻准备。同时秘密将第2师团集结于芒市西南方面，第18师团撤退到英多一线后防务交给第53师团，然后向南坎转移，围攻密支那方面的敌军，继续切断中印公路。以第2师团之一部防守八莫，掩护第18师团转移。军主力预定于9月初开始攻击，如能击破龙陵周围的敌军主力，则继续向松山、腾冲进发，救出被围的守军。

根据第33军所拟定的这个计划，日本陆军第2师团派出强化后的侦察联队1200余人先行占领八莫，师团主力于8月28日起向芒市推进，第18师团在8月下旬陆续到达南坎。此时第56师团在松山、腾冲、龙陵等据点的守军，均已陷入中国入缅远征军的重围，但战事仍呈现胶着状态。第56师团由此可以在芒市地区陆续集结从第18师团返回的步兵第146联队等部队，作为反击力量。与此同时第53师团接手密支那铁路沿线的防御，抵挡住了试图从该方向突入缅甸的英印军第36师。

9 月 5 日拂晓，日本陆军第 33 军对中国入缅远征军在龙陵外围的阵地发动进攻，正式打响了"断作战"第一阶段的发令枪。日军以第 56 师团组成左翼兵团猛攻滇缅公路以西，以第 2 师团组成右翼兵团猛攻滇缅公路以东。尽管日本陆军名义上出动了 2 个师团的兵力，但实际上全部进攻兵力加上军部的预备队也不超过 15000 人，因此未能突破中国军队的侧后阵地。但此举仍引起了中国入缅远征军的高度紧张，命驻守保山的第 200 师主力及第 36 师赶往驰援。

　　此时鉴于松山、腾冲两地的守军已经全体"玉碎"，投入龙陵外围的攻击部队及当地守军 21000 人中，病、伤、亡的人数已达 7200 人，第 33 军方面被迫中止继续对龙陵一线展开进攻，转而全力营救平戛地区的日本陆军部队。在第 2 师团与中国军队对峙的情况，第 56 师团在第 49 师团的第 168 联队支援下，于 9 月 16 日开始进攻，突破敌区，终于救出了平戛守军。至此"断作战"第一阶段告一段落。

　　在云南方面与中国军队拉锯龙陵的同时，第 33 军方面还在密支那方向准备发起所谓的第二期"断作战"。按照相应计划，第 33 军一方面通过非常巧妙的内线作战，在攻击龙陵期间将中国驻印远征军阻挡在八莫、南坎一带的阵地，然后在龙陵的战斗结束后，以第 56 师团在芒市、龙陵方面与远征军对峙。另一方面，估计那时中国驻印远征军必将向南坎阵地集中，而由第 18 师团和第 2 师团从南坎的东北方对其进行反击。

随着利益上的对立，史迪威和蒋介石再无这般谈笑风生的时刻了。

　　　　　　　　　　　　　　　　　　　　　　　太平洋战争全史

然而，占领了密支那的中国驻印远征军始终没有南下的迹象，因此所谓第二期"断作战"自然也就胎死腹中了。

客观地说，第二期"断作战"如果按计划进行，对于兵力和装备均处于劣势的日本陆军而言，也不过又收获一场"理想很丰满、现实很骨感"的惨败而已。但中美联军事实上也未能在缅甸北部展开新的攻势。究其原因，除了后勤补给的压力和此前连番鏖战造成的巨大伤亡急需增补之外，更重要的因素是掌握着中国驻印远征军的史迪威和遥控指挥入缅远征军的蒋介石之间存在着根本性的利益分歧。

在史迪威看来胡康河谷和密支那战役结束之后，打通印缅公路的目标已经达成，剩下的工作只需要在中国方面接受更多的美国军援，武装更多的美械师之后，于中国大陆展开反攻即可。但对于蒋介石而言，豫湘桂战役以来中国军队在战场上的表现已经说明，1944年中国军队很难在正面战场与日本重兵集团正面抗衡。与其将手中宝贵的美械师用于反攻，不如将其用来为巩固自己的统治服务。双方的矛盾日益激化，最终走向了决裂。在这样的情况之下，中国军队在缅甸战场的行动也逐渐陷入了停滞。

1944年10月，鉴于美军在太平洋战场上的全面反攻，第33军方面

日本陆军"南方军"在1944年最为担心的，就是英国军队利用其海军优势在东南亚登陆。

将第 2 师团及第 49 师团 1 个联队交还缅甸方面军。此时史迪威由于与蒋介石的矛盾,被召回美国。中国入缅远征军和驻印远征军随即于 11 月重启攻势,日本陆军第 56 师团相继从龙陵、八莫方面撤退,11 月 19 日更进一步放弃芒市。第 33 军主力向八莫一线集中,但最终仍在中国驻印远征军的强大压力下,被迫于 12 月 20 日从当地后撤。至此缅北的战线逐渐归于平静。

纵观日本陆军 1944 年在缅甸战场的表现,可谓始终在不利的环境之下辗转腾挪。期间虽然不乏一些亮点,但整体来看依旧是在对手优势兵力的压迫之下逐步后撤。如果不是中、美、英三国之间存在复杂的利益纠葛,盟军方面可能会取得更大的进展。但是对于日本陆军而言,无论是挑起第二次若开战役的"八号作战"还是试图冲入英帕尔的"乌(ウ)号作战",或者是此后的"完作战""断作战",其根本目的除了试图先发制人之外,还有吸引英、美、中方面军队主力于印缅边境地区,以防止其在缅甸南部沿海或苏门答腊、马来半岛登陆。从这一点来说,日本陆军"缅甸方面军"的战略目的基本是达成了的,只是付出的代价是数以万计的日军士兵在闷热的原始丛林中最终化为了腐朽的白骨。

或许正是为了安抚满腹怨言的幸存士兵和"烈士"家属,1944 年 8 月到 10 月之间,日本陆军方面撤换了第 15 军方面司令牟田口廉也及其主要幕僚,代之以第 54 师团司令片村四八。此后"缅甸方面军"司令官河边正三和参谋长中永太郎也另有任用,以木村兵太郎和田中新一补位。此后牟田口廉也忍受着多方的指责,于 1944 年 12 月选择了退役。日本战败后政治生命早已终结的牟田口廉也没有受到任何战争罪行的审判,但却依旧不得不面对千夫所指。对此牟田口廉也才有了最为激烈的应对,除了到处宣扬"不是我的错,都是部下无能导致了失败"(あれは私のせいではなく、部下の無能さのせいで失敗した),更利用各种机会为自己辩解。甚至在 1966 年病逝之后仍要求其家属在自己的葬礼上分发有关"英帕尔战役"真相的小册子。或许他从来不曾道歉,但内心的煎熬却始终未曾消散吧!

第三章　深海之上

（一）"海军乙事件"——古贺峰一之死和日本海军指挥系统的瓦解

日本陆军在缅甸和中国大陆战场发起攻势的同时，日本海军却始终处于一种所谓"不动如山"的姿态。其中除了经过此前所罗门群岛的缠斗以及美军突袭特鲁克的打击之后，日本海军无论是陆基航空兵、舰载航空兵还是水面舰艇部队都急需休养生息之外，更为重要的原因是 1944 年 3 月 31 日，日本联合舰队司令古贺峰一在司令部转移途过程中，意外由于恶劣的天气而坠机，联合舰队司令部主要班底再次因为空难而几乎全部机毁人亡。由于过程与结果都与前任联合舰队司令山本五十六的死亡颇为类似，因此日本官方一度称之为"海军乙事件"。

在系统分析"海军乙事件"对日本联合舰队造成的影响之前，自然有必要再回顾一下事件发生的全过程。1944 年 2 月，针对美国中部太平洋舰队对马绍尔群岛的全力猛攻，日本海军联合舰队预测美国海军下一步必然对日本位于南太平洋的主要基地——特鲁克展开空袭，因此提前

1943 年 6 月 24 日，古贺峰一接任联合舰队司令之初，日本天皇裕仁登上其旗舰"武藏"与联合舰队司令部成员合影。

进行了舰队疏散。在此期间，古贺峰一乘坐旗舰"武藏"于2月10日离开特鲁克，独自返回本土，为下一阶段的作战部署，与陆、海军高层进行沟通。

此时的古贺峰一上任已近一年，但履职以来不仅没有开疆扩土，反倒屡战屡败，甚至将前任山本五十六打下的阿留申群岛、所罗门群岛的地盘几乎丢得一干二净，自感脸上无光、有负上恩。与此同时，联合舰队内部也对其种种决策充满着非议。

目睹了美国海军新组建的中部太平洋舰队以多个航母战斗群携手出击、无往不利的景象，日本联合舰队上下除了艳羡不已之外，也不免产生了见贤思齐的念头。如渊田美津雄等山本五十六时代的老人纷纷表示："如果我军也组建航空母舰群并作好充分准备的话，那么，我军的兵力也并非怎样逊色，但我们错过了机会，如今已是后悔莫及了。"

渊田美津雄等人口说的"兵力并不逊色"指的是日本海军此时包括以商船改造的小型航母、护航航母在内仍有9艘之多，完全可以仿效美军的做法，编组成多个航母战斗群，集中兵力与敌决战。且不说日本海军此时仅有2艘伤痕累累的"翔鹤""瑞鹤"勉强可以与美军大量服役的"埃塞克斯"级舰队航母正面抗衡，在舰载机的数量和飞行员战术素养方面的差距更是不可同日而语。对此渊田美津雄等人又吐槽说："虽说我们并没有忘记联合舰队的主要敌人是美国舰队，但关于机动部队（指航母战斗群）是美国舰队的主力这一点我们却忽略了。以前，我国海军航空兵集中全力同美国陆军航空兵交战；如今，在遍体鳞伤的情况下，又要跟美国海军航空兵交战了。"

渊田美津雄这番话固然不无道理，但要将造成这一局面的责任全然算在古贺峰一的头上却并不合适。因为自"中途岛战役"始，将联合舰队的舰载机用于支援所罗门群岛的空中战斗，完全是山本五十六的主张。古贺峰一接手之时日本海军已然泥塘深陷、难以自拔了。古贺峰一虽然几度试图壮士断腕，将囊括了日本海军主要航母和舰载机部队的第3舰队撤离前线、开赴后方进行休整，却每每又因前线告急而不得不将其重新投入战场。

可惜的是渊田美津雄等人并不愿意正视山本五十六在战略决策上的失误，反而将问题归咎于陆军，宣称："我国以国家财力的一半来保持航空兵力。我们仅以一半的海军航空兵力同美国陆、海军两支航空兵力交战是无论如何也难以招架的……我国的陆军航空兵是自鸣得意，外强而中干的，在陆地上无论怎么说还有一个航空部队的样子，但到了海上，可就没有用武之地了。即使从情理上讲，它也不肯跟海军同心协力……为此，就必须有英明果断的魄力，把整个海军按空军本位重新改编。而为了统一财力、物力、生产、训练和用兵，则应把陆军航空兵合并过来，如果做不到这一点，那么至少也要在军备建设上向着以海空军为重点这一方向转移。"

面对这些来自中下层军官的言论和倡议，古贺峰一站在日本海军的立场上自然是支持的。但此时陆军方面的东条英机以首相身份掌握着日本军、政大权，自然不肯轻易让步。更何况自中途岛战役以来，日本海军元气大伤、战绩不佳，在国家战略和资源分配上不得不屈从陆军的意见。

1943 年 12 月 24 日，日本大本营陆军部举行了为期一周的"虎号兵棋推演"图上演习。根据演习的相关结果，日本陆军方面认为以美、英为首的盟军对日发动进攻的路线大致有五条，从北往南依次为：从阿留申指向千岛方向；从太平洋中部指向日本本土及中国台湾、菲律宾方向；从澳大利亚北部经新几内亚指向菲律宾；从印度洋方向指向爪哇、苏门答腊以及从缅甸指向暹罗、马来半岛方向。在上述 5 条路线之中，

1941 年开战之时，雄心勃勃的日本海军航空兵已经元气大伤。

又犹以美军在中部太平洋的推进最应引起重视。因为在这个方向之上："（美军）通过推进基地，逐次攻占，亦即大致在基地航空部队的战斗机掩护下，在飞机行动的范围内进行跃进……自从昭和十八年（1943年）11月进攻吉尔伯特群岛以后，似乎已经改为以机动舰队进行的跳跃进攻的方式。在这种条件下，绝对不能轻视凭靠物质力量的敌军的威力"。

要遏制美军在中部太平洋的狂飙突进，自然必须要打击被日方称为"机动舰队"的航母战斗群，否则"只要我航空兵的威力不能扼制敌机动部队的行动，敌军的跃进距离就可以无限制地扩展下去。所以很难邃然断定，今后敌军在太平洋方面的攻势，是一举指向日本本土还是先攻占菲律宾、台湾之后再指向日本本土"。不过话虽然这么说，但是通过军事和政治上推算，日本陆军方面在"虎号兵棋推演"中还是认定"根据菲律宾的重要战略价值与一举跃进日本本土的困难性，敌军很可能先收复菲律宾，切断日本同南方的联系，然后再指向日本本土"。

既然大致推定了美军的推进方向，那么剩下的自然便是如何组织防御了。日本陆军认为："敌军为了攻占菲律宾，将主攻路线从马里亚纳方面径直向菲律宾方面推进，还是从新几内亚指向菲律宾南部，尚不清楚，但从力求作战可靠性的观点看来，采取后者的可能性较大。"

无论是采取哪一条路线，日本陆、海军都应以菲律宾为中心构筑防线。因此"虎号兵棋推演"最后给出的结论是："必须从现在起倾注一切努力，争取至迟在昭和二十年（1945年）能够转入攻势。在开始转入攻势以前，需要基本上确保目前的国防圈。为了迅速加强太平洋的防卫，特别重要的是：构筑航空要塞与增强航空兵力；增加太平洋中部诸岛的地面兵力与修筑阵地工事；为了保证对散在海洋各处部队的海上补给，加强海上护卫，改善对前哨基地的补给办法并增加造船量。"

"昭和二十一年的反攻"自然只是为了振奋士气的画饼充饥，尽一切努力展开防御却是摆在日本陆、海军面前最为紧迫的事务。针对战场上美军强大的空中优势，"虎号兵棋推演"在相关方案中呼吁将战斗机年产35000架的指标，提升至年产50000架。尽管以日本当时的国力，这个目标可谓好高骛远，但却偏偏引来了日本陆、海军方面一番纸面配额的争夺。此举又引起了一心想要海军独揽航空兵指挥权的渊田美津雄吐槽说："我国本来就资源贫乏，这种贫乏的资源还要两家平分秋色，而后用这一半的资源同强大的美国相抗衡。如果这么干也能取胜的话，那可真是天下之奇迹。"但问题是美国方面的资源同样是陆、海军均分的，同样存在着博弈和争夺。只是因为双方的体量相差太大，才令日本方面产生了一种不公平的错觉。

在国内军工生产和战备资源分配的问题上，身为联合舰队司令的古贺峰一本不应置喙。但偏偏在下属的撺掇之下，返回日本本土之后，古贺峰一还是递交了有关强化海军航空兵的报告，算是为正在争夺相关资源的海军军令部长永野修身提供了炮弹。可惜的是，古贺峰一滞留本土期间，特鲁克遭遇美国海军中部太平洋舰队的猛烈空袭。虽然联合舰队水面战斗舰艇早已疏散，损失有限，但大批战机和辅助舰艇以及正在附近海域航行的"第3206船团"却遭遇重创。"第3206船团"满载着的日本陆军第52师团步兵第69、第150联队9000余名官兵中，在美军潜艇和航空兵攻击下，有超过7000人葬身鱼腹。

消息传到日本国内，身为联合舰队司令的古贺峰一自然承受了巨大的压力。好在此时永野修身接受了东条英机方面军政统一的相关建议，将日本海军军令部长一职交给了东条英机的心腹——海军大臣岛田繁太郎，主动为古贺峰一吸引了火力，这位联合舰队司令才算涉险过关。但在2月24日离开横须贺、重返前线之际，却也不得不向陆军开放自己一度以设施完备和伙食优良而被揶揄为"武藏御殿"的旗舰，承担向

正在加油的日本陆军"二式"战斗机。

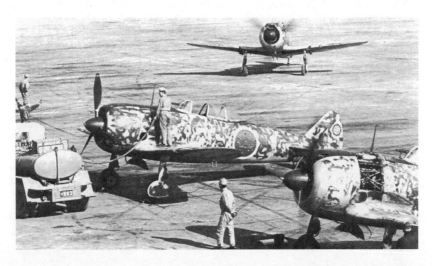

　　　　　　　　　　　　　　　　太平洋战争全史

帕劳群岛转运日本陆军守备部队和5000吨物资的任务。虽然只是顺路，但堂堂联合舰队旗舰竟然沦为了陆军的运输船，对于日本海军及古贺峰一本人都可谓是奇耻大辱。

抵达帕劳之后，古贺峰一重新梳理了一下联合舰队当前的战力和任务，拟定了一份所谓的新"Z号作战"方案出来。之所以称之为"新"，是因为联合舰队事实上在1943年8月便已经制定过一份"Z号作战"计划了。只是旧的"Z号作战"本是拟定在马绍尔群岛与美军展开决战，而这份新"Z号作战"则将决战地区改到了马里亚纳群岛、加罗林群岛和新几内亚西部而已。

虽然作战区域不同，但新旧"Z号作战"的核心思想却没什么变化，都是打算利用美国海军在己方所控制的岛屿附近展开登陆作战之际，集中联合舰队所有兵力作搏浪一击。首先利用日本海军陆基航空兵和舰载机部队全力夺取制空权，掩护水面舰艇编队与美军展开抵近缠斗。鉴于中途岛海战以来美国海军航母战斗群从来不会乖乖等着日本海军的战列舰靠上去，因此"Z号作战"将打击的目标锁定在美国海军脆弱且行动缓慢的运输舰身上。

表面上看，"Z号作战"的设想贴合日本海军舰载航空兵薄弱，而水面舰艇尚有一战之力的现实，似乎颇有实施的空间，但事实上美、日两国海军此时的力量天平已经严重失衡。不要说日本方面集中了所有陆基航空兵和舰载机部队也未必能够夺取战场制空权，就是日本海军的水面舰艇可以驶入双方展开炮战的距离，也很可能会在装备了大批新锐战列舰、巡洋舰的美国海军面前很快便败下阵来。恰如参与拟定这一计划的联合舰队航空参谋千早正隆战后所说："事实上，这是一份不可能成功的作战计划。"（実際には、実行などできっこない作戦だった）

当然在当时千早正隆之辈是万万不敢当着古贺峰一的面如此吐槽的。更何况古贺峰一也未必想要真的执行，无非是将原来的计划作点修改去搪塞新任海军军令部长岛田繁太郎而已。因此当3月8日新"Z号作战"方案经海军军令部批准，以"机密联合舰队第7号令"下发之后，古贺峰一似乎觉得自己的仕途暂时算是保住了。

古贺峰一没有想到的是帕劳虽然位于特鲁克以西数百海里，但仍不能算是安全，特别是此时由麦克阿瑟所指挥的美国西南太平洋战区正在帕劳以南的新几内亚一线攻城略地。鉴于新几内亚内陆丘陵密布、雨林纵横，不利于大兵团的展开，因此联合舰队方面预判麦克阿瑟很可能会继续采用所谓的"飞石"战术（日语"飛び石"，指石子在水面弹跳跃动），继续由东向西发动新的两栖登陆作战。

考虑到美国海军为了支援麦克阿瑟，很可能会深入帕劳所在的西加罗林群岛附近海域。但此时日本海军主力舰艇星散各地，根本无法形成合力应战，驻守帕劳的联合舰队水面舰艇只能以拉开警戒网、进行严密的监控为名，将主力舰艇进行疏散。可就在这个过程之中，3月28日战列舰"武藏"在出港警戒的过程中，遭遇美国海军潜艇"金枪鱼"号（USS Tunny，SS-282）的伏击，舰首被鱼雷击中。虽然仗着出色的防雷设计和厚实的装甲，战斗力没有太大的妨害，但毕竟进水2600多吨，7人战死、11人负伤，被迫返回本土进行修理。旗舰意外受损，令本就政治地位岌岌可危的古贺峰一不敢就此跟随着"武藏"返回国内，又不想临时更换旗舰的他，最终决定将司令部搬上岸。此时的古贺峰一显然没有想到此举最终会将他推入死亡的深渊。

麦克阿瑟在新几内亚的反攻，的确犹如在水面上弹跳前进的石子。

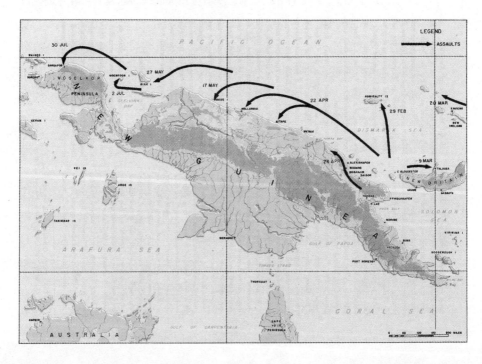

　　　　　　　　　　　　　　　　　　太平洋战争全史

按照惯例，美国海军的潜艇出现在日本海军基地近海自然是为了即将进行的大规模空袭开展抵近侦察。因此就在 3 月 28 日 "武藏" 遭遇伏击的同一天，日本海军的侦察机在新几内亚中部港口韦瓦克以北 250 海里处发现了大举西进的美国海军航母战斗群。从情感上讲，古贺峰一自然期望可以与对手拼死一搏。但此时帕劳地区仅有日本海军第 2 舰队的 5 艘重型巡洋舰："爱宕""高雄""鸟海""妙高""羽黑"和 3 艘驱逐舰："白露""满潮""藤波"。即便加上已经受损的战列舰 "武藏" 及护卫 "武藏" 的第 17 驱逐舰队："矶风""谷风""浦风""浜风"，也无力与来势汹汹的美国海军第 58 任务群一战。

空袭帕劳虽然本不在美国海军中部太平洋舰队的任务序列之中，但在 1944 年 1 月麦克阿瑟亲自前往珍珠港与尼米兹交涉的情况下，美国海军太平洋司令部还是同意抽调主力前往新几内亚沿海支援美国西南太平洋的两栖登陆作战。有趣的是在一些美国学者所收集的史料中都会谈到一个细节：在 1942 年 9 月时，尼米兹曾为瓜岛战役中的美国陆、海军协同问题，邀请麦克阿瑟到努美阿参加太平洋军事会议，但却遭到了麦克阿瑟傲慢的拒绝。

而在此次珍珠港会议之后，麦克阿瑟虽然通过参谋长联席会议迫使尼米兹在备忘录上签字，但事后还是于 1944 年 3 月 25 日邀请尼米兹前往自己的司令部布里斯班会商，其间不仅亲自前往水上飞机码头迎接，此后更安排尼米兹下榻自己所住的伦农饭店，并带领自己的妻儿与尼米兹共进晚餐，打足了 "We are family" 的温情牌。

客观地说尼米兹身为美国海军的前敌主帅，自然不是徇私忘公之辈。他之所以出动第 58 任务群协助麦克阿瑟作战，除了要给对方一个面子之外，更重要的是为即将展开的马里亚纳战役进行铺垫。毕竟空袭帕劳不仅可以进一步削弱日本海军的实力，更能拉扯对方的战线，使得日本陆、海军将更多的目光和兵力投到菲律宾南部地区。而此前登陆马绍尔群岛之后，美国海军陆战队和隶属于美国中部太平洋战区的陆军部队仍需休整，航母战斗群却基本保持完好，利用这个闲暇机会正好大举西进。

为了空袭帕劳，美国海军出动了 5 艘舰队航母："企业" 号、"邦克山" 号、"大黄蜂" 号、"约克城" 号、"列克星敦" 号；5 艘轻型航母：

"蒙特利"号、"贝露森林"号、"科斯本"号、"卡伯特"号、"普林斯顿"号;以及由6艘战列舰为核心组成的庞大护航舰队。从某种意义上说,仅仅是为第58任务群提供海上油量补给的第50.15任务群就具有击败帕劳地区日本海军水面舰队的实力,因为美国为4艘油轮配备了4艘护航航母、3艘重型巡洋舰和12艘驱逐舰组成护航舰队。

面对来势汹汹的美国海军航母战斗群,无力正面对抗的日本海军联合舰队只能选择避其锋芒。3月29日上午,日本海军联合舰队将战列舰"武藏"及为其护航的第17驱逐舰队与第2舰队临时混合编组为"游击部队",急如漏网之鱼般逃离了帕劳。但日本海军临时征用的其他辅助舰艇却被要求暂时继续在帕劳港内待命。

日本海军事后的解释是这些船只要将驻守帕劳的日本海军第30根据地队撤离,所以要多等一天。但从后来的情况来分析,联合舰队很有可能是为了弃卒保车,用这些辅助舰艇来为联合舰队主力吸引火力。当天,日本海军第一航空舰队于黄昏时分出动10架"一式"陆基攻击机、5架"九九式"舰载轰炸机试图对美国海军第58任务群展开所谓"薄暮攻击"。但结果是6架"一式"陆基攻击机、3架"九九式"舰载轰炸机被击落,而美国海军方面毫无损失。为了挽回颜面,日本海军第一航空舰队宣布击沉美军重型巡洋舰1艘、重创战列舰和航母各1艘。

即便第一航空舰队的战绩没有兑水,这点损失对于此刻的美国海军

逼近帕劳的美国海军第58任务群。

第 58 任务群而言也不过是九牛一毛，根本不足以阻挡其快速逼近的脚步。3 月 30 日上午 6 点 30 分，美国海军第 58 任务群抵达帕劳以南 90 海里（约 160 公里）的攻击位置，开始逆风放飞战机。

此时日本海军方面正试图以"第 36 号哨戒艇"（原日本海军"枞"型驱逐舰"藤"）护卫"003 船队"（日本陆军方面征用的货轮 4 艘）撤往婆罗洲岛的巴厘巴板（Balikpapan），以驱逐舰"若竹""第 31 号哨戒艇"（原日本海军"枞"型驱逐舰"菊"）护卫"007 船队"（日本海军方面征用的货轮 8 艘）撤往中国台湾的高雄港。这些船只在帕劳港内外遭到了美国海军舰载机疯狂的轰炸和扫射，最终被悉数击沉。

随后美国海军又将停泊在安加尔岛（Angaur）的日本海军其他 9 艘小型舰艇悉数击沉。不过在这个过程中，原本应该已经登船的日本海军第 30 根据地队却始终停留在岸上的掩体之中，护卫正进行着"战斗指挥"的联合舰队司令部。在击沉了帕劳地区的所有日本海军舰艇之外，美国海军舰载机只能向当地港口设施和地面工事倾泻火力。最后美国海军还首次试验了以舰载机对帕劳港区的主要航道进行布雷。

好不容易等到天色渐暗，躲在掩体里挨了一天炸弹的古贺峰一随即下令关岛、塞班等地各海军机场出动所有战机，争取利用黎明时视线不佳的有利战机对美军航母战斗群展开攻击。但如此精确的时间要求，对于多点出击的日本海军而言极难调控。参战的日本海军约 70 架战机中的 30 架被击落，25 架在起降时受损，事后报告称取得了击沉重型巡洋舰 1 艘，重创战列舰 1 艘、重型巡洋舰 2 艘的战果。自然这个战果同样

日本海军的"枞"型驱逐舰在 1937 年的淞沪会战中曾是日本海军的一线舰艇，此时却沦为哨戒艇。

在美军狂轰滥炸之下最终沉没的"若竹"号。

得不到美国海军方面战报的证实。

　　眼见麾下的部队轮番进攻也未能击退美国海军航母战斗群，古贺峰一产生了一种强烈的不安感。他深感美国海军此轮来犯真正的目的是为了攻占帕劳。为了不至于落入敌手，3月31日21点30分，古贺峰一匆忙率领联合舰队司令部成员登上了从塞班岛赶来的3架日本海军"二式"大型水上飞机（日方称为"飞艇"），试图转移到相对安全的菲律宾棉兰老岛的达沃地区重建指挥中心。

　　应该说身为日本海军的前敌主将，古贺峰一敢于在美国海军庞大的海空突击集群面前乘坐大型水上飞机撤退，本身便是一件非常需要胆量的事情，他的运气似乎也不错。美国海军航空兵当时忙着空袭帕劳周边岛礁，似乎并未发现这三个巨大的空中目标。

　　但古贺峰一等人虽然躲过了美军的拦截，却最终还是难逃死神的魔掌。3架"二式"大型水上飞机在飞抵菲律宾南部沿海地区时，突然遭到了台风的侵袭。除了3号机成功脱离之外，古贺峰一乘坐的1号机（隶属于日本海军第851航空队，机长难波正忠）就此消失在了厚重的云层和湍急的气流之中。而联合舰队参谋长福留繁所搭乘的2号机（隶属于日本海军第802航空队，机长冈村松太郎）则在菲律宾南部的宿务岛附近海域迫降。此时的菲律宾全境虽然仍在日本的占领之下，但宿务岛等地却活跃着诸多得到美国秘密支援的

抗日游击队。包括参谋长福留繁在内的9名幸存者侥幸
从起火燃烧的飞机中游到岸边，随即便成为了当地游击
队的阶下囚。

　　由于各方面的情报错综复杂，日本海军方面一度
产生了被俘者为古贺峰一的消息。因此格外重视，不
仅出动大批地面部队展开搜寻，更通过菲律宾当地的
"有力人物"与抗日游击队取得联系，恩威并施地要
求放人。领导宿务抗日游击队的是美军情报人员詹姆
斯·库欣中校，此时已经通过从福留繁等人乘坐的飞
机残骸中获得了大批文件，因此颇为慷慨地释放了这
些俘虏。

　　在获知被放回的并非是古贺峰一之后，日本海军

日本海军"二式飞艇"的三视图。

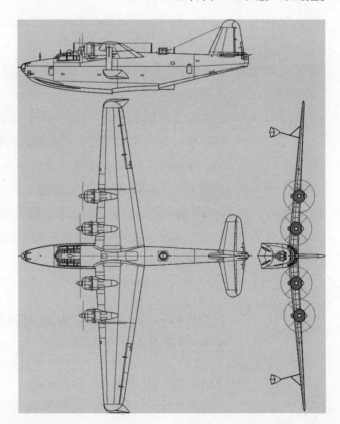

暂代联合舰队司令的高须四郎。

方面最终于 5 月 5 日发表了又一位联合舰队司令死于意外的消息。按照联合舰队的意见,古贺峰一死于沙场,当属"战死"。但此时兼任海军大臣和海军军令部长的岛田繁太郎却认定古贺峰一从帕劳转移到菲律宾的举动,属于"临阵脱逃",只能认定为"殉职"。这一微妙的用词差异,很快便引发了联合舰队内部的一片哗然。显然随着永野修身退位、古贺峰一"殉职",曾经把持日本海军的永野修身一党即将全面失势。

从 4 月 1 日古贺峰一座机失踪,到 5 月 5 日日本海军方面正式通报其"殉职"的消息。在这一个多月的时间里,联合舰队的日常事务被岛田繁太郎交由"西南舰队"司令高须四郎暂代。之所以做出这样的安排,除了帕劳和菲律宾南部均属于"西南舰队"的管辖范围之外,还因为高须四郎虽然曾与米内光政、山本五十六有深交,但长期以来却保持着相对中立的政治立场,并非永野修身派系核心成员,正适合作为派系交替的过渡人物。

从管理角度来说,这种仓促、被动的结构调整,往往都会带来组织的撕裂和瓦解。永野修身退位之后,曾经被视为"舰队派"爪牙的南云忠一便被调任中部太平洋舰队司令,在被吹嘘为"太平洋防波堤"的塞班岛上等待着自己的末日。而随着 5 月 6 日曾经与山本五十六关系不睦的丰田副武接任联合舰队司令,日本海军上下更呈现出离心离德之势。

(二)竹一之殇——日本海军驰援新几内亚的努力及崩盘(上)

作为日本海军在太平洋战争期间的第三任联合舰

队司令，后世在评述丰田副武的人生及其工作表现时，往往会引用山本五十六的一句名言："两丰田绝不可用"。而这里提到的"两丰田"指的是同为海军兵学校第 33 期毕业的丰田贞次郎和丰田副武。向来在海军之中广揽人脉的山本五十六为什么独独对此二人深恶痛绝呢？由于山本五十六在战时和死后均被带上了"神将"的"光环"，因此他的这番言论自然被视为是高屋建瓴的"预言"。后世普遍认为山本大将是慧眼识奸，早已看破了"两丰田"均为祸国殃民之辈，如若重用，必误大事。那么事实的真相果真如此吗？

在系统分析丰田副武的人生之前，我们不妨先看看与之并称的丰田贞次郎究竟是何许人物。丰田贞次郎出身武士家庭，自幼便博闻强记，即便是在强手如林的江田岛海军兵学校之中，最终也能杀出重围以名列前茅的"首席"身份毕业。与之相对的则是天赋有限却刻苦用功的丰田副武，入学之时成绩排在同期 180 人中的第 107 位，但毕业之时却已经通过自身的努力爬到了第 26 位。由此在学校之中一度流传着"天才贞次郎、劳苦副武"（苦劳人の副武と天才肌の贞次郎）的说法，"两丰田"的提法也便由此而来。

与"两丰田"都有过交际的日本皇族海军大将伏见宫博恭王。

在向来重视成绩和排位的日本海军之中，"两丰田"可谓由此名声在外，在此后的升学和仕途之上都助益颇多。与之相比，山本五十六虽然曾以第 2 名的成绩考入海军兵学校第 32 期，但毕业时已经掉到了第 11 名，还在临别之时被教官善意提醒为"加入海军之后，话不要太多"。面对着两位明星学弟，心中的愤懑不爽自然可想而知。

而在晋升的过程之中，山本五十六也并未比"两丰田"领先多少，甚至还频频被反超。1931 年山本五十六好不容易爬到了海军航空本部技术部长的位置，丰田贞次郎已经当上了军务局长，丰田副武也已经升到了海军军令部参谋第 2 班长。如果不是山本五十六借着日本海军航空兵高速发展的东风扶摇直上，其与"两丰田"之间的仕途比拼未必能先拔头筹。

当然山本五十六评断"两丰田绝不可用"，也并非全然出于自身的"羡慕嫉妒恨"。少年得志对一个人性格的养成往往会造成极大的冲击，以天才自诩的丰田贞次郎便频频有狂傲之举，甚至当着出身皇族的海军元老伏见宫博恭王的面，也大言不惭地表示"（我的理想）是当上海军大臣"（大臣になりたい）。并由此一度被投闲置散。此后更是架空海军大臣及川古次郎，代表海军推动了《德意日三国同盟条约》的签订。而丰田副武虽然还算脚踏实地，但却表现出对上处处逢迎、对下指挥只会要求部下苦干蛮干的性格缺陷。在太平洋战争的最后阶段，亲手断送这个日本海军的有生力量。因此从某种意义来讲，山本五十六的评语可谓一语成谶。

在山本五十六座机被美军截击，殒命所罗门群岛的布干维尔之后，日本海军之中一度出现了由丰田副武接掌帅印的呼声，但却遭到了伏见宫博恭王的一票否决。伏见宫博恭王的理由颇有意思："丰田副武太饶舌，有破坏性作用。"这里所谓的"饶舌"想必是伏见宫博恭王已经通过某些渠道，听到了丰田副武在各种场合对战事和时局发表的意见。

得知此事的丰田副武也没有很好的办法，只能一脸无辜地表示："从开战以来就没有上过战场，和这场战争没有关系，不适合当联合舰队司令长官……"这话说到这里本没有什么问题，但丰田副武后面还是忍不住继续"饶舌"道："况且现在战争进行得莫名其妙，一直在后退，战势非常悲观，现在接受这个重任，没有打开难局的胜算，还是算了吧。"显然不仅有揶揄山本五十六无能，而且有表达自己"不受重用，苍生奈何"的"小情绪"在其中。

此后古贺峰一战死，日本海军之中稍明事理之辈皆知道联合舰队司令一职已成火山口，避之犹恐不及。但偏偏丰田副武不以为然，堂而皇之地接受了岛田繁太郎的任命，于 1944 年 5 月 3 日正式走马上任。不过此时虽然日本海军号称"威风堂堂"的 2 艘"大和"级战列舰"大和""武藏"都在本土，但丰田副武却选择了轻型巡洋舰"大淀"作为自己的旗舰。

对于丰田副武的选择，后世大多认为其是有意忌讳山本五十六、古贺峰一两位前任先后横死的迷信之举。但事实上日本海军对"大淀"所进行的拆除水上飞机弹射器、将原有的水上飞机机库改为司令部的旗舰化改造工作，早在古贺峰一在任的1944年3月6日便已经全面展开。究其原因，无非是此时联合舰队的战力已接近殆尽，"大和"级战列舰势必将作为"决战兵器"投入战斗，不再适合作为整个舰队的旗舰使用。

随着代表丰田副武的大将军旗缓缓升上"大淀"的主桅，日本海军联合舰队在经历了一个月的群龙无首之后，终于再度迎来了一位新的司令官。不过在5月3日当天，日本海军军令部除了发表丰田副武的委任状之外，还以"大本营海军部第373号指令"的名义，提出了所谓的"联合舰队当前所应遵循之作战方针"。

根据这份"作战方针"，日本海军联合舰队在下一阶段所承担的战略任务是"一举歼灭敌舰队，挫败其反攻企图"，具体的举措则是"5月下旬，第一机动舰队及第一航空舰队之兵力应做好准备，第一机动舰队于菲律宾中南部待机，第一航空舰队于中部太平洋方面菲律宾及澳洲北部展开兵力，保持随时进行决战之态势，利用良机适当运用上述两舰队，全力以赴捕捉并歼灭敌军主力"。是为"阿（あ）号作战"计划。

整体来看，"阿（あ）号作战"摒弃了此前古贺峰一时代所拟定的"Z号作战"计划中那些不切实际的夺取制空权之后，再与水面舰队打击对手的凭空妄想，终于回到了集中航母战斗群和陆基战机与美军展开航空决战的正途上来了。值得一提的是，能够产生这样的改变，倒不全然是丰田副武的功劳，而是经历了古贺峰一坠机失踪、福留繁被俘的"海军乙事件"之后，日本海军大批机密资料落入美军之中，各种"奇思妙想"的秘密作战计划，自然再无秘密可言，只能就此作罢。比如出动可以发射鱼雷的水陆两栖战车（日本称"特四式内火艇"），配合海军航空兵攻击美军马绍尔泊地的所谓"雄作战"便因为计划暴露而胎死腹中了。不过虽然"阿（あ）号作战"明确了联合舰队此后的作战方向，但事实上此时日本海军的主力仍有更为棘手的事务要完成。因为在高须四郎代理联合舰队司令的一个多月时间里，战场形势又发生了天翻地覆的变化。

有趣的是，由于此后日本海军在战场上表现每况愈下，高须四郎暂代联合舰队司令的一个多月后也遭到了诸多非议。批评者们纷纷指责高须四郎只注重自己"西南战区"的局部利益，错误地将原定部署于塞班、关岛等地的海军航空兵转移到了新几内亚西部，以至于削弱了中部太平洋的防御力量。这些说法固然与事实相符，但却是明显的诛心之论。

事实上空袭帕劳只是美国海军配合麦克阿瑟所指挥的美国西南太平洋战区于新几内亚一线发动两栖登陆作战的第一步，随着第58任务群将日本海军联合舰队驱逐出帕劳附近海域，美国海军于4月1日再度轰炸了特鲁克，进一步压制当地的日本海军陆基航空兵。4月3日则转向位于新几内亚中部的荷兰提亚（Hollandia），全力配合麦克阿瑟麾下的美国海军第7舰队于当地展开的登陆作战。

自1943年于新几内亚东部连战连败之后，日本陆军在这一方向的主要任务便由伺机攻入澳大利亚，转为在新几内亚西部建立防御体系，以将其建设成为拱卫日本主要产油区——婆罗洲岛以及菲律宾南部的前哨阵地。为此日本陆军于1943年10月30日，决定将原本驻守中国东北的第2方面军司令部整体平移到菲律宾南部的达沃，以统一指挥新几内亚方面的第18

日本海军可以发射鱼雷的两栖战车——特四式内火艇。

太平洋战争全史

军、在巽他群岛^①方面展开的第 19 军以及后续开赴当地的第 2 军。

按照日本陆军的计划，第 2 方面军的任务是"迅速做好作战准备，击溃来攻之敌，确保澳北方面的重要地区，以等待发动攻势的时机"。但要实现上述目标谈何容易？

第 2 方面军虽然纸面上下辖 3 个军、9 个师团又 1 个海上机动旅团，但这些部队之中，第 18 军所属之第 20、第 41、第 51 师团在美军的连番打击和不断向西转移的过程中，早已损兵折将、元气大伤。而第 19 军麾下虽然有第 5 师团这样的日本陆军王牌部队，以及第 46、第 48 师团 2 个新建师团，但在不断的征调过程中也早已不复昔日之勇。唯一可以指望的，只有统率着从中国大陆战场抽调出的含第 32、第 35、第 36 师团的第 2 军，以及关东军系统内编制的第 2 海上机动旅团了。更何况上述部队要支援第 18 军还要通过危机四伏的茫茫大海，因此大本营陆军部提醒第 2 方面军"要特别重视航空部队的运用与同海军的协同"。

今天被称为查雅普拉的荷兰提亚恰处于新几内亚岛的中间位置。

———————————

① 巽他群岛（Sunda Islands），自马来半岛向新几内亚岛延伸至亚洲大陆东南部的摩鹿加群岛，位于太平洋与印度洋之间，是马来群岛组成部分，由大巽他群岛、小巽他群岛组成。大巽他群岛包括苏门答腊、爪哇、加里曼丹（婆罗洲）、西里伯斯岛及邻近小岛。小巽他群岛包括巴里、龙目（Lombok）、松巴哇（Sumbawa）、松巴、弗洛勒斯（Flores）、帝汶、阿洛（Alor）岛及邻近小岛。此处指的是小巽他群岛。

第 2 方面军司令阿南惟几，曾因出任侍从武官而深得天皇裕仁的信赖，向来有"名将"之称，但其在中国大陆战场上表现却颇为糟糕，在 1941 年的第二次长沙会战中一度被中国军队打得丢盔卸甲、好不狼狈。而此番出征新几内亚，此公又是勇猛果敢地展开了一番谋划。最终决定以第 19 军继续驻守巽他群岛，以掩护侧翼。以新近开赴战场的第 2 军在新几内亚西部登陆，接应且战且退的第 18 军的同时，于当地修筑野战机场，以迎接和第 18 军同样由第 8 方面军内划拨过来的第 4 航空军的入驻。待上述兵力集结完毕之后，再于新几内亚西部的萨雷腊湾与美军展开决战。

除了拟定了空前宏大的战略计划之外，阿南惟几还一厢情愿地大包大揽，甚至在 1944 年 3 月 10 日于达沃召开的方面军全体会议上直言不讳地表示："对于第 8 方面军，以同情的态度对待，在不影响大局的情况下，尽量给予武士道式的协助。"这番话，身处拉包尔的第 8 方面军司令今村均是否知道世人不得而知。但无论出于面子还是实际战略需要，事实上已经陷入美军南太平洋、西南太平洋战区合围之下的第 8 方面军都不希望看到第 18 军放弃新几内亚中部的防线向西撤退。于是便在两个方面军的作战区域划分问题上，坚持要以原先商定的东经 140 度线为准。因为此时日本陆军第 18 军的主要后勤基地和防御支撑点——荷兰提亚恰恰位于东经第 140 度线以东，也就是说只要第 18 军不再坚守荷兰提亚，其便依旧在第 8 方面军的指挥序列之下。

在与第 8 方面军协商无果的情况下，丰崎房太郎只能以第 2 方面军司令的名义给第 18 军下令："主力尽快向韦瓦克以西转移，加强防卫荷兰提亚等要地为持久之策，以努力制止敌军对新几内亚西部及加罗林群岛西部方面的进攻。"但是这一命令对于第 18 军而言可谓困难重重，因为此时第 18 军主力据守位于韦瓦克 500 公里的汉萨湾一线，要求已经与美军缠斗了近一年时间的各部队徒步走完这段距离显然不可能。而由于美国海军此刻出动了大量的潜艇和鱼雷艇封锁着新几内亚的海岸线，因此也无法采取大规模海上机动的模式撤退。

经过一番权衡之后，第 18 军最终决定利用在汉萨湾与韦瓦克之间，由塞皮克河与拉姆两大河下游形成的沼泽地带，以军用舟艇和当地土著的独木船缓慢将部队进行后送。但这种模式即便竭尽全力，每天也

太平洋战争全史

只能勉强运送 770 人左右。以第 18 军此刻仍保有 3 万余兵力计算，这种后撤至少需要 2 个月的时间。而就在第 18 军缓慢后撤的同时，麦克阿瑟集结起了一支庞大的两栖登陆舰队，满载着美国陆军第 6 军所属第 24 步兵师的 1 个团，第 34、第 41 步兵师各 2 个团的兵力朝着荷兰提亚扑去。

日本海军在 1943 年 3 月便已经在荷兰提亚一线建设机场设施，此后日本陆军方面也在当地修筑航空和兵站设施。因此尽管一些日本史料宣称荷兰提亚处于"不设防"的状态，但事实上当地驻守着众多第 18 军的后方机关和辅助部队，第 4 航空军一部以及日本海军第 9 舰队司令部机关，总计约 14000 人。此外还有刚刚从前方撤回的第 41 师团一部、野战高射炮第 36 大队、独立工兵第 36 大队以及第 1 登陆艇队合计 2500 余人。

但是这些看似雄厚的兵力在美军的海空优势下几乎不堪一击。4 月 21 日，美国陆军第 5 航空军配合海军第 58 任务群出动总计 600 余架战机对荷兰提亚地区展开狂轰滥炸，部署在当地的日本陆军第 4 航空军 40 余架各式战机几乎还来不及还手便被一扫而空。次日美国陆军各部队在舰炮的掩护下，于荷兰提亚沿岸大举登陆。日本陆军各部队丢弃存有大量武器粮秣的兵站仓皇而逃。倒是海军方面，到任仅 10 天的第 9 舰队司令远藤新一带着海军陆战队第 90 警备队拼死抵抗，最终身负重伤才被抬下火线。值得一提的是远藤新一之父为海军少将远藤喜太郎，而其岳父则是明治时代的陆军大将内山小二郎。

尽管荷兰提亚方面的日本陆军一触即溃，海军独木难支，但是登陆之后的美军却意外遭遇了令其损失惨重的一场大火。按照美国方面的说法，这场大火是由 4 月 23 日黄昏时分一架突然闯入登陆场的日军战机引发的，由于这架战机投下的炸弹意外引爆了存放有大量弹药的日本陆军兵站，美军在这场大火中死伤超过 124 人，运载上岸的物资 60% 左右也被烈火吞没。受这场大火的影响，美军在登陆场附近滞留了 5 天，才向逃入荷兰提亚西南的日军展开追击。

日本陆军方面公推飞行第 6 师团长稻田正纯为主帅，希望稻田正纯能够带领大家向西撤退。结果稻田正纯竟然只带着少数心腹便脚底抹油，抛下众人从海上开溜了。日本陆军方面连同随军家属在内的近 2 万余人，在缺药少食的情况下2个月里苦苦跋涉400公里，最终抵达目的地萨米的仅有不足半数。而这条从荷兰提亚通往萨米的道路日后也被日本方面称之为"白骨之路""饿鬼道"。稻田正纯虽然一度被以临阵脱逃的罪名关押了2个月，但不久之后便转去第3船舶司令部了。反倒是海军方面的远藤新一率部与美军进行游击战，最终于5月3日全员战死。

荷兰提亚的失守对于日本陆军第2方面军而言，无疑是一次重创。一方面第18军的退路和后勤线被彻底切断，前线数万将士陷入进退维谷的窘境。另一方面日本陆军在当地好不容易积累起来的一点物资储备和航空兵战力被美军悉数摧毁，日本陆军试图在新几内亚西部构筑防线的计划也面临着破产。鉴于此，阿南惟几一度试图将刚刚从中国大陆战场运抵新几内亚西部萨米一线的第36师团投入反攻，以期能够夺回荷兰提亚。

但这一计划向上递交之后，却遭到了"南方军"司令部的劝阻。在写给阿南惟几的电报之中，寺内寿一语重心长地表示理解第2方面军这份"出于荣誉的责任感"，但认为不应解除主要防线上的要地沙米附近的防卫，并且前趋增援的路途错综、遥远，怀疑能否发挥机动能力和战斗力。言下之意，自然是要阿南惟几守好新几内亚剩下的残山剩水，不要奢望什么反攻了。

话虽然这么说，但是摆在第2方面军面前现实的困境却是，随着荷兰提亚的易手，第18军事实上已经被围困在了韦瓦克一线。虽然此前在当地囤积了全军四个月定量的粮秣，此外还可望在当地征集两个月的其他物资作为补充，但即便如此6个月之后等待第18军的也将是全员断炊的慢性自杀。而如果选择迂回绕过荷兰提亚，第18军又要面对长达1000多公里的原始丛林。这对已经有过多次艰苦跋涉经历的第18军上下官兵而言，都可谓心有余悸。因此抱着"战亦亡、不战亦亡"的决心，第18军司令安达二十三决心破釜沉舟，动员全军向荷兰提亚发动反击，即便无法夺回荷兰提亚，也要通过这次作战行动，牵制敌军向西突进，以协助第2方面军的作战。

但第18军虽然调集了第20、第41两个师团的主力西进，但此时其所辖各部队早已疲惫不堪，且从韦瓦克到荷兰提亚沿线同样丛林密布、地势复杂。因此按照第18军方面的预判，其至少要等到6月初，才能抵达荷兰提亚前沿并完成进攻准备。根据这个时间表，第 2 方面军也决定加快调集第 2 军抵达战场，争取东、西对进，夹击荷兰提亚。

此时第 2 军方面除了已经抵达战场的第 36 师团之外，剩下的第 32、第 35 师团主力仍滞留于中国大陆。之所以出现这样的局面，除了部队集结、换装等准备工作均需要时间之外，更重要的因素是此时美国海军利用对日军电报通讯的监听和破译，已经基本掌握了对手海上船只的航线路线，可以从容调配己方潜艇部队展开拦截。而为了抵御美军潜艇部队的威胁，日本海军也不得不从本就捉襟见肘的战力之中抽出一部分舰艇和人员，于 1943 年 11 月 15 日组建"海上护卫司令部"，试图通过将大批运输船集中组建船队，并在海军舰艇的严密护航下前往目的地的方式，来减少途中的损失。

由于出任"海上护卫司令部"长官的及川古志郎是一个热衷于收藏中国古籍的"读书家"，因此颇为风雅地将日本海军护卫运输船队赶赴前线的冒险之旅，以"岁寒三友"之"松、竹、梅"命名。其中向中部

美军在荷兰提亚登陆及日军撤退和反攻简图。

太平洋行驶的船队被称为"松运输"。不过随着战线的变迁，又出现了所谓开赴马里亚纳的"东松"和前往帕劳的"西松"之分。而前往菲律宾和新几内亚的船队则被称之为"竹运输"。

尽管从1944年3月3日开始的"松运输"不断遭到美国陆军远程航空兵和海军潜艇的袭扰，损失不断加大，但日本海军还是认为即将于4月展开的"竹运输"由于航线处于日本控制区的内侧，各方面条件要相对优越一些。因此并未做太大的调整，便于4月17日，从上海发出了经停马尼拉的"竹一"号船队。

"竹一"号船队由15艘运输船组成，其中第32师团搭乘"和浦丸""御月丸""伯剌西尔丸""天津山丸"和"第一吉田丸"5艘货船，而第35师团则由于此前已经将师团司令部和步兵第219联队送往了前线，因此仅占有了"但马丸""亚丁丸""阳山丸"3艘货轮。而"竹一"船队之中剩余的7艘货轮除了运载弹药、粮秣之外，还承运了海军方面的第107、第108防空队。而为了保护这支船队，"海上护卫司令部"派出了旗舰反潜布网船"白鹰"以下4艘驱逐舰、3艘海防舰、2艘炮艇以及5艘其他小型舰艇展开护航。

按照日本海军的固有思维，"竹一"船队从上海到马尼拉的第一段航程虽然距离较长，但应该相对安全，因此护卫相对松懈。但事实上在4月26日上午进入吕宋岛西北海域之时，这支船队便已经被美国海军潜艇"长缟鲹"号盯上了。"长缟鲹"号虽然是一艘1943年1月6日才服役的美国海军"猫鲨"级潜艇，但自投入战场以来，已经先后击沉了日本方面的多艘商船。特别是1944年1月16日，与"灰西鲱"号（USS Grayback，SS-208）相互配合，一举击沉了由日本海军海防舰"占守"护卫下的"ヒ40"运输队6艘货轮中的5艘，可谓一战成名。

辉煌的战绩给了"长缟鲹"号充沛的信心，在跟踪了"竹一"船队整整一个白昼之后，"长缟鲹"号直到黄昏才展开攻击。不过鉴于日本海军护航严密，"长缟鲹"号也不敢过分深入，只是在中远距离展开了3波齐射。虽然距离较远，但其所发射的19枚鱼雷之中，还是有2枚命中了满载着日本陆军第32师团步兵第210联队3500名士兵的"第一吉田丸"。作为一艘1919年投入使用的老船，"第一吉田丸"显然经受不起这样的攻击，在短时间之内迅速沉没。船上步兵第210联队长小池安正大佐以下 2651 人当场遇难。

"第一吉田丸"沉没后，"竹一"船队护航舰艇虽然随即展开了反潜作业，但"长缟鲹"号早已溜之大吉。救起落水的官兵之后，"竹一"船队只能按照预定的行程，于 4 月 29 日进入马尼拉港，并接受了新加入的"帝海丸"作为"第一吉田丸"的代舰，于 5 月 1 日再度离港，向南出发。

应该说"长缟鲹"号的攻击已经足以说明"竹一"船队的行踪已经暴露，担任护航编队指挥官的梶冈定道少将理应采取相应的措施。但问题是此时的日本海军仍没有一套行之有效的反潜战术，更缺乏现代化的声呐等反潜装备。因此梶冈定道所能做的只是临时改变航线，沿着日本海军"西南舰队"司令部所提供的一条备用航线前进。

梶冈定道当然不会想到，"竹一"船队航线的调整同样没有瞒过破译了其通讯密码的美国人。5 月 2 日美国海军的"飞角鱼"号（USS Gurnard，SS-254）便奉命赶往苏拉威西岛东北端设伏守候。5 月 6 日，

美国海军"飞角鱼"号潜艇。

"竹一"船队终于出现在"飞角鱼"号的潜望镜里。与"长缟鲹"号同为"猫鲨"级潜艇的"飞角鱼"号，自1942年9月18日服役以来，也多次独立完成巡航任务，并击沉了日本海军多艘运输船，可谓实战经验丰富。

在躲过日本陆军飞行第7师团的"九九式"军用侦察机的空中反潜警戒之后，"飞角鱼"号在完全瞄准的情况下，对"竹一"船队展开了2轮齐射。在确认命中3艘日本货轮之后，才顶着日本海军胡乱投下的深水炸弹，逃之夭夭了。事后美国海军方面才获悉，"飞角鱼"号当天成功击沉了日本海军征用的"天津山丸""亚丁丸"和"但马丸"3艘货轮，总计19706吨。不过吸取了此前"第一吉田丸"迅速沉没的教训，日本海军方面在马尼拉时便将人员平均疏散到了各艘船上，并将武器集中放置在了救生艇上，因此虽然"天津山丸""亚丁丸"和"但马丸"最终先后沉没，但仅造成了700余人的损失。

但即便如此，"竹一"船团连遭重创已令日本海军对继续前行失去了信心。船队随即在苏拉威西岛靠岸，随后不再前往新几内亚，而于5月9日转往哈马黑拉一线卸载兵员和武器。对此阿南惟几颇为不满，并一度与"南方军"司令部产生了严重的对立情绪。但在日本陆军上层眼中，"竹一"船团遭遇的攻击，令第32师团9个步兵大队瞬间损失了5个，4个炮兵大队瞬间损失了1个半，第35师团此番运输的4个步兵大队的所有火炮全部损失，如此巨大的打击，远比丢失新几内亚更令人无法接受。因此尽管此后为了向新几内亚运送物资，日本海军方面又组织了多次"竹运输"，且没有遭到太大的损失，但继续向该方向增兵的努力却始终保持着停滞的状态。

（三）浑作战——日本海军驰援新几内亚的努力及崩盘（下）

尽管"竹一"船队连续遭遇美国海军的潜艇伏击，损失惨重，日本陆军暂缓向新几内亚西部投送兵力，但是美军西南太平洋战区在当地的攻势却不会由此而停滞不前。在巩固了荷兰提亚的登陆场之后，麦克阿瑟决心进一步向西跃进。这一次他将目标定在了在新几内亚最西段鸟头半岛之侧的比亚克岛（Biak）。

比亚克岛是新几内亚北部斯考滕群岛（Schouten Islands）之中最大的岛屿，其北邻帕劳，南扼萨勒拉湾入口处，西接新几内亚，东连巽他群岛，可谓是新几内亚东北部的战略要冲、兵家必争之地。站在麦克阿瑟的角度，一方面如果美国陆军攻占了比亚克岛，那么事实上便完成了对新几内亚的封锁，此后无须再继续在热带雨林之中与日本陆军缠斗。另一方面美国海军如何能够参与其中，事实上也将提前与日本海军联合舰队爆发决战，届时麦克阿瑟主导下由新几内亚至菲律宾的反攻路线图便将彻底成就。

可惜尼米兹早已对麦克阿瑟的宏图伟略了然于胸。早在 3 月 25 日布里斯班私人会晤之中，尼米兹便言明美国海军第 58 任务群将仅参与荷兰提亚的登陆战，此后将转回中部太平洋方面，为攻占马里亚纳作准备。当时麦克阿瑟可能还对尼米兹的慷慨颇为感动，但直到荷兰提亚战役结束之后，他才发现自己坠入了尼米兹的算计之中。为了应对美军在新几内亚西部的威胁，日本联合舰队主力屯驻于菲律宾，如此一来局面反而变成了麦克阿瑟在为尼米兹牵制日本海军主力了。

此时麦克阿瑟麾下的西南太平洋战区虽然下辖美国海军第 7 舰队，但这支规模庞大的舰艇编队之中，还没有编制有战列舰和舰队航母等主力舰艇，仅有重型巡洋舰和护航航母可兹利用。一旦撞上日本联合舰队

比亚克岛和鸟头半岛。

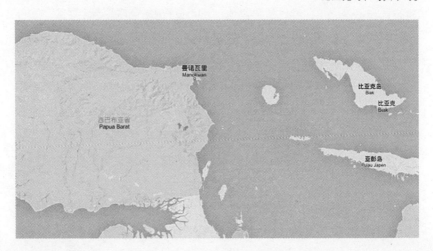

主力，鹿死谁手，实难预料。为此麦克阿瑟只有将第 7 舰队所拥有的潜艇部队先行派往比亚克岛附近海域，前出至菲律宾南部，组成一道警戒网，随后再以陆基航空兵对当地的日本陆、海军机场展开持续的轰炸，才敢于将登陆舰队开赴战场。

麦克阿瑟在向来推崇正面强攻的美国陆军将领之中，属于少数讲究"以正合、以奇胜"的战术大师。但可能是每每手中兵力都存在溢出，同时其个性之中没有精打细算的概念，因此常常会出现奇、正不分，甚至奇大于正的现象。其一生得益于此，最终在朝鲜战场上亦可谓失意于此。

在荷兰提亚登陆战中，麦克阿瑟打着发动佯攻的名义在艾塔佩、塔拉梅拉湾和亨博尔特湾三地发动进攻，结果由于在上述三地分散用兵，最终导致驻守荷兰提亚的日本陆军主力成功脱逃。而这一次麦克阿瑟显然没有吸取教训，在发动比亚克岛登陆战之前，又再度自作聪明地于 5 月 17 日、18 日两天分别在新几内亚西部的萨米和比亚克岛东南的马努斯岛发动登陆作战。

攻占马努斯岛使其成为进一步围攻比亚克的前哨基地并无不可，且当地的日本守军兵力仅有步兵第 224 联队"石塚中队"，该队兵力不足 500 人，因此迅速被登陆的美国陆军第 163 步兵团一扫而光。但新几内亚西部的萨米作为日本陆军第 36 师团长期经营的主要基地，却不是美军可以轻易拿下的了。麦克阿瑟虽然一口气投入了美国陆军第 6、第 31 师主力，但由于地形的限制，美军登陆部队在日本陆军第 36 师团的不断袭扰和阻击之下，始终进展缓慢。战斗随即陷入了僵持状态。

在萨米的登陆部队虽然没有打开局面，但在麦克阿瑟看来美军在这一方面只要能够牵制住日本陆军，便已经达到了既定目标，当务之急还是尽快夺取比亚克岛，将战线向菲律宾的方向延伸。5 月 27 日，美国海军第 74 任务群逼近比亚克岛一线，随即引发了日本海军方面的全线警报。根据日本海军的判断，此番来袭的美国海军舰队包括：2 艘战列舰、2 艘航空母舰、4 艘巡洋舰、14 艘驱逐舰、8 艘运输船和 10 艘其他小型舰艇。

刚刚上任伊始的丰田副武，自然不肯放过这个"歼敌一部"的绝佳机会，随即以联合舰队司令的名义向第一航空舰队下达了向菲律宾南部转移部分兵力，准备对美国海军第 7 舰队展开空袭的命令。但此时第一航空舰队司令角田觉治正身处马里亚纳的提尼安岛，为迎战美国海军中部太平洋舰队的来犯而枕戈待旦，突然接到分兵的命令，心中的愤懑自然可想而知。

除了要求第一航空舰队分兵之外，丰田副武还计划要求 5 月 20 日刚刚从新加坡移屯菲律宾西南塔威塔威港（Tawi tawi）的日本海军"机动舰队"也加入战斗。此时日本海军口中的"机动舰队"，指的是栗田健男所部以重型巡洋舰为主力的第二舰队加上小泽治三郎麾下以航空母舰为主力，于 1944 年 3 月 1 日组建的"第一机动舰队"。

作为古贺峰一时代最后的遗产，"第一机动舰队"不仅集中着日本海军所有的主力航母和舰载机部队，更吸收了"大和""武藏""长门""金刚""榛名"等战列舰的加入。至 1944 年 4 月 1 日正式编组完成之际，"第一机动舰队"事实上已经囊括了联合舰队的绝大部分一线主力舰艇，成为了日本海军手中最为强大的水面舰艇编队。

仅从纸面兵力来看，"第一机动舰队"如果按照丰田副武的计划大举南下，面对实际仅有 3 艘轻型巡洋舰、14 艘驱逐舰的美国海军第 74 任务群，应该有极大把握可以击退甚至重创对手。但偏偏这一要求遭到身边情报参谋中岛亲孝等人的劝阻，不过中岛亲孝反对"第一机动舰队"南下倒不是因为他预判到了美国海军不久之后会猛扑马里亚纳，而是不知道从哪里得到了美国海军将从千岛群岛直趋日本本土的消息。而也是此公在古贺峰一手下任职期间，曾莫名其妙地截获美军将在帕劳登陆的情况，令联合舰队司令部大为紧张地选择连夜搬家，才最终闹了个机毁人亡的下场。

当然出现这样严重的"乌龙"，也并非是中岛亲孝个人的能力不足或者有意误导领导，而是因为日本海军向来重视战略情报而忽视战术情报，即便在联合舰队司令部内，也仅有中岛亲孝这样的情报参谋带着一个十余人的小班组，对敌方通信进行侦收，搜集和整理情报资料。其工作能力再强、效率再高，也不能与美国方面拥有数百名工作人员、各种先进技术装备的情报部门相提并论。

经过一番权衡之后，丰田副武最终没有选择将"第一机动舰队"投入比亚克岛的战场，但个中原因并非只是轻信了中岛亲孝错误的情报那么简单，而是因为此时的"第一机动舰队"根本没有做好出击的准备。贸然投入战场，可能会导致更大的灾难。

从 3 月 1 日日本海军宣布编组"第一机动舰队"，但当其于塔威塔威港完成集结之时却已是 5 月 17 日了。其中间所荒废的 2 个月时间既有受到"海军乙事件"联合舰队司令官更迭的影响，又因为要同时从本土、菲律宾、新加坡等多地调动各方舰艇，涉及面极广，故而格外耗时费力。其中仅从"第一机动舰队"的核心战力——航空母舰的配属情况便可管窥一斑。

接到组建"第一机动舰队"的消息之时，日本海军仅存的舰队航母"翔鹤""瑞鹤"正与第三舰队主力一道停泊于新加坡的林加锚地。但接到命令之后的第三舰队没有出动与其他舰队会合，而是继续在新加坡盘桓了一个多月的时间。小泽治三郎在等待什么？这个问题直到 4 月 4 日才最终随着一艘崭新的日本海军航空母舰"大凤"的到来，才揭晓了答案。

作为 1939 年日本海军"丸四计划"（第四次舰艇补充计划）中设计

古贺峰一时代的日本海军联合舰队司令部班底，前排左四为古贺峰一，第二排最左侧为中岛亲孝。

太平洋战争全史

生产的新型航母，"大凤"首次采用装甲飞行甲板和封闭式舰首的设计。前者理论上可以抵御500公斤炸弹的直接轰击，后者可以使这艘战舰在各种恶劣的海况下乘风破浪、纵横大洋。但这些令日本海军上下为之欢欣鼓舞的新颖设计，其实早已不是一家专利，早在1937年英国皇家海军便决议开工建造6艘拥有装甲飞行甲板的"光辉"级航母。

在1942年初日本海军高歌猛进之际，正在建造中的"大凤"不过是锦上添花的政绩工程，因此并没有受到多少的盼望和期待。可随着"中途岛战役"的败北，日本海军原有的"机动舰队"严重受损、被迫解散，"大凤"便成为了日本海军力挽狂澜的救命稻草。"大凤造出来，战争就能反败为胜"的错觉，随着局面的日益恶化而加倍强烈起来。因此当此时"大凤"在驱逐舰"初月""若月"的护卫下抵达新加坡之际，日本海军第三舰队上下一片欢腾。可惜的是"大凤"的这场处女秀并不完美，在入港时一度发生配电箱故障而导致舵机无法正常工作，如果不是修复及时，后果不堪设想。

不过这些小瑕疵并没有影响小泽治三郎的心情，4月15日他正式将"大凤"定为"第一机动舰队"的旗舰。不过"大凤"与"翔鹤""瑞鹤"之间的战术搭配仍需磨合，而跟随"大凤"一起从本土赶来的第601海军航空队之中，除了号称"陆攻之神，海军之宝"（陆攻の神様 海军の至宝）的司令入佐俊家之外，也多为初出茅庐的菜鸟。

被日本海军寄予厚望的舰队航母"大凤"。

在这样的情况之下，第三舰队又在新加坡强化训练了近一个月之后，才在 5 月 11 日离开新加坡，前往塔威塔威港与从日本本土南下的第二、第三航空战队会合。

曾经先后编制有山口多闻指挥下的"苍龙""飞龙"2 艘舰队航母，堪称日本海军主力海空突击力量的第二航空战队，此刻由"隼鹰""飞鹰""龙凤"3 艘轻型航母组成。而一度以"祥凤""瑞凤"2 艘轻型航母为主力的第三航空战队，此刻则以由水上飞机母舰"千代田""千岁"改装成轻型航母替代早已在珊瑚海海战中被击沉的"祥凤"。

如此一来，日本海军基本凑齐了 3 个由 3 艘航母组成的战斗群。但由于 9 艘航母之中三分之二均为轻型航母，因此总数 450 架的舰载机仅仅堪与"偷袭珍珠港"时的 6 艘舰队航母搭载的 423 架战机扯平。而在飞行员战术素养方面日本海军新组建的第 601、第 652、第 653 航空队更远不能望昔日第一、第二、第三航空战队那些海空精英之项背。

正是考虑到自己麾下多是菜鸟雏鹰，因此小泽治三郎几乎抓紧每一分、每一秒的时间，对麾下 3 个航空队的飞行员进行各种技战术的训练。在 4 月 4 日"大凤"抵达新加坡，与"翔鹤""瑞鹤"一同开展战舰联合编组训练的同时，小泽治三郎便令第 601 航空队全员转移到新加坡的日本海军陆基机场，同时进行起降和常规飞行训练，直到 5 月 6 日才开始逐步命舰载机部队返回各自的航母之上，准备赶赴塔威塔威港。

附表：日本海军"第一机动舰队"组建之初的各航空兵编组情况：

航空队	舰载侦察机	舰载战斗机	舰载轰炸机	舰载攻击机	总计
第601航空队	9	81	81	51	222
第652航空队		81	36	7	124
第653航空队		63		18	81
总计	9	225	117	76	427

而在前往塔威塔威港的过程之中，日本海军"第一机动舰队"所属的 3 个航空队同样争分夺秒，每天都坚持在航行的过程中开展各种战术训练。但随着 5 月 17 日小泽治三郎的第三舰队与第二、第三航空战队同时抵达集结地点之后，"第一机动舰队"才发现错误地估计了塔威塔

威港的航道通行和容纳能力。

客观地说塔威塔威港的空间并不小，但在短时间之内突然塞入了包括"第一机动舰队"在内的大批战舰，还是令人感觉拥挤不堪。身为"第一机动舰队"航空参谋的渊田美津雄曾对塔威塔威港内的盛况做了如下描述：

停泊在泊地中央的是旗舰"大凤"……这是太平洋战争爆发以来直到今日，唯一的一艘大型航空母舰。其他的航空母舰都相形见绌，犹如一个个小火柴盒，显得十分羸弱，而"大凤"号则显得威武雄壮，给人一种可靠的感觉。"大凤"号的东侧并排停着"瑞鹤""翔鹤"两艘航空母舰。这3艘大型航空母舰都编入第一航空战队，由小泽中将直接指挥。"大凤"的北侧停泊着城岛高次少将指挥下的第二航空战队的"隼鹰""飞鹰"和"龙凤"；停泊于南侧的是大林末雄少将指挥的第三航空战队的"千代田""千岁"和"瑞凤"；再往南，则是附属于第三舰队的重型巡洋舰"最上"，第十战队司令官木村进少将指挥的轻型巡洋舰"矢矧"和另外16艘驱逐舰。所有这些舰只都秩序井然地抛锚停泊。以上军舰属于第三舰队。

"大凤"西侧近处停泊着第二舰队司令长官栗田健男中将乘坐的重型巡洋舰"爱宕"，"爱宕"旁边并排停泊着"高雄""摩耶"和"鸟岛"。这4艘舰属于第四战队，由栗田中将直接率领。第四战队西面，

正在进行编队训练的日本海军航母"大凤"和"瑞鹤"。

十分醒目地停泊着战列舰群，即由宇垣缠中将率领的第一战队的"大和""武藏"和"长门"。第一战队旁边停泊着由铃木义尾少将率领的第三战队：战列舰"榛名""金刚"。再往外，是桥本信太郎的第五战队之重型巡洋舰"妙高"和"羽黑"，由石万隆少将指挥的第七战队之重型巡洋舰"熊野""铃谷""利根""筑摩"，离港口最近的是早川干夫少将指挥的第二驱逐舰战队的旗舰——轻型巡洋舰"能代"号和13艘驱逐舰。上述军舰属于第二舰队。这一大群军舰的北面，离得最近的是此次作战中临时由小泽中将指挥并附属于联合舰队的"扶桑"号战列舰。这艘业已陈旧的军舰巍立于其他军舰之中犹如鹤立鸡群，其奇妙的樯楼显得十分突出。

除上述军舰外，湾内还停泊着运送燃料、兵器、食粮的大大小小12艘运输船和护卫运输船的5艘驱逐舰。这些军舰好像进行阅兵式似的，一时颇为壮观。总兵力计有：航空母舰9艘、战列舰6艘、重型巡洋舰11艘、轻型巡洋舰2艘、驱逐舰33艘、辅助舰艇12艘，是一支拥有73艘舰只的大舰队。

但在描述了"第一机动舰队"停泊状态下的"威风堂堂"之后，渊田美津雄又数落起塔威塔威港的诸多不便来：位于泊地北面的塔威塔威岛……其大小、形状、山高等正好像濑户内海的淡路岛。然而环绕于东、西、南三个方面的小岛却跟塔威塔威岛迥然不同，这些岛全是平坦

停泊中的日本海军战列舰"长门"。

　　　　　　　　　　　　　　　　太平洋战争全史

的珊瑚礁。覆盖地表的椰林顶端距海面的高度也只不过 20 米左右，这很容易让人想起内南洋的马绍尔群岛。正因岛很低，高达 30 米的巨大的军舰的桅杆，隔着海岛，从外海方向也能看到。这样一来，从位于外海的潜艇上，即使看不清舰队的全貌，也可以知道此地停泊着日本的庞大的舰队。这个泊地还有一个不便的地方，这就是因为停泊着大舰队，显得十分拥挤，航行中的各种训练非要到湾外去进行。此外，在保密和对敌警戒方面也有诸多不便。

再说，如今美军正沿着新几内亚北岸稳扎稳打地把基地向前推进，在这种情况下，这里用不了多久就会进入美国大型飞机的侦察圈。还有一个不利的地方就是当地居民对日本军队怀有敌意，无论怎样提防，也难免走漏情报。这个只是在西面有一个出入口的泊地，对敌军来讲，是求之不得的便于监视的泊地，而对日军来讲，一旦决战时机成熟，舰队出击作战时，很容易暴露行动的意图。

那么为什么日本海军"第一机动舰队"会在明知有诸多麻烦和不便的情况下，却偏要把前进基地选在塔威塔威呢？渊田美津雄的解释是一个"油"字：对于大舰队而言……单是停泊就需要大量燃料。没有燃料，舰内灯不亮，无线电通信、大炮、鱼雷和其他兵器的训练无法进行。可这些燃料几乎完全依赖于南方动脉。由于日趋活跃的美国潜水艇破坏海上交通的结果，日本海军燃料储备趋于枯渴，油船也明显地陷入山穷水尽的境地。具体地说，油船和护卫油船的舰艇所使用的燃料也成了问题。结果，靠油来喂养的舰队几乎不可能待在内地了……而塔威塔威距婆罗洲的石油产地打拉根比距林加和巨港还要近，只不过 170 海里左右。

自以为有了充足油料保障的日本海军"第一机动舰队"在完成集结后的第二天便开始紧锣密鼓地将第一航空战队（"大凤""翔鹤""瑞鹤"）和第二航空战队（"隼鹰""飞鹰""龙凤"）开赴塔威塔威外海进行舰载机起降训练。但此时麦克阿瑟已经启动了对比亚克岛的进攻计划，美国海军第 7 舰队所属的潜艇部队大举西进。而塔威塔威由于集中了日本海军大批主力舰艇，同时各种油料、弹药运输舰进出频繁，而成为了美国海军潜艇部队的天然猎场。

在大西洋战场上，采用所谓"狼群战术"的德国海军潜艇部队一度在英、美驱逐舰的打击之下无所遁形、损失惨重。但在太平洋战场上，日本海军却似乎拿美国海军的潜艇始终没有太好的办法，不仅"ヒ40""竹一"这样的大型船队沦为任对手宰割的"羊群"，甚至连本应扮演潜艇克星的驱逐舰也成为了美军潜艇猎杀的目标。

4月11日，原隶属于小泽治三郎麾下第三舰队的驱逐舰"秋云"，在三宝颜附近为运输船"圣川丸"护航的过程中，遭遇美国海军"小银鱼"号潜艇（USS Redfin，SS-272）的伏击，被四枚鱼雷击中的"秋云"带着舰长入户野笃生中佐以下113人迅速沉入海底。5月7日，为运输船"山阳丸"护航的日本海军驱逐舰"雷"，又被美国海军"鲻鱼"号潜艇（USS Harder，SS-257）击沉。

日本海军之中曾有"驱逐舰是潜水艇的大敌，如果把潜水艇比作蛙，则驱逐舰就是蛇，有驱逐舰就可以对潜水艇进行扫荡"的说法，但是显然由于反潜能力的低下，日本海军驱逐舰的这条蛇反而成为了青蛙的美食。在连续取得击沉日本海军驱逐舰的战绩之后，美军潜艇部队的胆子也日益加大，不仅以塔威塔威港为中心不断打击日本海军的后勤运输船队，甚至连出港训练的日本海军"第一机动舰队"也不放过。5月22日，日本海军第三航空战队在湾外进行战斗机起降训练时，轻型航母"千岁"便意外遭到美国海军潜艇的攻击，幸好规避及时才最终没有造成不可弥补的损失。但即便如此，也是让小泽治三郎等人惊出了一身

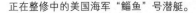
正在整修中的美国海军"鲻鱼"号潜艇。

冷汗。

面对航空队训练不足和美国海军潜艇部队袭扰等问题，在小泽治三郎看来此时南下参与比亚克争夺战，对于尚有待训练的"第一机动舰队"而言是万万不可取的。因为暂且不说舰队能否顺利通过美国海军潜艇部队的层层阻截，成功抵达战场，即便"第一机动舰队"能够全歼对手，自身也可能由于提前暴露了行踪，而成为随即赶来的美国海军航母战斗群翼刀下的美餐。

对于小泽治三郎的担忧，丰田副武事实上也有所考量。但就在美军于比亚克岛登陆的次日（5月28日），日本陆军"南方军"和海军"西南舰队"方面联合提出拟在比亚克岛对美军展开"逆登陆"。刚刚坐在联合舰队司令宝座的丰田副武，不敢拂了寺内寿一、高须四郎两位封疆大吏的面子，只能命"先任参谋"高田利种连夜起草了相关计划递送大本营。

5月29日上午高田利种执笔、丰田副武上报的这份名为"浑作战"的行动方案送达了东京。东条英机此时正被各条战线上传来的坏消息搞得焦头烂额，眼见联合舰队突然有心与陆军方面联手出击，自然颇为欣喜，当天便做出"大干快上"的批示。陆军参谋本部更传出了干脆放弃所谓的"阿号作战"，集中兵力于比亚克提前决战的呼声。

秉承上意的丰田副武于5月29日夜间下达了发动所谓"浑作战"的相关命

一度充作美国海军第7舰队旗舰的英国皇家海军重型巡洋舰"澳大利亚"号。

令。计划以日本海军"西南舰队"主力配合"第一机动舰队"的部分兵力,将日本陆军"第2海上机动旅团"送往比亚克岛,于美军侧后展开登陆。具体兵员配属如下:

运输支队由重型巡洋舰"青叶",轻型巡洋舰"鬼怒",驱逐舰"敷波""浦波""时雨"组成。布雷舰"津轻""严岛",第127号运输舰,第36号、第37号驱潜艇提供支援。从"第一机动舰队"调来的重型巡洋舰"妙高""羽黑",驱逐舰"白露""五月雨""春雨"以及战列舰"扶桑"、驱逐舰"风云""朝云"则作为警戒支队准备与美军展开海战。

这支由日本海军第16战队司令左近允尚正指挥的舰队于6月2日集结完毕,全速向比亚克进发之际,6月4日日本陆军侦察机却发出了美国海军3艘战列舰、2艘航母出现在新几内亚岛西部的警报。鉴于己方"第一机动舰队"此刻尚未完成训练,暂时无力与对手争锋海空,自认力不能敌的日本联合舰队不得不向参与"浑作战"的相关舰艇发出了撤退的命令。

事实上此时麦克阿瑟手中的水面舰艇兵力有限,连旗舰都只能暂借英国皇家海军重型巡洋舰"澳大利亚"号(HMAS Australia,D84)充任。剩下可以拿上台面的仅有美国海军的3艘轻型巡洋舰:"博伊西"号(USS Boise,CL-47)、"菲尼克斯"号(USS Phoenix,CL-46)、

比亚克岛滩头被击毁的日本陆军"九五式"轻型坦克。

"纳什维尔"号（USS Nashville，CL-43）以及 10 艘驱逐舰，与日本海军投入"浑作战"的舰队在规模上可谓不相伯仲。可惜的是丰田副武在关键时刻丧失了勇气，最终导致"浑作战"半途而废。得知消息的日本陆军第 2 方面军司令阿南惟几感慨地说道："就好像煮开了热水又却因为怕烫不敢喝一样啊！"（煮え湯を呑まされた感がする）

就在日本海军决策发动"浑作战"的同时，比亚克岛的争夺战也在如火如荼地展开着。日本陆军在比亚克驻守的兵力主要由第 36 师团所属步兵第 222 联队及其一些后方机关组成，此外还有第 28 根据地队所属第 19 警备队，第 33、第 105 防空队，第 202 设营队等海军陆战单位在岛上。单纯从番号来看，似乎不具备太强的战斗力。但是由于比亚克岛战略位置险要，因此日本陆军对驻守当地的步兵第 222 联队兵力和武备均进行了强化，除了满编超员的 9 个步兵中队之外，还配备了 3 个迫击炮中队、3 个野战炮兵中队、1 个机炮中队、1 个战车中队和 1 个工兵中队。

与日本陆军方面的严阵以待相比，以麦克阿瑟为首的美军西南太平洋战区则普遍对比亚克岛上的日军防御力量估计不足。认为岛上日本守军最多不过 4400 余人，因此拟定了一个于比亚克岛南部登陆，直趋日军当地机场的强攻计划。结果首批上岛的美国陆军第 41 步兵师第 162、第 183 团，遭到日军部署在海岸附近断崖之上的火炮压制，损失惨重、寸步难行，被迫向上级单位美国陆军第 6 军方面求援。

眼见美军陷入了己方交叉火力的杀伤之中，日本陆军步兵第 222 联队长葛目直幸大喜过望，随即命联队所属战车中队大举出击。可惜步兵第 222 联队所装备的 9 辆"九五式"轻型坦克根本不是美军 M4"谢尔曼"中型坦克的对手，转瞬之间便被击毁了 7 辆，攻势为之顿挫。而随之美国陆军增援部队——第 163 步兵团陆续登陆，战斗开始向美军有利的方向发展。到 6 月 7 日，美军已经逼近了比亚克岛南部的第 1 机场。

鉴于形势的不断恶化，日本陆军第 2 方面军不断向上级部门求援。面对来自陆军方面的巨大压力，联合舰队不得不于 6 月 7 日发动第二次"浑作战"。出动"敷波""浦波""时雨""白露""五月雨""春雨" 6 艘驱逐舰，以拖拽登陆艇的方式向比亚克岛运送 600 名陆军士兵。但是这样的行动同样没有得到航空兵的支援，导致出发后不久驱逐舰"春雨"便在美国陆军航空兵 B-25 型轰炸机的围攻下沉没。

随后，面对美国海军第 7 舰队派出的在"澳大利亚"号重型巡洋舰统率下，由 2 艘轻型巡洋舰、14 艘驱逐舰组成的拦截阵线，剩余的日本海军 5 艘驱逐舰只能丢弃了拖拽中的登陆艇，仓皇逃窜，途中"敷波"一度以 33 节的航速狂奔，以致油料耗尽，在海上漂流了一段时间。好在此时美军没有穷追猛打，日本海军才没有为自己的无谋付出更大的代价。

第二次"浑作战"再度以失败告终的同时，美国陆军于 6 月 8 日最终攻占了比亚克岛上的第 1 机场。虽然在日本陆军部署于高地之上的炮火打击下，这个机场要到 6 月 22 日才最终投入使用，但随着机场的易手，美军在比亚克岛南部算是站稳了脚跟。战斗进入了相持阶段。

日本海军的出工不出力，自然引发了陆军方面的强烈不满。丰田副武无奈之下只能决定从"第一机动舰队"之中抽调更多的兵力，发动第三次"浑作战"。小泽治三郎虽然一再坚持"美军随时可能在马里亚纳一线发动攻势，此刻不宜分散兵力"，可此刻也只能向联合舰队司令部方面表示：为了进一步加强对比亚克方面的增援，不妨投入第二航空战队的部分兵力，说不定能借此机会诱出"敌机动部队"。

不过此时日本海军已于 5 月 31 日派遣侦察机对马绍尔群岛的美军各锚地进行了九死一生的"舍身侦察"，确认了斯普鲁恩斯麾下的美国海军航母战斗群主力正处于厉兵秣马、随时准备出击的状态。因此丰田副武最终决定"第一机动舰队"的航母暂时不动，将第一战队 2 艘战列舰"大和""武藏"，以及第二驱逐舰战队的轻型驱逐舰"能代"，驱逐舰"冲波""岛风"投入第三次"浑作战"之中，以期一举突破美国海军的拦截，随后用"大和"级战列舰的巨炮横扫比亚克岛上的美军阵地。根据丰田副武的设想，日本海军于 6 月 12 日开始集结，但次日便传来了美国海军大举进犯马里亚纳群岛的消息。第三次"浑作战"再度胎死腹中。

纵观整个"浑作战"的过程，日本海军的表现的确如其所选用的行动代号一般浑浑噩噩、不知所谓。既希望能够继续贯彻"阿（あ）号作战"的相关计划，与美国海军于马里亚纳一线展开航母决战，又不得不屈从于陆军方面的压力，投入兵力支援比亚克岛的战斗，最终只能是歧路亡羊、两头难顾。

恰如渊田美津雄事后所总结的那样：比亚克岛进攻战是麦克阿瑟战线的矛头所向，而尼米兹战线的矛头已指向了马里亚纳。由此可见，从尼来兹战线来看，不管比亚克进攻战成功与否，对马里亚纳的进攻依然要按既定计划进行。再说，尼米兹战线的中流砥柱是敌机动部队。因此，即使敌军在比亚克失败，其机动部队也不一定要出动。如果日本海军联合舰队能够抓住美军西南、中部太平洋战区发动比亚克、马里亚纳战役的时间差，集中兵力南下与美国海军第 7 舰队展开决战，虽然无法改变最终战败的事实，但也仍有机会可以重创麦克阿瑟麾下的海军部队。

但历史从来不容假设，随着美国海军航母战斗群出现在了马里亚纳方向，日本海军"第一机动舰队"随即从塔威塔威港出击，自然也顾不上对比亚克岛的增援了。日本陆军只能采用小规模登陆艇偷渡的模式，陆续向比亚克投入了步兵第 219 联队第 2 大队、步兵第 221 联队第 2 大队等增援部队。但这些添油战术只能延缓比亚克岛的失守，无法从根本上扭转局面。随着掌握着制海权的美军将骁勇善战的第 24 步兵师第 34 团投入战场，以第 1 军司令罗伯特·艾克尔伯克（Robert Lawrence Eichelberger，1886—1961 年）代替第 41 步兵师师长延斯·安德森·多斯（Jens Anderson Doe，1891—1971 年），日本陆军在比亚克岛的存在逐渐进入了倒计时。

6 月 21 日，随着美军以火焰喷射器和反坦克炮攻占步兵第 222 联队用作指挥中枢的

身为美国陆军第 41 步兵师师长，延斯·安德森·多斯（左）在比亚克岛上也算是身先士卒，但最终的结果却不尽如人意，其右手边为第 1 军司令罗伯特·艾克尔伯克。

西部溶洞，日本陆军的防线呈现整体崩溃的态势。7月1日步兵第222联队长葛目直幸大佐在焚烧完联队旗后自尽，岛上的残余日军被迫转入游击战。8月20日，随着美军攻占日军在岛上建设的全部三座机场，这座连接日本陆军新几内亚和菲律宾之间有战略枢纽意义的岛屿彻底易手。依旧驻留在新几内亚岛上的日本陆军第18军和第2军一部至此彻底沦为了弃子。

（四）穿梭轰炸——大视野下的马里亚纳海战（上）

就在日本海军联合舰队就是否应该将"第一机动舰队"投入比亚克岛的争夺战而举棋不定之时，远在珍珠港的尼米兹也在密切关注这一方向的战局。在尼米兹看来，麦克阿瑟贸然向比亚克岛挺进，势必陷入另一场瓜岛那样的拉锯战。虽然可以为自己牵制日本海军主力一段时间，但从长远来看，必会引发美军高层参谋长联席会议之间新的博弈。而一旦代表陆军利益的马歇尔说服罗斯福，将美国海军的主力投入比亚克岛，那么长期以来欧内斯特·金上将所规划的由中部太平洋直趋日本本土的计划可能会再生变数。因此在战区呈现僵持状态之际，尼米兹便授意斯普鲁恩斯尽快启动对马里亚纳群岛的攻势。

由于在马绍尔群岛战役之后仅对特克鲁和帕劳进行了两轮泰山压卵般的空袭，因此斯普鲁恩斯麾下正式改名为美国海军第5舰队的中部太平洋舰队可谓兵强马壮。不仅航母数量进一步增加至了15艘，舰载机总数达到891架，更有以7艘新锐战列舰、8艘重型巡洋舰、12艘轻型巡洋舰、67艘驱逐舰组成的庞大护航编队。巨大的兵力溢出，令斯普鲁恩斯可以豪爽地将7艘老式战列舰和所有的护航航母交给里奇蒙德·凯利·特纳指挥的第51任务群登陆舰队。

同样基于巨大的兵力优势，凯利·特纳也摆出了两线进攻的架势，拟定由其与霍兰·史密斯率美国海军陆战队第2、第4师组成的"北路进攻部队"，于6月15日在塞班岛登陆，等牢牢控制该岛之后，再夺取附近的提尼安岛。而由康诺利海军少将和海军陆战队第3师的罗伊·盖格少将指挥的"南路进攻部队"，则于6月18日进攻关岛；拉尔夫·史密斯少将率领的美国陆军第 27 步兵师则作为战略预备队，在海上策应上述两个战场。

按照凯利·特纳方面的登陆计划，美国海军第 58 任务群的 15 艘航母于 6 月 13 日开始对马里亚纳群岛的日军机场展开空袭。驻守当地的日本海军第一航空舰队猝不及防，超过 500 架战机在地面被摧毁。面对如此巨大的损失，情感上无法接受的日本史学家们，随即杜撰出了一个"决战战场判断失误"的神话。

按照这些日本战史专家的说法：随着美军的攻势日趋猛烈，一场命运攸关的海上决战的爆发已经为期不远了。为此，日本海军除组建了"第一机动舰队"之外，又立即着手准备了另一支重要的作战力量——强大的陆基航空部队。这就是以提尼安岛（塞班以南 20 海里，日本称为天宁岛）为根据地的第一航空舰队。

第一航空舰队属大本营直接管辖，由海军航空战专家角田觉治中将为指挥官，总兵力为飞机 1644 架，分别配备在提尼安岛、关岛、塞班岛、罗塔岛、硫磺岛、雅浦岛、帕劳群岛等各个机场。这样做有两个目的，一是使用陆基航空兵打击美军的内南洋登陆作战，二是有力地支援小泽治三郎的"第一机动舰队"，充分发挥其比航空母舰部队还要雄厚优越的空中决战力量。

但是如此雄厚的作战力量，却最终因为联合舰队战略上误判而葬送。马里亚纳战役之前，日本海军联合舰队司令部曾于旗舰"大淀"号举行过兵棋推演，认为美军随后进犯帕劳方面的可能性为 50%，全力猛扑菲律宾南部地区的可能性为 40%，进攻马里亚纳的可能仅为 10%。

理由是从眼下的战局来看，美国陆军已经登陆比亚克，这一方面自然就成了争夺的重点，如果美军利用比亚克岛上已有的飞机场部署远程轰炸机，那么菲律宾岛南部、帕劳都将进入其攻击半径之内。因此从这个角度来看，美国海军主力出现在帕劳沿海和菲律宾南部的可能性极大。而正是基于这种预判，最终导致塞班方面防守松懈，被美军乘虚而入。

这番说辞看似颇有道理，但却与事实大相径庭。首先日本第一航空舰队的总兵力事实上分布于北起小笠原群岛、南至帕劳的辽阔区域之内，并非集中于马里亚纳一线。而随着比亚克岛争夺战的打响，进一步向帕劳和菲律宾群岛南部进行了转移。其次第一航空舰队始终对马绍尔群岛方面的美国海军航母战斗群的动向保持着密切的关注。

曾于 5 月 31 日、6 月 5 日两次对马绍尔群岛进行侦察的日本海军第 121 航空队飞行队长千早猛彦，于 6 月 9 日飞抵马绍尔群岛的美军基地马朱罗岛，但进入泊地上空之后，却出乎意料地并未发现停泊在当地的美国海军航母战斗群。马朱罗岛礁之内仅有 1 艘运输船和 3 艘驱逐舰。

为了进一步确认这一出乎意料的情况，同一天日本海军又从特鲁克基地起飞了一架隶属第 151 航空队的侦察机对俾斯麦群岛一线展开侦察，但同样没有发现美军的航母战斗群。根据上述侦察结果，日本海军方面判断在 6 月 5 日进行第二次侦察以后，美国海军航母战斗群已经驶出马朱罗岛礁。但具体去向何方，日本海军内部出现了不同的声音：大本营海军部根据无线电侦察情报认为美国海军第 5 舰队正沿着新几内亚北岸行动。小泽治三郎所在的"第一机动舰队"也支持这种见解，只有联合舰队司令部的情报参谋中岛亲孝中佐根据各种征兆推测敌机动部队向马里亚纳东方海面接近。

虽然一时无法判断美军的真实动向，但丰田副武还是于 6 月 10 日下达了发动"阿（あ）号作战"的相关命令。特别要求部署于马里亚纳

正在向马里亚纳挺进的美国海军"企业"号航母。

方面的第一航空舰队以第一和第二攻击集团对东部海面提高警惕、待机迎击。由此可见，日本海军虽然在美国航母战斗群的动向方面出现了一些分歧，但总体上还是判断正确的。那么为什么在开战之时，第一航空舰队仍然处于猝不及防的状态呢？

因为第一航空舰队所拥有的战机总数不等同于可以用于升空作战的实际战斗力。由于马里亚纳群岛高温、高湿的自然环境，部署于当地的日本海军陆基战机仅能保证20%的出动率。而在飞行员的素质方面，第一航空舰队也并不比"第一机动舰队"好到哪里去。连执行简单的侦察任务都不得不倚仗于千早猛彦这样的1937年便入伍的老前辈，大批应急补充进来的日本海军新晋飞行员的素质之低可想而知。以陆基战机对抗海上飘忽不定的航母战斗群，需要实时掌握对手的位置，6月11日中午12点千早猛彦再度出发侦察之际，虽然在距离塞班岛110海里的地方发现了美国航母战斗群，并在自己的战机被击落前发出了警报，但此时留给第一航空舰队的时间已经不多了。不到一个小时，美国海军的舰载机群便飞抵塞班上空，展开了轰炸。

塞班岛遭遇空袭的消息传来，按照"阿（あ）号作战"的相关计划，日本海军"第一机动舰队"应该立即出击驰援。但日本海军联合舰队和大本营海军部却认为此时还不能厘清美军只是单纯进行轰炸还是有

被美国海军舰载机密集轰炸而损失惨重的日本海军"第4661船队"。

大举登陆的意向，因此建议仍采取观望的态度。当然与此同时，由于美国海军潜艇部队的袭扰，"第一机动舰队"的油料储备也并不充分，很难在马里亚纳群岛以东与美军展开决战。因此小泽治三郎的司令部内也出现了是否应静待美国海军进入马里亚纳群岛以西再作打算的呼声。

6月12日，美国海军继续对马里亚纳群岛的日军各类设施展开空袭，并对撤离马里亚纳前往硫磺岛避难的日本海军运输船、小型舰艇所组成的"第4661船队"展开追击，最终击沉日本海军鱼雷艇"鸿"、反潜网布设船"国光丸"及其他11艘运输舰。如此巨大的损失，终于让日本海军方面有些坐不住了。

6月13日，在确认美国海军对塞班岛展开炮击，并有登陆舰艇出现的情报之后，日本海军最终决定出动"第一机动舰队"前往马里亚纳群岛与敌决战。同时将此前调往菲律宾等地的第一航空舰队第二、第三攻击集团向西加罗林方面移动，进入决战部署。而在此前一天，小泽治三郎将其所属各级指挥官和幕僚召至旗舰"大凤"号，做了最后训示："一、各队、各舰、每个官兵皆应竭尽自己所能，敢于拼死战斗。二、此次作战如不能成功，则小泽部队之舰只虽得苟存，亦将失去存在意义"的高调之外，还明确提出："根据联合舰队的'阿（あ）号作战'要领，第一机动舰队将与友军的基地航空部队和先遣部队（潜艇部队）紧密协同，通过白昼空战歼灭敌军之正规航空母舰群，尔后以全军向敌军进逼，以期歼灭敌机动部队，白昼空战之开始日期定于6月19日。如八幡部队（横须贺海军航空队派驻硫磺岛的部队）不能如期到达，则决战日期应相应改变"。

豪言壮语虽然听着振奋人心，但在6月13日"第一机动舰队"却遭遇了一起突发事故。正在进行训练的时候，旗舰"大凤"上一架"天山"舰载轰炸机因着落失败而撞上了停在飞行甲板前部的"九九式"舰载轰炸机，霎时间着起火来，大火眼看着冲向天空。从"隼鹰"号舰桥看去，只见"大凤"的飞行甲板前部被大火包围。好在"大凤"采用的是全装甲甲板，因此虽然事故造成了2架"零式"舰载战斗机、2架"九九式"舰载轰炸机、1架"天山"舰载轰炸机损坏，1架"天山"舰载轰炸机严重受损、1架"九九式"舰载轰炸机轻微受损，但终究没有损伤到战舰本身。

太平洋战争全史

这已经不是日本海军"第一机动舰队"组建以来第一次遭遇训练事故了。5月31日出海训练时，"隼鹰"和"飞鹰"两艘轻型航母之中各有2架和1架舰载机在着落过程中损毁。当时还有人开玩笑称此为"自消自灭"战术。但此刻在舰队即将奔赴战场的过程中发生如此严重的非战斗减员，不难不令所有人都产生一丝不祥的预感。

舰载机起降训练中的"大凤"。

6月14日，在夹杂着雨滴的强风之中，"第一机动舰队"艰难前行。由于天气的原因，担任反潜警戒任务的战机无法随意起飞。好在令日本海军提心吊胆的美国潜艇部队并未出现，舰队成功抵达菲律宾西部的吉马拉斯港。随即展开油料补给。孰料就在补给尚未开始之际，担任第一补给队护航任务的日本海军驱逐舰"白露"竟与油轮"清洋丸"发生碰撞，引爆了舰上的鱼雷，导致"白露"在3分钟之内迅速倾覆沉没。

由于驱逐舰"白露"的沉没发生在吉马拉斯港外围，"第一机动舰队"方面对此并不知情。但是6月14日下午，马里亚纳方面传来战报，宣布美军正对塞班岛展开密集的炮击，登陆行动随时可能会展开。与此同时，美军也有在关岛方面发动进攻的迹象。

6月15日上午，美军在塞班岛正式登陆的消息得到确认。丰田副武随即向联合舰队发出了"竭尽全力打响日本国运所系的大决战"的呼声。根据日本海军有关人士的回忆，此时"第一机动舰队"方面虽然感觉情况不妙，但仍有一线胜机："敌军登陆作战的情况逐渐明朗。此次登陆作战之迅猛真叫人胆战心惊。大本营陆军尽管自信，但塞班岛陆战的前途实在是不容乐观。本来，南云中将早就要求我航空兵攻击敌登陆船队。但丰田大将却非要坚持其首先要歼灭敌机动部队的作战指挥预案，因而曾要求角田部队：切勿受当面敌登陆船队之诱惑，宜始终以敌机动部队之航空母舰为主攻目标，在杀伤敌航空母舰群之同时，等待小泽部队出动，而后将留在内地之全部基地航空兵与暂时编入小泽中将所属部队之横须贺海军航空队之精锐——八幡部队同时投向战场，从陆上、海上集中进行空中攻击，以期一举歼灭敌之机动部队。"

但是第二天随即又传来了新的坏消息：当天下午2点刚过，敌机动部队对硫磺岛和小笠原群岛实施了攻击。前日，日方通过侦察机已探明了敌军的这一动静，因此，硫磺岛上的八幡部队处于高度紧张状态。这支部队是由在横须贺海军航空队的实验研究所里从事研究的飞行员编成的，是当时日本海军的最精锐部队。在这以前，角田部队（第一航空舰队）并没有得到充分施展，因比，日军自然希望依靠这支部队给予敌人有效一击。如果把"八幡部队"同角田部队的兵力合在一起，至少也有大约100多架战斗机，而八幡部队的40架战斗机因为飞行员老练，有时可以胜过小泽部队的300架飞机的威力，联合舰队司令部本来就对全军中的这支精锐部队寄予很大希望。

众望所归的"八幡部队"紧张地进行出发准备。可是，就在这紧张时刻，突如其来地发生了重大事故，用来作为弹药库的地下坑道传来一声巨响，门前升起了巨大的火柱。在一片惊惶中，巨响一声紧接着一声，炸弹、鱼雷、机枪子弹互相引起爆炸，大地被震得轰鸣，从坑道中喷出冲天大火，万事休矣，长期经营毁于一瞬！原来是航空技术工厂派来的一个工人无意中将一只雷管掉在炸药仓库入口，结果雷管爆炸，造成大祸。结果不仅鱼雷、机枪子弹没有运出来，当地约40架陆上攻击机也大半损伤，向空中退避也没来得及。偏偏此刻敌机前来袭击。一部分未经准备而起飞的飞机幸免于难，而留在地面上的几乎全被击毁。这支八幡部队确实战运不佳，其战斗前途投下了不祥的阴影。

"八幡部队"发生意外的故事在战后一度广为传播，但事实上却并

不真实。事实上"八幡部队"进驻硫磺岛之后便始终与来犯的美国海军舰载机部队展开激战。一直到 1944 年 7 月才因为美军的大规模空袭，遭遇重创之后被迫解散，残余兵力被分别编入第三舰队和海军第 301 航空队。但不管怎么说，"第一机动舰队"与"八幡部队"联袂一击的梦想是彻底破灭了。

6 月 15 日，小泽治三郎率领下的"第一机动舰队"向北面通过狭窄的圣贝纳迪诺海峡穿越菲律宾群岛。排列成长蛇阵的大舰队忽而绕过岛屿，忽而避开浅滩，曲曲弯弯逶迤前进，直线航行的机会极少。从舰桥上望去，有时似乎感到手几乎可以触到狭窄的两岸。因为军舰以 20 节的航速在海峡中疾驰，激起的巨浪拍打着海岸。在这种持续紧张的气氛中，时刻有无线电传来塞班岛方面的战况情报。下午 5 点 30 分，小泽部队驶出圣贝纳迪诺海峡，日落前进入太平洋。持续很长、犹如长堤似的波涛不仅使小型舰艇剧烈地颠簸，巨舰也开始在浪中摇摆。而此时美国海军的潜艇部队已经近距离侦察到了日本海军"第一机动舰队"的行踪。得到消息的斯普鲁恩斯下令暂缓对关岛的进攻，准备全力迎战日本海军主力。

6 月 16 日下午，此前被派往比亚克岛执行第三次"浑作战"的日本海军第一、第五战队返回"第一机动舰队"的编制。有了"大和""武藏"这样的巨舰护航，忧心忡忡的小泽治三郎等人稍感安慰。舰队又一次进行了海上的油料补给。与此同时，由于全程实行无线电静默，日本海军"第一机动舰队"不得不派出舰载机，以联络桶的方式向帕劳等地的海军机场通报已方情况，以便集中尽可能多的兵力与敌决战。但即便如此小泽治三郎等前线指挥官也深知，第一航空舰队基本是指望不上了。要想一举击溃兵力远强于自己的美国海军，唯有把宝押在所谓的"穿梭轰炸"之上。

按照日本海军方面的解释，这一战法的精妙之处在于：按一般常规，等距离的相互厮杀，敌我双方的损失应该是相同的（如果其他条件都相等的话）。如果真如此，日本舰队不仅不能取胜，反而将因实力逐渐减弱而最终失败。因此，唯一的方法就是必须从对方火力达不到的位置上全力杀出，而且，日方还必须首先发现敌人。如果具备这两个前提的话，日本舰队取得海战的胜利也并不是不可能的。幸运的是，日本"零式52型"战斗机和"彗星""天山"轰炸机以及鱼雷攻击机都已把战斗半径成功地扩大到400海里。据推断，美国的各种类型的飞机由于"格拉曼"战斗机续航力的限制，往返行程仅达220—280海里。因此，日本决定采取的战法是：从380海里的距离上实施第一次进攻，给美舰以先发制人的打击。趁敌人混乱之际，再发起200—250海里的第二波进攻。

从正常人的角度来看，这一"穿梭轰炸"战术似乎都建立一种超乎理性的想当然状态之下。即便各方面条件都能达成，又如何能确保第一波攻击便一定能打乱美军航母战斗群的阵型？而即便第一、第二攻击波

日本海军想当然的"穿梭轰炸"战术。

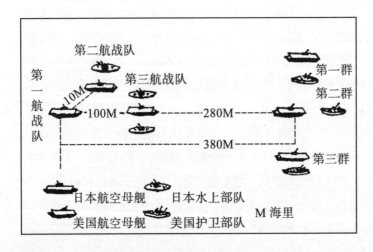

　　　　　　　　　　　　　　　　　　　太平洋战争全史

次都能得手，可能也只能消耗美军不足半数的兵力。剩余的美国海军航母战斗群依旧有能力对日本海军"第一机动舰队"展开反击。这些问题小泽治三郎不可能想不到。因此唯一合理的解释只能是小泽治三郎本人对己方的舰载机部队的战斗力并无信心，只能乞灵于这样的豪赌。如果赌赢了，那么自然可能逼退对手。而万一赌输了，由于身处美国海军舰载机的打击范围之外，也能保住手中这 9 艘航母。可惜，这一如意算盘很快便将被一枚鱼雷所打乱。

（五）凤鹤折翼——大视野下的马里亚纳海战（下）

6 月 18 日上午 5 点，日本海军"第一机动舰队"急速向塞班岛以西 700 海里处的攻击阵位前进。航行中一路采取蛇形运动，基准航向为 60°，航速为 20 节。此时天气已经彻底放晴，海上风平浪静，连一丝浪花也看不到，正是一个展开海空厮杀的绝好天气。小泽治三郎随即决定派出侦察机对东北方面的广阔海面进行巡逻。

第三航空战队的 14 架"九七式"舰载攻击机和第五战队巡洋舰上弹射的两架"零式"水上侦察机出发展开第一段搜索。随后日本海军侦察机于上午 6 点 50 分于 73° 方位约 410 海里处发现一架正在东进的美

"零式"水上侦察机是日本海军舰队战术侦察的主力。

军飞机，其他飞机于上午 6 点 55 分在 60°、425 海里处发现 3 架敌我不明的飞机，接着又在上午 7 点发现一架敌我不明的飞机，每架飞机都向东飞行。另外，其他巡逻机在归途中于上午 10 点发现一架双发动机的水上飞机向西飞行。这些巡逻机在下午 12 点 30 分左右绝大部分返回母舰，唯独 1 架"九七式"舰载攻击机和 1 架"零式"水上侦察机没有返回。

根据上述侦察情况，日本海军认为在这个方面发现敌舰载机说明附近有敌航空母舰。小泽治三郎当即下令进行第二段搜索。上午 11 时，第一航空战队又出动 13 架"二式"舰载侦察机和第五战队的 2 架"零式"水上侦察机，对前方 400 海里的搜索圈内进行搜索。出发地点是北纬 14°40′和东经 135°40′，即在塞班岛以西约 600 海里处。

下午 12 点 50 分，第二段搜索部队报告发现一架中型敌水上飞机正在向西飞行。颇为紧张的小泽治三郎随即命令第一航空战队 8 架战斗机立刻起飞迎敌。然而，这些飞机尽管沿 140°方位飞行约 120 海里，也始终没有发现敌水上飞机。同样是这些侦察机于下午 1 点 30 分又发现了两架正在西进的舰载机。另外，其他巡逻机于 1 点 49 分也发现了这两架西进的舰载机。美军也频频派出了巡逻机。究竟是谁能先发现对方的航空母舰群呢？全军都在屏住呼吸紧急地张望。下午 2 点 15 分，第三批巡逻机终于发现了包括航空母舰的美军舰队，接着，下午 3 点钟，以前曾报告发现美军水上飞机的巡逻机发来了发现美军航空母舰部队的报告。紧接着第二批巡逻机也发来报告说分明发现了另一个航空母舰群。

综合第二段搜索的相关报告，日本海军方面认为其正面的美国海军情况如下：第一群有正规航空母舰 2 艘，驱逐舰 10 至 15 艘；第二群似乎有航空母舰 2 艘，其他舰只十多艘；第三群似有航空母舰 2 艘，其他舰只十多艘。每群舰只都向西航行，距"大凤"号约 380 海里。而此时美军舰队附近天候：上层云高 9000 米，云量 7；下层云高 1000 米，云量 7；1000 米高度的风向为 100°，风速 5 米。似乎符合展开"穿梭轰炸"的条件。

一清早，攻击队就在各部队的航空母舰甲板上待机行动，人们焦急地等待着发现目标的报告和连续起飞的命令。"隼鹰"号甲板上，担任突击任务的战斗轰炸机队（零式战斗机上载有 250 公斤炸弹）跟引导舰载攻击机队准备完毕之后也在待机行动。但此时尽管已经发现了美军航空母舰，但敌我距离依然很远。如果现在就让攻击队出动那将会怎样呢？这样做的结果，攻击完毕后将很难返回到航空母舰上来。这不仅是因为距离的关系，而且返回舰上时已是日落时分，从这点来考虑，现在让攻击队出动也是很不合理的。于是人们想到了一种办法：让攻击队伍在马里亚纳方面的陆上基地着陆。不过，这样做就难以反复进行攻击了。

再三权衡了利弊之后，小泽治三郎最终下了"当天的攻击取消"的命令。日落时分第二段搜索队返回母舰，但有1架"二式"舰载侦察机在跟敌机交战中被击落了，"二式"舰载侦察机和水上侦察机各一架没有返回，加上第一段搜索过程中损失的2架战机和"大凤"起飞过程中意外坠毁的一架"零式52型"战斗轰炸机，日本海军"第一机动舰队"在6月18日便白白损失了6架战机。

当天夜间小泽治三郎向舰队指挥层通报了敌情判断：3群敌航空母舰向马里亚纳西方出动，但不能断定这就是我们所担心的从北面实行侧击的敌军部队（业已判明的是上午巡逻时在零度方位发现敌战斗机一事系误报）。据判断，敌军巡逻攻击机之出动距离大致为300海里。至于塞班岛方面战况，尽管大部分敌机动部队大幅度西进的可能性较小，但仍须预计到敌军可能在距列岛线300海里的范围内活动。

通过对敌情的判断，小泽治三郎公布了处置意见：18日之攻击必须以飞机向陆上基地移动为前提，否则不可能实施，因此应取消当天之攻击。19日当竭尽全力进行攻击。19日空战中首先应歼灭向列岛西部出动的美军正规航空母舰群。为此，攻击开始时，应从列岛线南面出击。与美军航空母舰群之间的间隔应保持300海里，距列岛线约为580海里，在美军母舰群尚未出动的情况下，我军应适当安排，以便19日对列岛线附近之敌亦能加以攻击。此外，18日夜，如友军之跟踪飞机能保证跟踪敌机动部队，则尚应制定巡逻攻击实施预案。根据上述情况，前卫部队（栗田部队）应于2点0分与本队分离，进入空战部署。

19日凌晨（日出时间是5时22分），对于日本海军"第一机动舰队"上下而言，盼望已久的决战时刻似乎终于要开始了。紧张不安的一夜已经过去，黎明前的海上晦暗阴沉。各艘航母的甲板之上，借着维修用灯光可以看到人影闪来闪去，以战斗轰炸机（由零式战斗机改装而成，上面裁有 250 公斤炸弹）为主体的第一攻击波从后甲板开始，把飞机一架挨一架地排列起来。

此时日本海军"第一机动舰队"的旗舰"大凤"位于北纬 12°12′，东经 138°25′，即正好在关岛西面 500 海里处占领阵位，而第二航空战队应在其北面 15 公里处占领阵位，第三航空战队应在第一航空战队前方 100 海里处占领阵位。每支部队的航向均为 50°，航速为 20 节。在这以前，上午 3 点 45 分，即日出前约一个半小时，栗田部队的巡洋舰上早有 16 架水上侦察机起飞了，这些侦察机的任务是在从东北到东南 300 海里的范围内进行搜索。

接着，上午 4 点 15 分，栗田部队的一架水上侦察机、13 架"九七式"舰载攻击机起飞去执行第二段搜索任务。与此同时，处在最后位置上的日本海军航母编队起飞 11 架"二式"舰载侦察机和"最上"号舰的 2 架零式水上侦察机去执行第三段搜索任务。总共 43 架侦察机正好形成 3 个相互交错、大小不同的扇面。这样重叠的搜索面，从图上看去真像一张密实的、滴水不漏的搜索网。

6 时 34 分，第一段搜索机在塞班 264 度、160 海里处发现了由美国大型航空母舰 5 艘、战列舰 4 艘、其他军舰 10 余艘组成的一支特混舰队。第二批侦察机也在其他海域发现了另一支美舰群。第三批侦察机的 15 号机在关岛以西 70 海里处又发现了美大型航空母舰 3 艘、战列舰 5 艘、其他军舰 10 余艘。这样，美军全部兵力的分布状况几乎全被日本海军"第一机动舰队"所掌握。

但此时被发现的美国海军航母战斗群与日本海军"第一机动舰队"前卫群（第三航空母舰战队）的距离也在 300 海里以内，与小泽治三郎所在的第一航空战队的距离则为 380 海里，似乎符合小泽治三郎此前拟定的"穿梭轰炸"的攻击距离。而更令全舰队上下欢欣鼓舞的是美国海军似乎还没有发现日本海军"第一机动舰队"的踪影。

事不宜迟，7 时 30 分，由"大凤""翔鹤""瑞鹤"出击的日本海军 48 架"零式"战斗机，掩护着 53 架"彗星式"俯冲轰炸机、27 架"天山式"鱼雷攻击机首先起飞。随后第二航空战队起飞的 16 架"零式"战斗机、7 架"九九式"舰载轰炸机、26 架"零式"战斗轰炸机，第三航空战队起飞的 14"零式"战斗机、8 架"九九式"舰载轰炸机、

46架"零式"战斗轰炸机，总计117架的庞大机群紧随其后。后世需要记述这段战史的日本人都不无动容地写道："这个总数达246架的第一攻击波超过了攻击珍珠港时使用的第一攻击波的飞机总数（183架）。这样大的飞行队，在日本航空母舰部队史上是空前绝后的。在以日本命运相赌的舰队决战中，动用这样大的兵力是完全合适的，它确实是全舰队官兵希望之所系。"

但是并非所有的日本海军都被眼前的这幕景象所感动。第一攻击波次的战机在飞临前锋的栗田健男所部的水面战斗舰艇编队时便被误认为是敌机，招来了一通高射炮火，虽然仅有2架战机被不幸击落，但却导致了整个部队的攻击阵型混乱。

而除了被友军误击之外，更大的不幸发生在了"第一机动舰队"旗舰"大凤"的身上。上午8时10分，"大凤"在送走第一攻击波次的最后1架飞机时，不幸被尾随其已久的美国海军"大青花鱼"号潜艇（USS Albacore，SS-218）所发射的1枚鱼雷击中右舷前部。由于此时正值"大凤"准备起飞第二攻击波次战机的关键时刻，因此"大凤"上的舰员只是草草地用木板等材料将已损坏的升降机入口堵住而已。

上午10点第二航空战队的第二攻击波机队：20架"零式"战斗机、36架"九九式"舰载轰炸机、26架"零式"战斗轰炸机已依次起

日本海军的功勋航母"翔鹤"。

飞。而就在"大凤"的维修工作基本结束，与"翔鹤""瑞鹤"两舰同样准备全力起飞第二攻击波次的战机之时，11时20分，"翔鹤"的右舷也被美国海军潜艇"棘鳍"号（USS Cavalla，SS-244）所发射的4枚鱼雷击中，随即燃起了大火。最终经过多方努力也未能挽救，"翔鹤"最终于当天下午2点左右沉入海底。

"大凤"和"翔鹤"的先后中雷极大地打乱了日本海军"第一机动舰队"组织第二攻击波次的节奏。但第一攻击波次方面却也是音讯全无。直到10点45分，第一攻击波次总指挥垂井明少佐于发出了"全军冲锋"的电报，但尔后就音讯全无了。而就在小泽治三郎焦急地等待前方的消息之际，勉强又于12点30分起飞了10架"零式"战斗轰炸机、4架"天山"鱼雷攻击机、4架"彗星"俯冲轰炸机。就在这时，第一攻击波机队的少数飞机狼狈不堪地飞回来了。

按照返回的飞行员们的说法，由于浓云低垂，很难发现敌人舰群，而且，在美国海军舰群前方30海里处的空中，美国海军的舰载战斗机群已经张网以待，怀着必胜的信心出击的日本海军第一攻击波机队的246架战机，大多在没有取得任何战果的情况下就被击落了。

得到这一消息的小泽治三郎震惊不已，他认为是美国海军事先已经获悉日本发动空袭的情报，因而在自己舰队的前方30海里处布下空中防御的罗网进行迎击。但小泽治三郎显然是高看了他的对手。事实上斯普鲁恩斯和中途岛的南云忠一犯了同样的错误。他虽然得到了日本海军"第一机动舰队"逼近的消息，但是6月19日上午还是要求各航母战斗群按计划前往扫荡关岛的日军机场。如果不是关岛距离美国航母战斗群仅有60海里的距离，美军舰队又利用先进的雷达系统提前发现了来袭的日军机群，那么小泽治三郎还是可能复制中途岛的奇迹之战的。

为了研究下一步的行动计划，小泽治三郎下令于2点在作战室召开会议。但会议刚刚开始，"大凤"的舰体却突然发出了剧烈的爆炸和震动，整艘战舰熊熊燃烧起来。小泽治三郎及"第一机动舰队"主要幕僚不得不迅速转移。按照日本海军事后的调查，认为"大凤"中雷导致油箱破裂，大量轻质油挥发在空气中。而在升降梯毁坏后，为了封闭该处，又无意中将通风口堵塞，使得从油管中渗漏出的大量可燃气体聚集起来，最终由于电火花作祟，引起了大爆炸。当日下午6时28分，在夜幕降临之际，旗舰"大凤"终于在塞班以西 500 海里处沉没了。

"大凤"沉没后，小泽治三郎只好转移到重型巡洋舰"羽黑"上继续指挥。悔恨和恼怒曾使他一度想发动第三次攻击，但是，眼看着舰上剩余的飞机不满百架，而且又时值夜晚，成功的把握不大，不得已只好作罢。此时第二攻击波机队虽然在广阔的海面上进行了搜索，但始终没有发现美国舰群。因此，其中的第二航空母舰战队所属的 50 架飞机于下午 3 时 11 分飞向关岛，不料途中遭到美国战斗机群的伏击，33 架被击落，剩余的 17 架虽然勉强着陆，但已遍体鳞伤，不能使用了。这一天，日本海军第一机动部队的舰载机共损失 380 架。

当晚，根据联合舰队司令部的命令，小泽决心率舰撤退。20 日晨，各舰船补充燃料，然后撤往中城湾（位于冲绳）。下午 5 时 10 分，在后方 200 余海里处发现美航空母舰 2 艘，其他舰只 10 余艘。小泽怀着侥幸取胜的心理，决心回头捞一把，遂派水上部队（第二舰队）的全部兵力展开夜战。进攻命令于晚上 7 时下达。不料事与愿违，小泽部队反而遭到了美机群攻击，机动部队中的母舰"瑞鹤""隼鹰""龙凤""千代田"各舰均遭到敌机的直接轰炸，轻型航母"飞鹰"也遭美潜艇的鱼雷袭击，身负重伤，在漂流中被美机击沉。

但在这次袭击中，美国海军也损失了众多战机，在越来越暗的暮色

发生剧烈爆炸的"大凤"。

中长途返航的飞机，近一半未能飞回到它们的航母上去。晚上八时左右，返航的飞机开始降落，斯普鲁恩斯下令第五舰队的探照灯帮助飞机进行危险的夜间降落。许多飞机燃料耗尽，被迫在海上平降。夜间的救护行动延误了斯普鲁恩斯，使他未能及时追击日本舰队。直到第二天才开始追击，日本海军早已逃得无影无踪。

关于日本海军在这场"马里亚纳大海战"中的失败原因，日本史学界历来众说纷纭。有的认为作战计划过于天真，有的认为是飞行员技术不过硬，也有的认为是飞机的数量不足，还有的人把失败原因归结于没有雷达装置，更有甚者，有人认为在海战中没有发挥潜艇的作用，凡此种种，不一而足。但有趣的是，在美国人大肆鼓吹所谓"马里亚纳猎火鸡"的辉煌之余，尼米兹却选择了将这场"辉煌胜利"的指挥官斯普鲁恩斯投闲置散。以两支舰队交替作战的名义，将第5舰队的主力航母战斗群重新交给了自己心腹爱将哈尔西。个中深意，实在值得玩味。

马里亚纳战役中炫耀自身战绩的美军飞行员。

第四章 天王山

（一）幕府将军——1944 年夏太平洋战局及东条内阁的倒台

1944 年 6 月以来，战局的发展对于仅存德、日法西斯阵营而言，可谓是"屋漏偏逢连夜雨"。在欧洲战场，6 月 6 日以英、美为首的盟军终于在法国诺曼底开辟了喧嚷已久的"第二战场"。尽管德国方面事先投入了大量的人力、物力构筑了号称"大西洋壁垒"（Atlantic Wall）的防御体系，但海、空力量方面的绝对劣势及德军纵深部署的装甲部队，还是令整条防线在立体打击之下土崩瓦解。

6 月 22 日，苏联红军在东线发动了代号为"巴格拉季昂"（Operation Bagration）的白俄罗斯战役。由 166 个步兵师，12 个坦克军和机械化军，21 个步兵旅、独立坦克旅和独立机械化旅所组成的铁拳，重重地砸在德国陆军中央集团军群的面门之上。不知道是有心还是无意，这一天恰恰也是 3 年前德军发动"巴巴罗萨"行动、全面入侵苏联的日子。

今天大西洋壁垒的遗迹。事实证明在失去战略主动权之后，现代战争中没有任何一条防线能够长期阻挡对手的立体攻势。

正是怀着满腔复仇的怒火，苏联红军前赴后继，在此后的 2 个多月的时间里，重创德国陆军中央集团军群，一举解放了白俄罗斯全部、立陶宛大部、拉脱维亚一部以及波兰东部。尽管莫斯科方面为此也付出了沉重的代价，但白俄罗斯战役后，苏联红军向德国及其东欧仆从国纵深挺进的势头却再也不可逆转。

而越过辽阔的亚欧大陆，在西太平洋的万里波涛之上，日本帝国的处境也是每况愈下。6 月 11 日，美国海军第 5 舰队出现在关东以东 170 海里附近的洋面之上，开始对塞班、提尼安及关岛展开空袭。至此日本方面沿着第一、二岛链所构筑的"绝对国防圈"，迎来了美军最强势的一脚破门。至 6 月 15 日，经过空袭和舰炮轰击的火力准备之后，美军地面部队正式在塞班岛（Saipan）抢滩登陆。

由于包括塞班、关岛在内的马里亚纳群岛位于琉球、中国台湾和菲律宾以东，硫磺列岛以南，加罗林群岛以北，正扼日本通过其主要战略物资产地——东南亚地区的航道咽喉，因此日本方面长期视马里亚纳群岛为"绝对国防圈"的枢纽和"太平洋上的防波堤"。此番明知美军有备而来、势在必得，却也不得不投入全部陆、海军精锐予以争夺。6 月 19 日，由小泽治三郎统率的日本海军第一机动舰队进入塞班岛西侧海域，试图利用美军舰队全力夺岛之际重创其航母战斗群。

炮火掩护下向滩头冲锋的美军两栖登陆战车。

客观地说日本海军的战略计划纸面上颇为可行，如果"武运昌盛"甚至可能复刻美军在"中途岛战役"中的辉煌：首先利用塞班岛周边岛屿机场密布的优势，抵消对手在航母和舰载机数量上的优势，随后再以机动舰队所配备的精锐舰载机对美军舰队展开突袭，一举重创对手的航母编队。

但残酷的现实却是，一方面在美军舰载航空兵的扫荡之下，日本海军原本配属在马里亚纳的基地航空队迅速失去战斗力，从澳大利亚北部战场调回的战机又由于师劳兵疲而无法迅速投入战斗。另一方面常年战事的消耗，也令日本海军机动舰队的航空兵不复珊瑚海、中途岛时那般骁勇，相反美军却在战斗机编组、舰队防空方面取得了长足的进步。此消彼长之下，令马里亚纳海战这场日美两国之间最后一次航母战斗群的正面对决，沦为了美国方面"猎火鸡"般的单向屠杀。而随着日本海军第一机动舰队损失了3艘大型航母、335架各型战机铩羽而归之后，塞班岛等地的日本陆军守备部队也最终难逃覆灭的命运。7月7日，在日本陆、海两军统帅——斋藤义次和南云忠一双双自戕之后，残余日军纷纷展开自杀性冲锋，以证明自身的"武勇"和"忠诚"。

马里亚纳海战失利和塞班岛失守的消息传到日本国内，随即引发了日本海、陆军的空前紧张情绪。为了逃避罪责，海军方面继续在战绩中

马里亚纳海战最著名的照片之一，美军士兵正在舰艇上仰望空中各型战机格斗后留下的尾迹。

注水，宣称此役击落美军战机 300 架，击沉美军战列舰 1 艘、巡洋舰 2 艘、驱逐舰 1 艘、潜艇 1 艘；"击毁"美军航母 4 艘以上，战列舰 2 艘、巡洋舰 4 艘、运输船 6 艘、其他舰种不详者 1 艘。这个数字如果属实，倒是勉强对得起日本方面所付出的 3 艘航母沉没、900 余架战机被击毁的代价。但事实却是美国海军在整个马里亚纳海战中仅损失了 123 架战机，2 艘航母、2 艘战列舰、2 艘重型巡洋舰受损而已。

与日本海军杜撰战绩相映成趣的是，陆军方面就塞班岛的失守给出了诸多理由：准备不够充分，"骨干战力"第 43 师团一个月前刚刚抵达塞班，因此战前才完成野战工事。而在运输途中，由于海军护航不力，又白白损失了一个步兵联队的兵力（步兵第 118 联队），致使整个师团实际仅有 5 个步兵大队。当然兵力不足，对"忠勇果敢"的"皇军"而言，从来都不是问题。在日本陆军的战报之中，6 月 16 日，第 43 师团长斋藤义次中将，亲自登上一辆 97 式中型战车率部发动夜袭，一度将来犯的美军压制于斯斯贝岬附近的狭小海滩之上，只是受制于美军强大的火力，才最终功败垂成。

客观地说，作为日本陆军太平洋战争爆发后才编组的"海洋师团"，第 43 师团的确谈不上是什么精锐部队。在塞班岛的激烈攻防战中能打出这样的成绩，也称得上是难能可贵。但要说塞班岛上日本陆军准备不

塞班岛上保存的日本陆军 97 式中型战车。

充分、兵力不足，显然却是一本正经地胡说八道。事实上日本方面对塞班岛的"要塞化"建设，早在1943年9月确立"绝对国防圈"之际便已开始，1944年2月25日更在马里亚纳群岛组建了下辖8万兵力的第31军。

而在美军来犯之际，塞班岛上除了第43师团之外，还有第31军军部、独立混成第47旅团、第9战车联队、独立山炮第3联队、高射炮第25联队和独立工兵第7联队以及正准备调往帕甘（Pagan）和罗塔（Rota）两岛的第9、第10独立混成联队各一个大队的兵力。因此塞班岛上仅日本陆军便有2.75万。

此外岛上还有海军方面的中部太平洋舰队司令部、第五根据地队司令部及第55警备队等地面部队。因此真正导致塞班岛在短时间内迅速易手的原因，还是美军在塞班岛战场之上所投入的海、空火力及登陆部队规模均远超日军承受能力的极限。而也正是鉴于这一点，早在塞班岛易手之前，6月24日兼任陆军总参谋长的东条英机便与海军军令部总长岛田繁太郎一道上奏昭和天皇裕仁，言明将放弃塞班岛。

塞班岛易手前的南云忠一（第一排中间着白色军服者）及日本海军中部太平洋舰队司令部主要成员合影。

サイパン玉砕前の南雲の最後のものとなった写真（前列中央白服が南雲）

昭和天皇裕仁此时已经对军部缺乏信任了，次日更召开所谓的"元帅会议"，请出两位王室成员——陆军元帅梨本宫亲王守正、海军元帅伏见宫亲王博恭，加上陆军元老杉山元、海军名宿永野修身，以及裕仁的亲信——侍从武官长、陆军大将莲沼蕃，再度对东条英机和岛田繁太郎放弃塞班岛的建议进行商讨。而事实上仅从此次"元帅会议"的规格，便不难看出裕仁对即将丢失塞班岛的不满，而全面撤换东条内阁的计划更可能从这一刻便已然启动。

可惜的是参与"元帅会议"的一干大佬，对塞班岛的战局也没有太好的办法，只能要求兼任陆军总参谋长的首相东条英机应该力阻美军在塞班岛部署远程轰炸机威胁日本本土，同时在马里亚纳群岛继续坚守，以便给后方重组防线赢得时间。而事实上从 6 月 16 日开始，美国陆军航空兵已经开始利用其在中国成都的空军基地，出动 B-24、B-29 型轰炸机空袭九州。日本政府竭力维持的本土安定局面，在从天而降的炸弹面前早已灰飞烟灭。

就在美军进一步在马里亚纳群岛地区，对关岛（Guam）、提尼安岛（Tinian）展开攻势的同时，日本国内各派势力以扳倒东条内阁为目标的总攻也吹响了号角。有趣的是在今天的日本国内，出于某些政治利益的考量，竭力鼓吹时任国务大臣的岸信介（日本第 97 任首相安倍晋三的外公）在推翻东条英机的所谓"功绩"，甚至不惜编造了一系列岸信介智斗东条英机派来的宪兵，成功联络内阁中的"反东条"势力，最终成功倒阁的故事。

但从史实的角度来看，岸信介充其量不过是日本国内"反东条"势力的马前卒而已。真正动摇东条内阁根基的，是木户幸一、近卫文麿为首的所谓"重臣"集团和以冈田启介、米内光政为首的在野老将。而最终在幕后运作一切的，显然是保持着超然姿态的天皇裕仁。

"重臣"集团之所以在此时倡导推翻东条内阁，无非是鉴于塞班岛失守以来，日本败局已定，应该尽快谋求与美、英等国和谈。不过近卫文麿等人虽然有多次上台组阁的经验，但在取代东条英机的问题上却踌躇不前。倒不是这些公卿贵族爱惜羽毛，而是担心与美国和谈之后，主政之人将会背负战争责任。

冈田启介、米内光政等在野老将虽然早已退出现役，但子婿门生仍

提尼安岛上的日本 140 毫米要塞炮遗迹。

在政府和军中供职，从而形成了一个庞大的利益网络。这些人之所以反对东条内阁，多少都有对东条系人马把持军政大权心怀嫉恨的成分。不过冈田启介、米内光政毕竟都是海军大将，在陆军之中缺乏影响力，因此只能在海军部内部煽动对军令部总长岛田繁太郎的不满，试图通过逼迫岛田辞职，以斩断东条英机在海军的一臂。

从 6 月 4 日开始，冈田启介便先后拜访伏见宫亲王博恭、内府大臣木户幸一等人，试图通过皇室势力和重臣集团逼迫岛田繁太郎辞职，但岛田自恃与东条英机之间有攻守同盟，不仅拒不辞职，更"奉劝"伏见宫亲王博恭不应卷入政治斗争的旋涡。而为了证明自己不是东条英机的傀儡，6 月 30 日岛田邀请日本海军所有现役和预备役大将，于海相官邸召开战况说明会。

岛田此举的目的，与其说是希望能在海军之中团结更多的元老名宿以压制反对势力，不如说是将自己手中的"烂摊子"展现给大家看，好让觊觎者知难而退。不料岛田介绍完马里亚纳群岛方向的战局之后，已经转入预备役的海军大将末次信正却跳将出来，强烈要求岛田迅速组织力量展开反攻，收复塞班。

末次信正本是日本海军之中有名的"狂傲"之徒。仗着"长州藩"出身的派系优势，末次虽然没有什么拿得出手的战绩，但偏偏一路官运亨通，1928 年 48 岁时已经升任海军部次长。而正是在这个岗位之上，末次信正因为公然反对《伦敦海军条约》（London navy treaty）而名噪一时，尽管最终被免职，但却还是在日本国民和少壮派军人中树立起了"鹰派将领"的形象。1937年退役之后，更高调出任第一次近卫内阁内务大臣，在其任上大肆以"思想罪"迫害日本左翼人士。此刻面对太平洋战场的不利战局，早已赋闲的末次信正之所以如此积极、赤膊上阵，除了自身个性使然之外，更是因为冈田启介、米内光政已经开出一旦扳倒东条英机，便操作末次信正恢复现役、出任海军军令部总长的价码。

面对末次信正的搅局，岛田繁太郎在自己主持的战况说明会上可谓闹了个灰头土脸、好不尴尬。为了找回场子，东条英机于7月10日授意陆、海军联合在军人会馆召开预备役大将吹风会，摆出陆军方面老资格的南次郎、荒木贞夫、松井石根、阿部信行4员老将。不过此时海军方面人多势众，除了昔日"舰队派三羽乌"末次信正、中村良三、高桥三吉悉数到场，还有安保清种等明治时代的大臣坐镇。因此这次"吹风会"再度变成了对东条内阁现行国防政策的批斗大会。

眼见东条英机如此不识趣，天皇裕仁不得不再度出面，于7月12日在皇宫举行作战联络会议。在如此强大的压力之下，第二天下午东条英机主动拜访内府大臣木户幸一，提出了自己"改造内阁"的相关方案。木户幸一的日记之中详细记述了这场决定日本命运的会谈。东条英机开出的价码是增设两名首相级的国务相以体现"陆、海军真诚协力"，

退役后的末次信正（前排中间光头者）。

人选分别是退役大将阿部信行和米内光政，同时吸收"重臣"进入内阁或运用"参议制"。东条英机自认这样就可以缓和在野老将和"重臣"集团对自己的攻讦。

不料木户幸一根本不和他讨价还价，直接要求首相东条英机和海相岛田繁太郎不应再兼任陆军参谋总长和海军军令部总长，否则"今后对统帅的批判会更加激化，不会终息"，"即使改造内阁，终难取得国民信赖，也影响海军的士气"。东条英机对木户幸一的这番话其实早已不陌生了，事实上自进入1944年以来要求东条英机卸任陆军参谋总长的呼声便不绝于耳。其中最为积极的莫过于天皇之弟——秩父宫亲王雍仁。雍仁虽然贵为亲王，但政治上并无太大的建树，此刻更因为身患结核病而在"御殿场"疗养。这样一个"王室闲人"三番五次地质问东条英机，背后的推手可想而知。

面对代表天皇裕仁摊牌的木户幸一，东条英机只能放弃抵抗，于7月17日任命关东军总司令梅津美治郎为陆军参谋总长。不过作为东条系人马的"龙兴之地"，关东军这个基本盘，东条英机也不会轻易放弃。空缺的关东军总司令一职由其心腹山田乙三接任。如此一来，东条英机自认为陆军方面已经安排停当，只要海军方面的冈田启介、米内光政等人同意入阁，重臣集团接受"参议"这个模式，那么东条内阁还能维持运转。当然在此之前，东条内阁还要清出几个位置。于是含金量最高的"商工大臣"便成了东条试图收买重臣集团的不二选择。而此刻占据着这个宝座的，正是被后世称为"昭和之妖"的岸信介。

其实岸信介早年混迹于"伪满洲国"之时，曾与东条英机有过一段沆瀣一气的"蜜月期"。身为"伪满洲国"政府实业部总务司司长的岸信介和关东军参谋长东条英机、满洲国总务厅长星野直树、满铁总裁松冈洋右、满洲重工业开发株式会社会长鲇川义介并称"满洲五巨头"。也正源于这段"共同奋斗"的日子，东条英机上台组阁之后，便任命岸信介为"商工大臣"。但也正是因为位高权重、油水颇多，岸信介对于东条英机作出1943年改"商工省"为"军需省"，仅任命岸信介为军需省次官的决定时就已经颇为不满（军需大臣由东条英机兼任）。此刻面对要求自己辞职的决定，岸信介更是拒不接受。甚至面对东条英机的亲信——东京宪兵队队长四方谅二的上门"劝说"，也被其以一句"闭嘴，你这丘八"（黙れ、兵隊）给骂了回去。

当然关于岸信介和四方谅二会谈的场景，还有另一个更接近事实的版本：四方谅二对岸信介说："东条总理大臣向右转，即便全国都向左转的话，阁僚也应该和东条总理保持一致！"而岸信介则回答说："决定日本向右、向左的人不是天皇陛下吗？"四方谅二顿时哑然。不过这个版本事后也被岸信介本人所推翻，他坚称自己当天正在发高烧，对于四方谅二全程保持沉默，根本没说过什么天皇决定向右、向左之类的话。但无论如何，最终决定着东条英机内阁命运的确非岸信介，或者在野老将、重臣集团，而是天皇裕仁本人。

1944 年 7 月 18 日上午 9 点 30 分，东条英机进入皇宫觐见天皇，30 分钟后宣布内阁总辞职。至此，历时两年零八个月的东条内阁被迫解散。讽刺的是，也是在 4 年前的同一天，当时还是陆军中将的东条英机受命出任第二次近卫内阁的陆军大臣，由此开启了其"出将入相"的人生。

（二）短期决战——小矶国昭内阁孤注一掷的国防思想

据说在东条英机最后一次以首相身份觐见天皇裕仁之时，木户幸一曾假惺惺地向其征求意见道："鉴于陆军对国内局势所拥有的重要性，为使内阁更得以顺利开展，关于后任首相问题，个人如有考虑，愿请见教。"东条英机深知这不过是虚伪的客套，于是回答说："窃以为此次内阁更动，重臣责任甚重。对此重臣谅已胸有成竹，不敢妄陈己见。只是如果准备组织皇族内阁时，希望不要考虑陆军中的皇族。"东条英机之所以这么说，显然不是站在自己个人的立场之上，而是代表陆军对可能上台的几位日本王室成员投下了不信任票。

自明治维新以来，日本王室子弟便纷纷走入军营，成为天皇控制陆、海两军的重要棋子。而 1944 年日本王室在陆军之中具有一定影响力的，除了陆军元帅梨本宫亲王守正之外，还有明治天皇裕仁的叔祖——闲院宫亲王载仁、叔叔东久迩宫亲王稔彦和朝香宫亲王鸠彦等人。但这些皇亲国戚与东条英机等昭和军阀却早已在中日战争期间便已因争权夺利而龃龉不断。而其一旦上台组阁，陆军方面更担心会随着战局继续恶化，会被王室作为和平筹码出卖给美国人。

东条英机的担心固然不无道理，但还是大大低估了日本王室的虚伪和无耻。早在太平洋战争爆发之前，为了逃避未来的战争罪责，天皇裕仁便将王室成员调离一线指挥岗位，此刻更不会让他们出面来接这个烂摊子。于是下一任首相的人选只能在重臣和陆、海军将帅中挑选，而其选拔的过程，也确如东条英机所预测的那样，不过是一场重臣之间的私相授受而已。

7月18日下午，代表官僚系统的若槻礼次郎、广田弘毅、平沼骐一郎、近卫文麿与代表陆军的阿部信行，代表海军的米内光政、冈田启介，与天皇代表——枢密院议长原嘉道、内府大臣木户幸一、侍从长百武三郎奉旨召开"重臣会议"，共同举荐下一届首相人选。

在木户幸一的日记之中，世人更不难看到重臣集团与代表王室的木户等人也是钩心斗角、毫无信任可言，而陆军与海军之间更是相互推诿，场面颇为尴尬。但在"重臣集团"的力推之下，最终还是确定了战时仍以军人主政和从加强保卫国内治安等角度来看，陆军将帅更合适上台组阁两个基本原则。

其中近卫文麿的发言更是颇有深意，他说："十几年来，陆军内一直都有'左倾'思想，当前更有人企图把军民联合起来发动革命。这个问题比战败还要危险，因为战败还能维持国体和皇室，而革命则不然。"因此从这个角度来看，重臣集团坚持陆军组阁，无非是期望依靠陆军元老压制军中的少壮派，再利用陆军镇压对战争日益不满的国内民众。

基于以上原则，其实新一届首相的人选便只有陆

军人时期的小矶国昭。

军富有威望的几个军阀——南方军司令寺内寿一、中国派遣军总司令畑俊六、前关东军司令梅津美治郎等寥寥数人而已。从家世、阅历和战功等方面来考量，寺内寿一显然是第一人选。但就在此时，木户幸一突然提出了朝鲜总督小矶国昭上台组阁的可能。

木户推举小矶国昭，表面上看是因为小矶国昭曾是宇垣一成的心腹，在陆军颇有威望。但更深层次的原因，显然是因为小矶国昭虽然名义上是陆军元老，但退役已久，不会再出现东条英机那般尾大不掉的局面。而小矶国昭又曾在米内光政、平沼骐一郎组阁时期出任过拓务大臣，因此在海军和重臣集团看来这样的人选既能代表陆军，又能很好地加以控制。

7月20日午后4点15分，小矶国昭风尘仆仆地从朝鲜赶到东京。在主持内阁交替事宜的木户幸一代表天皇裕仁宣布小矶国昭与米内光政联合组阁的敕令之后，自信满满的小矶国昭随即提出要改组大本营，自己以首相身份列席大本营，并主持军事事务。同时希望以自己的心腹山下奉文或阿南惟几出任陆军大臣，海军方面则通过恢复米内光政为现役运作，以其出任海军大臣。

小矶国昭内阁全家福。

海军方面早已不满岛田繁太郎对东条英机的马首是瞻，因此米内光政复出的手续异常地顺利。唯一不满的可能只有曾为推翻东条内阁而赤膊上阵的海军大将末次信正，由于没有得到梦寐以求的海军大臣，这位海军中有名的"鹰派将领"最终郁郁而终，于1944年12月20日病逝。

但是对于小矶国昭以首相身份列席和主持大本营会议的要求，陆、海两军都竭力表示反对，同时陆军方面也以山下奉文、阿南惟几资历不足为由，推荐杉山元出任陆军大臣。杉山元和小矶国昭是陆军士官学校的同期生，资历上不相上下。如此一来无法通过陆军大臣控制陆军的小矶国昭，可谓是无法指挥一兵一卒的"空头首相"。

7月22日，在一场东京夏季常见的雷雨之中，小矶国昭内阁于皇宫之中举行就职仪式。由于代表海军的米内光政在内阁中扮演着极为重要的角色，因此本届内阁又被称为"小矶—米内联合内阁"。而就在小矶国昭内阁宣誓的前一天，美军登陆关岛，次日提尼安岛的地面战斗也宣告打响。显然在美军咄咄逼人的攻势面前，留给小矶国昭的时间已经不多了。

7月25日，在简单的商讨之后，大本营做出了将作战力量按"决战七、长期战三比例进行安排"的决定，是为"短期决战"计划。之所以在几乎没有胜算的情况下叫嚣"决战"，是因为国际形势上德国已陷入两线作战、行将崩溃，美军即将利用马里亚纳群岛为空军基地对日本本土展开远程轰炸，军需生产将无以为继。更为重要的是日本陆、海军均预测美军可能通过菲律宾、台湾、西南群岛（即琉球群岛）为跳板，直接进攻日本本土。而在自太平洋战争爆发以来始终未加强防御的本土与美军决战，显然不如在菲律宾一线拼个你死我活来得爽快。如果大获全胜自然可以稳定战局，甚至逼迫美军求和。即便不幸战败，也能在彰显"皇国不屈精神"的同时，进一步压制国内的"主战派"，更快与美军进入和谈阶段。

除了太平洋战场之外，大本营对于缅甸战场上进攻英帕尔高原（Battle of Imphal）失利和云南—缅北防线为中国远征军所突破的现状并未作出太多指示，此后无论是先在缅北发动反击试图切断中缅公路的"断"号作战，还是退守缅甸中部的决定都由"缅甸方面军"自行决定。可以说印缅战场对于日军大本营而言，早已是一个可有可无的存在了。

"大陆交通线作战"中的日军机械化部队。

同样在中国大陆战场之上，中国派遣军总司令畑俊六于 1944 年初发动声势浩大的"一"号作战，试图打通大陆交通线，大本营听之任之。在大本营所下达的命令之中，也将摧毁美军部署于中国西南的空军基地放在了首位。而具体的兵力调配上，从 1943 年夏季到 1944 年夏，日本陆军累计从中国战场调出 4 个师团的兵力（第 17、第 32、第 35、第 36 师团）支援太平洋战场。可以说在日本高层的眼中，整个战局都决定于即将与美军展开的这场战略决战。其他方向的战事都早已不再重要了。

与盲目渴望于菲律宾一线同美军决战的军事计划相匹配的，是日本政府异想天开的外交政策。由于在批准小矶国昭上台组阁时，天皇裕仁曾批示"望卿等协力组织内阁，尤其要达到大东亚战争的目的，并需努力避免刺激苏联"。秉承这一上意，小矶国昭内阁干脆拟定了从"维持苏联中立"到"进一步寻求两国关系好转"再到"迅速为实现德苏媾和而努力"的路线图。

可笑的是这个明眼人一看就知道毫无希望的外交计划，日本政府竟然还真正考虑起了特使的人选。而小矶国昭等人第一时间竟然想到派遣东条英机前往莫斯科折冲樽俎。好在梅津美治郎出面反对，才避免了一场尴尬。在苏联方面拒绝日本特使入境的情况下，日本政府竟然还不死心，又打算从德国方面寻找突破口，甚至劝说希特勒构建一个日本、德国与苏联针对美、英的军事同盟。而在得知德国方面有与英、美单独媾和，全力对苏作战的外交计划之后，日本方面竟然提出了必要时对德宣战的战略预案。

除了促成苏德媾和的异想天开之外，小矶国昭内阁另一个想当然的外交计划，是与重庆国民政府和谈，在保证"伪满洲国""独立"的前提下，实现"蒋汪合流"。当然这一项工作最终也是徒费口舌。小矶国昭内阁的种种外交政策看似迂腐可笑，实则除了迎合上意之外，也是基于国内政治气氛的无奈选择。在民众与陆军均坚持与美、英血战到底的勃勃雄心之中，唯一可以迅速结束战争的对美和谈，反而成了最不可取的道路。

为了全线对抗美军在太平洋方向的进攻，日本大本营拟定了所谓的"捷"号作战计划。这一计划其实并非单指于菲律宾一线与美军决战，而是泛指日本集中全部陆、海军精锐于本土、中国台湾地区、菲律宾一线迎接美军正面进攻，并在最终决战中击败对手，谋求挽回战争形势，以便找到途径能够光荣结束战争的全盘计划。由于此时日本在战略上已经毫无主动性可言，因此整个计划视美军可能进攻的区域，分为四个子项：于菲律宾一线决战的"捷一"作战，于"联络圈"地区（九州南部、琉球群岛、中国台湾地区）决战的"捷二"作战，于小笠原群岛、日本本土（除北海道外）地区决战的"捷三"作战以及于千岛群岛、库页岛、北海道一线方面决战的"捷四"作战。

尽管从客观上来说，美军在完全控制马里亚纳群岛之后，进一步进攻菲律宾，彻底切断日本与马来西亚、印度尼西亚等地海上联合的可能性最大，但出于应对各个方向威胁的全面考虑，日本陆军还是做出了如下部署调整：南方军总司令官以一个旅团为基干的兵力在菲律宾北部待命，以便向中国台湾或西南诸岛方面调用；台湾军司令官以一个旅团为基干的兵力在台湾待命，以便向北部菲律宾或西南诸岛方面调用；本土防卫总司令官以一个支队（以步兵三个大队、炮兵一个大队为基干）在鹿儿岛附近待命，以便向西南诸岛方面调用；以另一个支队（兵力同上）在姬路附近待命，以便向小笠原群岛方面调用。

除此之外在"捷一""捷二"作战时，大本营还将以约一个师团在上海附近作待命准备，以便向菲律宾或西南诸岛及台湾方面调用。而在"捷三""捷四"作战时，大本营则以第47师团在编成地弘前附近待命，以便向本州东北部或北海道方面调用。

值得一提的是，就在两个月之前第47师团刚刚抽调了3个步兵大队和1个山炮大队的兵力，以第12派遣队的名义开赴菲律宾战场。而这次调动也从另一个侧面印证了日本本土防御的虚弱。本土防卫总司令官所属的多是一些以预备役人员组成的留守师团和要塞区，因此为了强化本土防御力量，1944年7月21日，日本陆军于东京以北的栃木县组建了下辖第81、第93、战车第4师团的第36军，作为用于"本土决战"的机动打击力量。

除了地面部队处处设防、相互策应之外，日本陆、海两军的航空兵力量，也同样依照一线决战的思路进行平均部署：千岛群岛、库页岛、北海道一线，驻守有海军方面的"第十二航空舰队"和陆军的第1飞行师团。日本本土方面则部署有海军"第一航空舰队"和陆军的第10、第11、第12飞行师团。九州、冲绳、中国台湾方面则由海军的"第二航空舰队"和陆军第8飞行师团负责。而在最有可能爆发冲突的菲律宾方向，则集中海军"第一航空舰队"（配属陆军第15飞行战队）和陆军第4航空军全力应战。

所谓"航空舰队"，顾名思义就是日本海军之中囊括水面舰艇、舰载航空兵和基地航空兵在内的合成作战单位。最初组建的"第一航空舰队"就囊括了第一航空战队的"赤城""加贺"，第二航空战队的"苍龙""飞龙"，总计4艘航母在内的庞大战力。而在偷袭珍珠港前期，"第一航空舰队"更编入了第四航空战队的"龙骧""祥凤"，第五航空战队的"翔鹤""瑞鹤"4艘航母，可谓是兵强马壮。

但随着战局的逐渐失利，特别是中途岛海战之后，"第一航空舰队"精锐尽失，一度宣告解散。但随着日美两国在所罗门群岛陷入缠斗，日本海军将大量原有的舰载机部队部署于地面基地，化岛屿为"永不沉没的航母"，"航空舰队"随即成为了有"机"无"舰"的陆基航空部队的编制。

为了应对美军咄咄逼人的攻势，日本海军又于1944年6月15日在台湾组建了"第二航空舰队"，1944年7月10日在关东地区及硫磺岛组建了"第三航空舰队"，加上1943年5月18日组建的"第十二航空舰队"，1943年9月20日组建的"第十三航空舰队"，日本海军的航空兵力在纸面上依然强大。

以部署于台湾的"第二航空舰队"为例，仅其直属的5个航空队之中：第141海军航空队承担侦察任务，装备有二式"彗星"舰载侦察机、二式"月光"陆基侦察机各11架。第221海军航空队属于主力战斗机队，装备有"零式"舰载战斗机72架（主力为新型的52型，但也有少数12型）。而号称"狮子部队"的第341海军航空队，更是率先列装96架海军新型战斗机"紫电"的精锐部队。此外还有各装备新型一式陆基轰炸机——改进型"银河"96架的第762和第763海军航空队。加上下辖的第21、第25航空战队，整个"第二航空舰队"所装备的各型战机总计约600架。但看似颇具气势的"第二航空舰队"其实只是表面风光。其一线飞行员多为初出茅庐的学员，战斗经验极其匮乏。而所装备的战机亦往往刚刚下线，实际性能和战术运用均有待开发和验证。这些弱点在即将爆发的海空决战中，无疑将是制约日本海军航空兵的"阿喀琉斯之踵"。

与海军相比，日本陆军在菲律宾执行"航空决战"的思路，早在1944年3月便已

第二航空舰队所装备的几款新型战机。

二式"月光"陆基侦察机。

"银河"陆基轰炸机。

"紫电"舰载战斗机。

然成形。当时为了实行南方统帅系统一元化,大本营将以第 5、第 9 飞行师团为基干,负责马来西亚、印度尼西亚方面的第 3 航空军,以及菲律宾方面以第 7 飞行师团为基干的第 4 航空军,归入南方军的指挥序列。

3 月 27 日,大本营更向南方军下达了将菲律宾化为一座巨大航空要塞的"十一号作战准备"令。要求驻守当地的第 14 军应在 1944 年 7 月之前,于马尼拉、克拉克、里帕、巴哥洛、莱特、马来巴来及达沃建立由数个机场群组成的航空基地。而除上述基地之外,还要在吕宋岛、米沙鄢、棉兰老岛、巴拉望岛等地修建野战机场。而围绕这些航空基地,大本营还指示南方军应集聚 4 个战斗机飞行团与两个轰炸机飞行团 3 个月的弹药和 3 万公升的燃料,并设置修理厂、零配件工厂及机场保卫部队、防空武器等。

日本陆军之所以如此重视菲律宾方面的航空基地建设,是因为菲律宾群岛南北蜿蜒 1800 余公里,由许多岛屿组成,如果不重点建设航空基地,用于抵消美军空中优势的话,未来的作战势必举步维艰。1944 年 5 月中旬,随着南方军总司令官进驻马尼拉,大本营从日本国内向菲律宾派遣更多技术人员,以帮助当地整备航空基地,修筑阵地工事、兵站等设施。这么做的目的,自然是为了迎接更多陆军航空部队的进驻。

根据时任参谋本部第一部部长真田穰一郎的日记,日本陆军进一

日本陆军野战机场。

步强化菲律宾航空力量的"腹案"如下：5月初，将日本陆军第4、第2飞行师团主力（包括刚刚编入第2飞行师团，装备"百式"重型轰炸机的第12、第62飞行战队）由中国东北战场调往菲律宾，第22飞行团由日本本土转场中国台湾地区。7月将正在国内重新编组、训练的第12、第13飞行团，正在进行鱼雷攻击训练的第98飞行战队派往菲律宾战场。

同时将列装新型"百式"战略侦察机的第2、第15飞行战队，装备"一式"战斗机的第24飞行战队归入海军指挥体系。除此之外，日本陆军还将从驻守中国东北的各飞行师团中抽调部分飞行员，组成所谓的"袭击战队"，驾驶海军战机以缓解日本海军飞行员严重不足的窘境。但这个计划由于东条内阁的倒台而未完全实施。

但是日本陆军加强菲律宾航空基地的种种举措，却由于征用人伕困难、不易就地取材、雨季到来和顾虑空袭等原因，进展并不顺利。而面对美军远程轰炸机和潜艇的袭扰，向菲律宾前线运输油料和弹药的行动也无法按预定计划完成。而在吕宋岛等地，以菲律宾人民抗日军（The Nation's Army Against the Japanese Soldiers）为首的游击队也不断主动出击，打击日本侵略者。

由于种种现实的困扰，日本陆军在菲律宾地区预定构筑的航空基地，至1944年7月底也仅仅完成了半数，但由于预定进驻的第4航空

日本陆军的"百式"重型轰炸机"吞龙"。

军在新几内亚战场上损兵折将，虽然编入中国东北地区调来的第 2、第 4 飞行师团，但编制 1056 架的整个航空军之中，实际保有战机仅 545 架，而其中能立即用于作战的更只有堪堪半数而已。而即便是如此薄弱的兵力，还要进一步分割。在新几内战场遭遇重创的第 7 飞行师团以仅存的两个飞行团入驻印度尼西亚地区，担负运输船团的护航任务。

面对这样的局面，第 4 航空军干脆将第 4 飞行师团直接空壳化，在仅保有二三个侦察中队的情况下，将所有实战部队悉数并入第 2 飞行师团。也就是说日本陆军航空兵用于菲律宾决战的兵力，名义上为一个航空军，但实际上仅为山濑昌雄中将所指挥的第 2 航空师团所属的 5 个飞行团而已。以如此孱弱的兵力，去对抗强大的美国陆军第 5 航空军，所谓的"航空决战"显然徒成画饼。

尽管自太平洋战争爆发以来，事实便一再证明：在失去制空权的情况下，无论是齐装满员的地面部队还是船坚炮利的水面舰艇，最终都难逃人为刀俎、我为鱼肉的命运。但为了与美军一决胜负，日本陆、海军还是向菲律宾地区调集了大量有生力量。

1944 年初菲律宾地区的日本陆军地面部队，主要为 1941 年 11 月编成的第 14 军。尽管有着昔日横扫巴丹半岛，将麦克阿瑟赶下海的辉煌战绩，但此时的第 14 军早已不复当年之勇，昔日下辖的 3 个师团之中，第 4 师团、第 48 师团均已先后调走。第 14 军一度仅有第 16 师团和 4 个（第 30、第 31、第 32、第 33）独立混成旅团。直到 1944 年 4 月，大本营方面为了强化"绝对

棉兰老岛在菲律宾群岛的地理位置。

国防圈"的纵深，才将 1943 年 5 月组建的第 30 师团由朝鲜平壤调往菲律宾，驻守棉兰老岛（Mindanao），并将 4 个独立混成旅团升格为步兵师团（分别为第 100、第 102、第 103、第 105 师团）。

尽管升格之后的这四个"百字号"师团下辖两个步兵旅团，但每个步兵旅团仅有 4 个独立步兵大队的兵力。因此这四个"特设师团"的实际战力，如果进行换算的话，可能仅为"甲种师团"的不足半数。但第 14 军司令黑田重德却似乎痴迷于部队番号的增多，1944 年 7 月又在马尼拉以日本本土补充兵为基础，组建了第 54、第 55 独立混成旅团。至此第 14 军因下辖 6 个师团又 2 个独立混成旅团的庞大兵力，自然而然地升格为方面军。

大本营似乎也知道第 14 方面军这些虚有其表的师团和旅团根本不足以抵挡美军的兵锋，因此从 1944 年 8 月开始，为了准备"捷一"作战，又陆续从关东军方面调来了相对精锐的第 8、第 10、第 26 步兵师团和战车第 2 师团，从本土调集于弘前和京都两地编组的第 58、第 61 混成旅团。至此在菲律宾战场上，日本陆军已经集结了 9 个步兵师团、1 个战车师团又 4 个混成旅团的庞大兵力。

此后为了便于指挥，第 14 方面军司令部又将菲律宾战场一分为二，驻守中南部棉兰老岛、莱特岛（Leyte）等地的第 16、第 30、第 100、第 102 师团及独立混成第 54 旅团归属于新组建的第 35 军指挥，剩余部队则归属于第 14 方面军直属，于菲律宾北部的吕宋岛集结。

1944 年的日本陆军仍以大量的步兵战斗单位为主体。

太平洋战争全史

陆军方面竭力增兵的同时，海军联合舰队也做出了集中机动舰队主力、第 1 游击队、第 2 游击队于菲律宾一线与敌决战的作战计划。虽然从纸面上看，联合舰队用于菲律宾决战的大型水面舰艇仍有航空母舰 4 艘（瑞鹤、千代田、千岁、瑞凤）、战舰改造的航空母舰 2 艘（伊势、日向）、战列舰 7 艘（大和、武藏、长门、金刚、榛名、山城、扶桑）、重型巡洋舰 13 艘（爱宕、高雄、摩耶、鸟海、妙高、羽黑、铃谷、熊野、利根、筑摩、最上、那智、足柄），其阵容依旧堪称独步亚洲。

但日美两国工业实力方面的巨大差距，早已令战略天平严重失衡。在 1944 年的太平洋战场之上，即便日本海军倾巢而出，其舰队规模也仅相当于对手一个特混编队。更何况在马里亚纳海战中日本海军舰载航空兵刚遭遇了中途岛战役以来最大规模的挫败，虽然战后立即着手补充飞机和训练所需人员，但在即将到来的决战面前，时间显然并不站在日本人这一边。

（三）跳岛战术——美军收复菲律宾的战备工作和全面启动

1943 年 11 月，罗斯福、丘吉尔和蒋介石三人在埃及开罗研讨对日作战的问题时，1944 年盟军在太平洋战区的反攻曾被形象地描绘成一对由美国陆、海两军所组成的铁钳。陆军四星上将麦克阿瑟麾下的美国西南太平洋战区的部队将沿着新几内亚北部的海岸线推进，直趋菲律宾南部的棉兰老岛。而海军四星上将尼米兹所指挥的太平洋舰队则将沿着马绍尔群岛、加罗林群岛、马里亚纳群岛的路径直扑菲律宾北部的吕宋岛和中国台湾，并最终形成对菲律宾的南北包夹之势。

客观地说这个计划在制定之初，五角大楼上下都没有预料到进展会如此顺利。1944 年刚刚过半，美国中太平洋战区已经攻占了马绍尔群岛，孤立了加罗林群岛方向以特鲁克和拉包尔为中心的日本海军基地群。尽管马里亚纳方向关岛和提尼安岛的地面战仍在继续，但在尼米兹的眼中日本联合舰队已经沦为了断脊之犬。中太平洋战区无须再理睬菲律宾，完全可以直接攻取中国台湾。而随着 1943 年"超级空中堡垒"

（Superfortress）B-29 型远程轰炸机的服役，以及美国海军潜艇部队以仿照"狼群"的编队战术成功进入连接东南亚、中国大陆与日本本土之间的"危险海域"，美国政界认为无须再逐岛争夺，可以通过战略轰炸和空中、海上双重封锁逼迫日本投降。

在这样的政治氛围之下，主政西南太平洋战区的麦克阿瑟处境便变得异常尴尬。1943 年末到 1944 年初的新几内亚战场上，日本陆军虽然败象已呈，但依旧在负隅顽抗。麦克阿瑟麾下的美、澳联军在当地进展缓慢。这让一向高傲的麦克阿瑟颇为失落。

尽管面对前来督战的陆军参谋长马歇尔，麦克阿瑟竭力挑拨陆、海军的关系，以便让马歇尔站在自己这一边，但麦克阿瑟却深知想要贯彻自己的战略，还必须谋求尼米兹和海军的支持。因此在整个 1944 年的上半年，麦克阿瑟除了不断通过各种渠道向罗斯福灌输"舰队仍应在陆基空军基地的掩护下行动""西南太平洋战区只要足够的海军支援，菲律宾弹指可破"的高调之外，便是不断与尼米兹进行沟通和协商。

与老爸是第一任菲律宾总督的"将门虎子"麦克阿瑟相比，尼米兹的出身可谓卑微。或许源于成长环境的不同，尼米兹在与麦克阿瑟的交流中，往往表现得更为谦虚和圆滑。但从实际结果来看，尼米兹并未牺牲海军方面的任何利益，反倒赢得了虚怀若谷的雅名。1944 年 7 月 26

随着可以在日军大多数截击机和高射火炮无法企及的高空发起攻击的 B-29 型轰炸机的出现，日本列岛将迎来噩梦。

日，面对太平洋战场上战略方针的分歧，罗斯福亲自在夏威夷召见了麦克阿瑟和尼米兹，最终敲定下一阶段的进攻路线。

会议上尼米兹阐述了美国海军的计划，经过长期的政治角力，海军方面最终表示愿意配合麦克阿瑟反攻棉兰老岛，并支持在当地建立强大的陆军航空兵基地。但在此之后，美国海军希望能绕过吕宋岛直趋中国台湾。对此尼米兹的解释是台湾海峡扼守东南亚通往日本本土的咽喉，一旦夺占便可以成功掐断日本的资源供血管，同时将有效配合中国大陆的战局发展，为下一步登陆日本本土创造便利。

对于尼米兹的说法，麦克阿瑟站在陆军的角度上发表了自己的见解。他认为自甲午战争以来，中国台湾沦为日本殖民地已近半个世纪，当地居民大多为日本人所同化，美军一旦登陆将可能会陷入全民皆兵的泥潭。相反菲律宾经过美国政府40多年的"民主扶植"，早已与美利坚同气连枝。星条旗所向之处，必然是一派"箪食壶浆，以迎王师"的感人景象。届时不仅日本代表亚洲人民、解放殖民地的正面形象将彻底破产，更能凸显美国人不惜流血也要拯救盟友于水火的大无畏精神。反之

1944 年 7 月美国统帅部于夏威夷召开军事会议，镜头由近及远，分别是麦克阿瑟、罗斯福、海军部长丹尼尔·莱希和尼米兹。

如果按照海军的计划，跳过吕宋岛直取中国台湾的话，那么当地的菲律宾人民和盟军战俘将会遭遇饥馑，甚至可能死于日军的屠戮。

以罗斯福的老辣岂能不知麦克阿瑟的这番充斥"政治正确"的言论，无非是想要率部杀回马尼拉，一雪昔日狼狈逃出巴丹的耻辱。不过同样出于高超的政治智慧，罗斯福并没有轻易在尼米兹和麦克阿瑟的方案之间做出取舍，而是默默聆听着两人进一步修正和补充自己的方案。

尼米兹列举了马里亚纳群岛争夺的惨况，提出如果进攻集结着日本陆军庞大兵力的吕宋岛，将会面临一场旷日持久、伤亡惨重的地面战。而麦克阿瑟则认为海军方面攻占棉兰老岛并建立空军基地的计划，并不能压制吕宋岛地区的日军航空兵。长期的空中拉锯不但可能造成大批飞行员的损失，更可能影响整个战局的发展。

而在如何迅速结束菲律宾群岛地面战的问题上，麦克阿瑟认为完全可以避开南部的棉兰老岛，直接在菲律宾中部蜂腰部的莱特岛（Leyte）和民都洛岛（Mindoro）登陆，以之为基地，美国陆军的登陆部队通过林加延湾，可以直扑马尼拉。麦克阿瑟甚至表示一切顺利的话，可能在5周之内解放菲律宾首都。

由于作为仲裁者的罗斯福始终没有做出倾向性的结论，因此7月26日的会议一直延续到午夜时分仍未得出结论。次日上午尼米兹终于按捺不住，表示可以支持麦克阿瑟的相关计划。但作为交换条件，中部太平洋战区将率先夺取帕劳群岛，以为海军舰队突向菲律宾的前哨，而在掩护麦克阿瑟所部成功于莱特岛、民都洛岛等地登陆之后，尼米兹麾下的美国海军主力将越过中国台湾，攻占冲绳。尼米兹的让步最终令美国陆、海两军达成了谅解。

站在后世的角度来看，尼米兹的计划显然能令美国陆军以更快的速度、更小的人员伤亡攻占中国台湾。因为尽管日本陆军依照"捷二作战"的相关计划，向中国台湾大举增兵，但到1944年9月22日之前，在中国台湾地区日本陆军仅有第50、第66两个师团的野战部队，且兵员素质普遍不高。而麦克阿瑟口中所谓将与日本"同仇敌忾"的台湾当地居民，事实上也不过是经过多年血腥镇压存余的趋利避害之辈，面对大举登陆的美国军队，未必会愿意替日本帝国卖命。但同时，也将置美国海军的主力于日本陆基航空兵三大战略集群的联合打击之下。或许正是出于这样更深层次的考量，掌控全局的罗斯福才始终保持着超然事外的状态。

　　会议结束的当天，麦克阿瑟便乘坐其由 B-17 型轰炸机改装的座驾"巴丹"号连夜赶回战区，随即着手准备对菲律宾群岛的攻势。而罗斯福在 8 月 9 日则致信麦克阿瑟，提醒他长期跟随美军流亡的菲律宾总统曼努埃尔·奎松（Manuel L. Quezon，1878—1944 年）已于 8 月 1 日去世，希望麦克阿瑟能尽快为其新一任菲律宾总统奥斯米纳（Sergio Osmeña，1878—1961 年）在马尼拉主持就职仪式。

　　罗斯福此举不仅是对麦克阿瑟这位陆军悍将的菲律宾情结的拿捏，更有着深层次的政治考虑。毕竟带领菲律宾从殖民地走向"自治"的奎松此时去世，无疑将造成"王统断绝"的局面。如果不能迅速补位，美国在菲律宾维持多年的殖民体系将可能分崩离析。而从另一个方面来看，美军放弃在吕宋岛登陆，最终也可能造成当地由菲律宾共产党领导的游击队夺取政权的局面，届时美国重返西太平洋的道路将更为困难。

　　就在麦克阿瑟憧憬着重返马尼拉的同时，尼米兹已经指挥其麾下庞大的海空力量对中部太平洋的日军据点展开了全线打击。自 8 月 3 日和 8 月 11 日先后结束了马里亚纳群岛方向的提尼安岛和关岛方面的战事之后，迅速夺取帕劳群岛的计划便被提上了日程。

　　经过近一个月的休整，从 8 月 31 日开始，美国中太平洋战区首先对小笠原群岛方向的硫磺岛、父岛、母岛等地展开空袭。9 月 2 日更出

菲律宾首任总统奎松（右图）及其继任者奥斯米纳（左图中央戴凉盔的亚裔男子）。

美军舰载航空兵灵活机动的战术打击，令日本方面防不胜防。

P-38型战斗机凭借着超强的机动性和续航能力，成为了太平洋战争后期美军战术侦察的主力。

动巡洋舰和驱逐舰对上述目标展开炮击。尼米兹之所以展开如此大规模的行动，除了营造出即将在小笠原群岛登陆以牵制日军之外，同时也是为从塞班等地起飞的B-29型轰炸机空袭日本本土扫清通道。而从9月6日开始，美军航空兵的攻击重点开始转向帕劳群岛。此举令马尼拉方面的日本"南方军"司令部大为紧张，随即电告全军："不出数日，敌将开始大规模登陆作战，必将指向哈马黑拉或帕劳。"

就在"南方军"司令部全神贯注于外围战线之际，9月9日美军航空兵突然出动400架次的庞大机群对菲律宾群岛的棉兰老岛、达沃展开突袭。"南方军"司令部被打了个措手不及，大批战机和地面设施被毁。事后总结之时，才发现早在8月31日便有3架美军P-38型战斗机由新几内亚方向飞临达沃，这样的战术侦察显然是大机群来袭的前兆，可惜并非引起重视。

美军航空兵在9月9日的空中突击，虽然还不至于一举打垮菲律宾南部的日方空中力量，但却令整个南方军上下倍感紧张。次日由于海岸瞭望员把达沃湾水平线上出现的异常波浪误认为是美军登陆艇，一度引发了整个菲律宾战区的全线震动。惊弓之鸟的心理阴影可见一斑。

（四）叩门之声——菲律宾制空权的争夺与帕劳等岛屿的攻防战

9月12日，美军航空兵进一步将打击范围扩展到以宿务（Cebu）为中心的菲律宾中部地区。作为菲律宾群岛最早开发的地区，宿务不仅是菲律宾仅次于马尼拉的第二大城市，更是菲律宾重要的工业中心和交通枢纽，日本陆、海军在当地建立司令部和航空兵基地本无可厚非。但是在菲律宾南部机场已经遭遇空袭的情况下，却仍未采取有效措施，导致当日70余架零式及其他战机在地面被摧毁。整个"第一航空舰队"的战力瞬间被蒸发了四分之一。同时倒霉的还有宿务港内停泊的各型船只。战后统计日本方面有共计排水量27000吨的13艘军用舰艇、11艘民用船只被击沉。

次日，棉兰老岛各机场、莱特岛的塔克洛班、吕宋岛南部的黎牙实比等地也遭到美军空袭。9月14日，美军更进一步将炸弹倾泄在了日本在东南亚的主要产油区——婆罗洲。超过500架次的舰载机空袭了日本海军的后备基地塔威塔威。如此强大的打击力度，令日本海军产生了美国海军主力已经深入苏拉威西海的错误判断。

美军航母机库内准备出击的舰载机群。

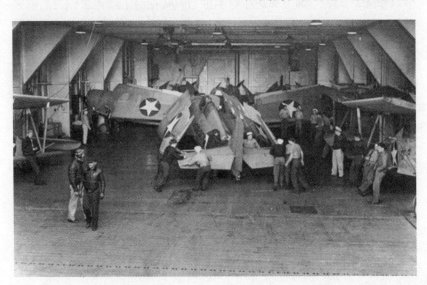

帕劳战役中美军的登陆场景，依稀可见密集的海空立体火力下的日军滩头阵地。

　　但事实上此时尼米兹正忙于调兵遣将攻击帕劳群岛，对菲律宾群岛的空中打击本是出于牵制日本方面的考虑，并未预期能取得这样的战果。而美军航母编队已经进入苏拉威西海的推测更是折射出日本方面在拟定"捷号作战"计划时最大的短板：想当然。

　　"捷号作战"的作战纲领，是在发现美军主力来袭之时，发动前线配属的基地航空兵力捕捉并歼灭敌舰队及敌进攻兵力。联合舰队的水面舰艇和陆军部队原则上都是在对手主力舰队在海上遭遇重创之后前去"补刀"的存在。如果是基于这样的原则，那么就需要日本陆、海军的航空兵力始终对战场环境有着全盘的掌握，才能在对手舰队来袭之前集中兵力，给予致命一击。但是自中途岛海战以来，无论是战略侦察还是战术侦察方面，日本陆、海军的成绩都可谓乏善可陈。

　　因此在制定"歼敌于海战"计划的同时，大本营还特别强调："对于敌军机动部队（航母战斗群），掌握良机，以一部兵力促使其逐渐削弱；另一方面，力求保存我方兵力，防止逐渐消耗。"事实上便是否定"孤注一掷"的"浪战"。真正有实现空间的只能是在确认美军已经登陆之后，再"歼敌于水际滩头"。也就是说在实际交战过程中，日本陆军需要将来犯的美军压制在滩头阵地上，以吸引为登陆部队提供海、空火力支援的美军主力舰队始终盘桓在登陆场附近。

在缺乏遮蔽物的滩头"构筑既能经受住敌在登陆前惯用的猛烈的轰炸与炮击,又能作长期抵抗的阵地地带,力图尽一切手段削弱敌军战斗力,不失时机转入攻势,一举击溃敌军",对于日本陆军而言无疑是一项不可能完成的任务。因此"南方军"司令部最初拟定的计划,是仅以少数部队确保中、南菲律宾的要害地区,并通过陆军在这些岛屿的坚守,创造海军及航空部队进行"决战"的机会。而第14方面军的主力则集中于吕宋岛,静待与美军的最终决战。值得一提的是,在8月5日于马尼拉举行的日本陆、海军联合图上模拟演习之中,便已经将美军的第一登陆地点假想于莱特岛了。

日本人的"如意算盘"虽然打得响亮,但却忽视了一个最为基础的现实。在完全无法掌握美军航母战斗群位置的情况下,庞大的陆基航空兵便犹如一个瞎子、聋子,只能任由对手宰割。而期待着将对手吸引到近海登陆场内,再进行立体式的绝地反击的计划无异于开门揖盗。

因为在展开登陆之前,美军必然已经牢牢地掌握了制空权,无论是联合舰队残存的大型战舰,还是陆军的精锐师团,所谓的反击在对方优势航空兵的打击之下,最终都不过是徒增伤亡。便如同13世纪中叶面对来袭的蒙古大军,身披铠甲的日本武士最终往往冲击不到白刃格斗的距离之内,便已经被对手的弓箭射成了刺猬。正是基于这种同样尴尬的局面,日本人日后才将试图改变战局的自杀型攻击部队,以那场将蒙古舰队一扫而空的天灾命名,称其为"神风特攻队"。

9月9日到12日,美军对菲律宾的航空压制令南方军司令寺内寿一如芒刺在背,9月12日当晚他便向大本营方面打去报告,要求迅速统一陆、海军的指挥权问题。尽管寺内寿一所谓的"统一指挥权",无非是想将日本海军部署于菲律宾的"第一航空舰队"纳入陆军的指挥体系而已,但他在报告中申明的几点问题却值得关注。在报告之中寺内寿一除了攻讦海军在美军空袭之中负有巡逻不力、缺乏战斗热情之外,更指出了菲律宾地区日本陆、海两军最大的分歧点:陆军认为以摧毁麦克阿瑟的进攻为主,但海军则始终坚持以"摧毁尼米兹"为主的思想。

海军决胜大洋、陆军谋胜于地上,本无可厚非,但问题是此时的日本海军早已无力与对手争雄。所谓"摧毁尼米兹"除了痴人说梦之外,最终也不过是追求击沉美军几艘大型战舰,以博取存在感而已。宛如古代武士即便战败身死，也要留下曾阵斩对手某某大将、取下某某首级的虚名一般。认认真真地配合陆军进行岛屿防御，反而被视为是一种不务正业和怯懦的表现。

正是缘于日本陆、海军之间这种立场的差异，对于寺内寿一的提案，大本营方面虽然表示"完全理解寺内总司令的心意"，但是在"与海军方面联系研究"之后，最终以战机正在迫近，采用如此意见却有实际困难为由，委婉地拒绝了。仅存的190余架战机的海军"第一航空舰队"，已经在菲律宾战场上保持着超然于"南方军"之外的姿态。

9月15日，美海军陆战队第1师和陆军第81师正式在帕劳群岛登陆。在手中航空兵力已经完全被美军压制的情况下，"南方军"司令部对于棉兰老岛以东490余海里的战场毫无办法，只能电告当地驻军："虏夷终至菲律宾门前，正应击其骄横，但目前不得不依靠贵集团孤军奋战，对此悲恸万分。"对于陆军方面极度不满的情绪，海军联合舰队司令丰田副武也不得不要求菲律宾方面的海军部队"全力以赴进行坚忍不拔之作战"。不过这种命令不过只是一种姿态。9月15日当天丰田副武还致电南方军司令部和帕劳驻军："已令西南方面部队及先遣部队立即支援帕劳及哈马黑拉方面之作战。但其兵力尤其航空兵力不足，未必能满足贵方面期待，深感遗憾。切望为了全局，顽强作战，并祝成功。"

丰田副武口中的"并祝成功"，在孤立无援的境地之下自然是不可能做到的。但驻守帕劳的日本陆军第14师团毕竟是功勋卓著的常设师团，在美军优势兵力的猛攻之下，最终仍坚持到了当年的11月27日才覆灭，倒是堪称"顽强"。只是那些在帕劳群岛的岩洞之中，昼伏夜袭，给对手造成重大伤亡，最终倒毙于火箭筒和火焰喷射器之下的年轻士兵，并不知道他们的牺牲对整个战局毫无影响。因为就在尼米兹方面的美军中太平洋战区发动帕劳群岛战役的同时，麦克阿瑟也由新几内亚出击，开始攻占菲律宾群岛以南的日军岛屿。也就是在9月15日，美军西南太平洋战区攻占哈马黑拉以北的莫罗泰岛（Morotai）。美军进攻菲律宾群岛的脚步伴随着隆隆的炮声，逐渐逼近。

此时的莫罗泰岛上驻守着川岛威伸少佐所指挥的第2游击队。这支仅有2个中队、不足500人的小部队，主要由中国台湾地区的原住民组成。战后日本方面虽然出于各种目的鼓吹这些所谓的"高砂义勇兵"身手矫捷，穿山越岭如履平地，但却无法改变仅配以冷兵器便将这些炮灰

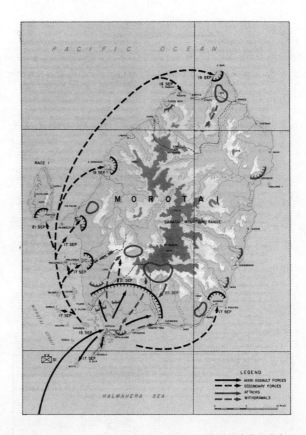

美军登陆莫罗泰岛。

放置于美军进攻轴线上的事实。

尽管这些"高砂义勇兵"无力阻击美军登陆，但要在相当于台湾岛十分之一面积的莫罗泰岛上迅速消灭这支隐匿于山林之中的游击队显然也非易事。而美军大批登陆舰艇集结于莫罗泰岛周边，也恰恰满足了"捷号作战"所设定的条件，于是9月15日后日本陆军第4航空军和海军第一航空舰队便不断分别出动战机空袭美军锚地。尽管战果有限，仅击沉了美军护航驱逐舰"谢尔顿"号（USS Shelton，DE-407），但毕竟是一次成功的尝试。

而为了拖延美军的进攻步伐，日本陆军第32师团分批将步兵第211、第212联队的3个步兵中队（9月26日），步兵第210联队的550人敢死队（10月上旬），步兵第211联队守田义辉联队长以下500人（11月16日）分批送往莫罗泰岛展开"逆登陆"。而在战斗中日本陆军还首次展开了所谓"斩込队"的特攻行动，由背负着炸药包的日军工兵冲入美军阵地进行自杀式攻击。就这样，莫罗泰岛的战斗一直延续到了1945年。

值得一提的是在莫罗泰岛上指挥"高砂义勇兵"的川岛威伸少佐，战后倒是官运亨通，甚至一度出任相当于总参谋部的陆上幕僚监部的总监付，并以相当于少将身份的"陆将辅"身份退役。而那些战死于岛上的"高砂义勇兵"，战后却最终被日本方面拒绝承认，沦为了难归故土的孤魂野鬼。

日本陆军在莫罗泰岛的"逆登陆"。

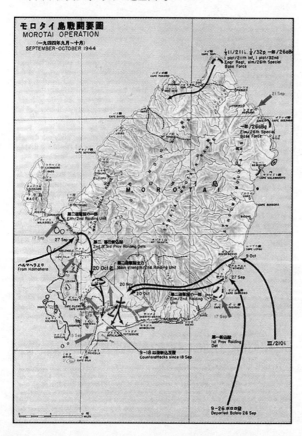

太平洋战争全史

（五）胜利迷梦——"台湾冲航空战"的神话和现实

9月21日，在菲律宾东南、西南两线同时告急的情况下，日本陆、海两军同时上奏天皇裕仁，认为美军主攻菲律宾的态势已然明显，应立即启动"捷一作战"计划。而也就在同一天，美军舰载航空兵首次空袭马尼拉。如果说9月9日美军首次出现在菲律宾上空还能勉强称之为奇袭的话，那么此时日本方面又一次被打了个措手不及。20余架战机在地面被摧毁，马尼拉港内总计10万吨的16艘大小舰艇被击沉实在有些说不过去。日本方面也不得不检讨说："敌机的奇袭之所以屡次这样取得成功，其主要原因是我航空情报组织不完备，特别是雷达不足。"

9月22日，美军战机再度飞临马尼拉上空，轰炸引发港区码头大火。连续被吊打的日本海军航空兵终于按捺不住，对在马尼拉40—60度、120—170海里处发现的美军航母战斗群于当天上午7时和下午4时进行了两轮攻击，并报称命中敌航母2艘、巡洋舰1艘。可惜这一战果在美军资料中并没有找到相关的战损记录。而自中途岛海战以来，由于飞行员经验和政治考量等因素，日本海军似乎也早已习惯了"人工干预"战斗结果。

而长期沉寂的日本海军此番之所以能够主动出击，很大程度上还是缘于新任军令部长及川古志郎刚刚于9月21日通知联合舰队方面：天皇已经批准了在菲律宾实施"捷一作战"的相关上奏。在海军之中缺乏威信的丰田副武向来秉承上意，要求菲律宾方面的"第一航空舰队"主动出击，"造"出成绩。

或许是被海军方面的战绩所打动，也可能是真的感觉长此以往"待敌进攻部队来攻以图决战"的计划希望渺茫。总之，9月24日南方军司令寺内寿一向大本营建议："此时歼敌于初战，至少先将来攻之敌主力航母群击破，乃捷号作战必胜之关键。"可惜大本营方面并不领情，反而在9月25日发来了一段令人颇为丧气的电文：

近来因（美军）无线电兵器发达，高射炮火猛增，截击机数量增加等，从来海军航空兵虽做殊死攻击，但战果甚微。据报告，前次"あ"

中途岛海战以来，由于相关海军航空兵战术素养的此消彼长，日本海军航空兵很难在正面对抗中重创对手的航母编队。

日本海军联合舰队日吉台基地司令部的地下入口。

充当旗舰前的轻巡洋舰"大淀"号。

号（即马里亚纳海战）作战经验之结论为：屡次攻击航母群时，进攻部队虽倾全力攻击仍难奏效，盖因敌之环形队列犹如铜墙铁壁，而构成铜墙铁壁者实为敌战舰群。近来敌将全部火炮作高射炮使用，威力甚大。另一方面装甲增厚，命中数发炸弹、鱼雷，亦难将其击沉。攻击机队在打开突击路线时即行全部丧失。此外，由于无线电兵器发达，我利用黎明薄暮等视界不良时进行攻击之战，反而对敌有利。在前次"あ"号作战中担任攻击航母而丧失大部精锐之海军航空部队，特别是第1航空舰队，最近对攻击航母并不积极，其原因何在？请三思。

这则电文表面已经完全超出了大本营与方面军沟通的范畴，更像是海军在对陆军说教。文末更是正面回应了寺内寿一此前攻讦海军"第1航空舰队"作战不积极的言论。但也就是在同一天，联合舰队司令丰田副武要求在以中国台湾、冲绳群岛为主要基地的"第2航空舰队"的"T（Typhoon，台风）攻击部队"作好投入支援菲律宾方面作战的准备。

所谓的"T攻击部队"，正式的名称为"第762海军航空队"，这支1944年2月15日于台湾新竹基地组建的攻击机部队，不仅吸收了昔日日本陆、海两军擅长鱼雷攻击的一干精锐，更广泛装备了一式"银河"陆基攻击机和"彗星"三三型舰载轰炸机，可谓是日本海军精心打造的杀手锏。

而之所以选择将其部署于中国的台

湾地区，主要是考虑到中国台湾地区历来是赤道地区形成的台风北上中国大陆和日本列岛的必经之路。在日美之间战斗力空前悬殊的情况下，日本海军航空参谋源田实等人认为，一旦美军航母战斗群在夏季进入台湾沿海，必然会遭遇频繁的台风洗礼，届时其舰载机起降困难、防空火力薄弱，"T 攻击部队"趁势切入，可获全功，因此大本营拒绝陆军航空兵打击美军航母。如果从比较积极的一面来看，是日本海军已经表明："放开那些美国航母，让我这个专业的上。"

作了上述部署之后，9 月 29 日丰田副武又将联合舰队司令部由轻巡洋舰"大淀"号搬迁至横滨日吉台地的地下掩体之中。对于这一广受诟病的决定，丰田副武本人在上奏天皇裕仁时的解释是："在现阶段作战中，为指挥海上决战兵力、岸基作战航空兵力、潜艇兵力、各方面舰队等，以在独立旗舰或地面上的适当位置指挥全局作战为宜。"

这番言论和之前丰田副武以"大淀"号轻巡洋舰通讯功能强大，且具备强大的水上侦察机弹射能力（实际是看中了其宽大的机库），而拒绝继续以大和、武藏这样的超级战列舰为旗舰一样，不过是丰田副武及其幕僚贪生怕死的借口。昔日山本五十六、古贺峰一这两位何尝不是统筹指挥着"海上决战兵力、岸基作战航空兵力、潜艇兵力、各方面舰队"。也正是两位前任皆横遭惨死，令丰田副武视联合舰队司令一职为危途，一度只敢让"大淀"号停泊在千叶县木更津外海，保持一个在海上指挥舰队的形式。这一次更是连这个形式都不要了，直接躲进了地下掩体。

丰田副武很清楚，"捷一作战"一旦发动，所有日本海军残余的大型战舰必然全数投入战斗。自己身为联合舰队司令如果继续再待在"大淀"号轻巡洋舰上，自然不能不亲临战阵。何况美军航空兵新型的B-29 型远程轰炸机正在马里亚纳群岛加紧部署，一旦展开大规模空袭，则日本本土必然遭遇重创，因此从某种意义上来讲丰田副武此番决定，不仅为日本海军主动"腾退"了一艘新型战舰，还提前为联合舰队未来在美军的狂轰滥炸之下寻觅好了巢穴。可惜广大奔赴战场的日本海军官兵对此举并不理解，日后还编造了"楠木公未抵凑川^①"这样的段子。

但就在丰田副武忙着搬家的同时，美军航母战斗群突然北上，10月9日由美军"切斯特"号（USS Chester，CA-27）、"彭萨科拉"号（USS Pensacola，CA-24）和"盐湖城"号（USS Salt Lake City，CA-25）三艘重巡洋舰及6艘驱逐舰组成的第30.2任务群率先炮击了冲绳东部的南大东岛。次日美军第38特混舰队更出动400余架次的舰载机对冲绳本岛、奄美大岛、南大东岛、宫古岛等日方所谓的"西南诸岛"展开猛烈轰炸。日方史料称之为"十·十空袭"或"冲绳大空袭"。

单纯从日本军方的损失来看，"冲绳大空袭"所造成的损失虽然惨重（51架战机不同程度受损，40余艘军用舰艇被击沉），并非不能接受，但此次空袭所带来的巨大政治影响却令负责保卫领海的日本海军承受了巨大的压力。自1879年成功吞并琉球王国以来，日本政府始终视冲绳群岛为自己的本土。尽管美军远程航空兵已不止一次地飞临日本上空，但遭遇对手如此大规模的舰载航空兵攻击却纯属首次。更令日本海军感到难堪的是，此时联合舰队司令部虽然已经搬迁到日吉台地，但是

炮击南大东岛的美军重巡洋舰"彭萨科拉"号。

---

① 楠木公未抵凑川，楠木公指的是日本南北朝时期忠于后醍醐天皇的地方豪强楠木正成。公元1336年，楠木正成为抵抗反对后醍醐天皇的足利尊氏而于凑川战死，并在太平洋战争末期成为日本军方号召底层士兵发动自杀式袭击的楷模。因此"楠木公未抵凑川"指的是鼓吹"七生报国"的日本军方高层本身却贪生怕死。

美军空袭下的冲绳首府那霸市。

司令官丰田副武却正在中国台湾的新竹地区"视察部队"。

面对海军部下达的"对美国机动部队闯入'我前院',不能熟视无睹"的命令,留守联合舰队司令部的参谋长草鹿龙之介随即下达了"基地航空部队捷二作战警戒令",要求"第二航空舰队"司令福留繁[1]"应速侦知当面敌之全貌,并相机予以捕歼"。客观地说作为昔日"偷袭珍珠港"行动的策划者之一,草鹿龙之介对海军航空兵的使用有着"如果攻击就应该不留退路"的独特理解。但他却忽视了此刻部署于中国台湾、冲绳等地的"第二航空舰队"同时还肩负着支援菲律宾方向的任务。

"第2航空舰队"司令福留繁不仅缺乏实战经验,从政治上看更属于一个失意官僚,此时也格外渴望"搞个大新闻"。而丰田副武为了摆

---

[1] 福留繁,1941年4月便已是海军军令部作战部长,1943年5月升任联合舰队参谋长。1944年3月31日,日本联合舰队司令部在转移途中遭遇恶劣天气导致飞机失事的"海军乙事件"发生,福留繁虽然死里逃生,但由于随后被菲律宾抗日游击队俘虏,其所携带的大批机密资料被缴获,从此政治生涯步入了下坡路。

脱自己不在司令部的尴尬，干脆发布了"基地航空部队捷一号和捷二号作战警戒令"，也就是说了除了中国台湾等地的"第二航空舰队"，连在菲律宾的"第一航空舰队"也要投入对空袭冲绳的美军航母战斗群的"复仇行动"中去。而此刻同样承受着巨大压力的大本营，也不再提什么美军航母的"铜墙铁壁"了，放任一场添汤凑杀的浪战正式开锣。

10月11日，日本海军"第二航空舰队"从中国台湾地区起飞40余架侦察机，在台湾以东海域扇形展开，并很快发现了在台湾东南方向行动的美军4个多航母战斗群。面对美军拥有17艘航母及78艘各型护航舰艇的第38特混舰队，日本海军失去搏浪一击的勇气，只能在战报中宣称："为接触这支舰队，出动了一部航空部队，但不久天就黑了，未能达到目的。"

可惜的是，美国人并没有"人不犯我，我不犯人"的精神。10月12日全天，美国第38特混舰队出动舰载机1300余架次，对整个中国台湾地区的日军舰艇、航空基地、军需工厂进行猛烈空袭。而日本方面仅仅从九州南部的鹿屋基地起飞了56架由陆基轰炸机"银河"及护航战机组成的海军"T攻击部队"，便公然宣称取得了击沉疑似航母4艘、重创了不明舰种船只10艘的辉煌战绩。

与之相比，随后从冲绳基地起飞的海军舰载轰炸机"天山"编队，由于有陆军的四式"天龙"重型轰炸机在旁而不敢过分胡吹，只说重创了不明舰种船只2艘。而为了获得这个吹嘘的权利，日本航空兵共付出了54架战机及机组成员的代价。

10月13日，美军再度出动1400余架次舰载机对中国台湾地区实行空袭。而日本海军仅出动所谓"T攻击部队"战机28架，以真实损失18架的代价，换取了击沉美军航母2艘、重创1艘，击沉其余舰种不明战舰2艘的虚拟战绩。第二天，美军对台湾地区的空袭逐渐减弱，并出现了主力舰队向东南方撤退的现象。此时按照日本海军的战报，美军第38特混舰队的航母至少已经损失了三分之一了，自然已是溃不成军。

10月14日当天，九州南部展开完毕的第2航空舰队便以全部兵力450架飞机对"撤退中"的美军航空母舰群展开追击，尽管由于航程限制，当天理论上能飞抵美军航母编队上空的也仅有半数，但这并不影响仅有39架战机参战的"T攻击部队"再一次击沉美军航母2艘、战列舰 1 艘、重型巡洋舰 1 艘的优异战绩。与之相比，由 124 架其他部队战机组成的攻击波次，果然"不够专业"，仅重创了敌军的 1 艘航母和 3 艘巡洋舰而已。

10 月 15 日，日本海军侦察机报告在高雄东方海面，发现有 11 艘疑似美国海军驱逐舰的船只，由于正在漏油已几乎停止航行。消息传来，联合舰队司令部内一片欢腾，自动脑补出了"这类受伤敌舰会到处皆是"，除了随即命令各航空部队进一步扩大战果之外，更要求集结于濑户内海的"第 2 游击部队"南下追击。而综合美国方面的资料，这一天日本方面所发现的应该是美军第 38 特混舰队中临时编组的第 30.3 任务群（2 艘轻巡洋舰、3 艘驱逐舰及 5 艘支援舰艇组成），正在拖带在战斗中"唯二"受损的两艘战舰：重型巡洋舰"堪培拉"号（USS Canberra，CA-70）和轻巡洋舰"休斯敦"号（USS Houston，CL-81）。

此时联合舰队编制内所谓的"第 2 游击部队"，指的是海军中将志摩清英麾下原"第 5 舰队"的舰况稍好的重巡洋舰"那智""足柄"，轻巡洋舰"阿武隈"，以及驱逐舰"曙""潮""霞""不知火""若叶""初春"和"初霜"号。这样一支看似阵容严整的水面舰艇分队，其实在美军第 38 特混舰队面前不过是一碟小菜，即便是面对美国海军第 30.3 任

舰尾中雷的美军轻巡洋舰"休斯敦"号。

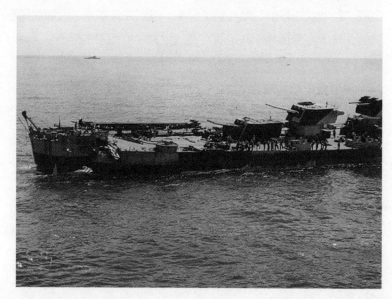

务群这样的"败残舰队"也未必能讨到便宜。指望如此脆弱的水面舰艇"捕捉、消灭受伤敌舰"显然是不可能的。第2游击部队在15日上午7时通过命令，自丰后水道南下驶向台湾以东海面后不久，便接到联合舰队参谋长的电报，于16日傍晚折回。

海军方面所取得的"巨大战果"，令本就期望在决战之前重创对方航母战斗群的陆军"南方军"司令部备受鼓舞。10月15日上午，日本陆军第4航空军与海军"第1航空舰队"首次主动出击，于马尼拉上空拦截美军舰载机编队。此后更出动陆、海两军航空部队合计约130架次，连续对吕宋岛东方海面发现的美军以4艘航母为核心的舰队两次进行攻击。最终报称击沉美军航母1艘，重创2艘。此后美国海军第38特混舰队驶离日本航空兵打击范围。日本方面所谓的"台湾冲航空战"至此画上一个句号。

10月16日15时，日本大本营海军部综合发表了如下战果：我部队自10月12日以后，连夜猛攻台湾及吕宋东方海面的敌机动部队，击溃其过半兵力，迫使其溃退。击沉：航空母舰11艘、战列舰2艘、巡洋舰或驱逐舰1艘。击伤：航空母舰8艘、战列舰2艘、巡洋舰或驱逐舰1艘、舰种不详13艘。其他看到击中起火的不下12艘。消息一出，整个日本列岛欣喜若狂，天皇裕仁亲自颁发敕语嘉奖了联合舰队。东京、大阪等地更是连夜召开国民大会，空前高涨的情绪在首相小矶国昭高呼"胜利就在眼前"时达到了巅峰。但就在日本本土大肆欢庆胜利的同时，日本海军侦察部队报告在高雄以东430海里的洋面上发现了以7艘航母为核心的庞大美军舰队，联合舰队吹胀的牛皮瞬间被戳破了。

事后海军部和联合舰队司令部于日吉台地指挥部召见了"T攻击部队"相关参谋人员。最终认定，是参战飞行员缺乏经验，躲在薄暮或夜间进行攻击，因此导致战果报告严重失实。"台湾冲航空战"的真实战绩，应为击沉、击毁美军航母4艘。不过这一更正声明还没来得及发表，10月17日美军的登陆艇便已然出现在了莱特湾口的苏兰岛（Suluan）附近了。

战时铺天盖地的宣传攻势，令"台湾冲航空战"的"辉煌胜利"尽人皆知，甚至通过著名的"东京玫瑰"①广播节目传递到了美国人的耳朵里。为此美军第3舰队司令哈尔西不得不亲自出面辟谣称："第38特混舰队被击毁和损伤的战舰全部获救，正在高速撤离敌军。"

敌军统帅充斥着的美式幽默调侃以及此后一系列惨痛的失败，令战后日本的军史学者视"台湾冲航空战"为奇耻大辱。甚至有人怒斥道："什么'台湾冲航空战'！美国人的战史上根本就不存在。"但其实这个说法并不准确，事实上美国方面同样将压制在冲绳群岛、中国台湾地区的日军航空基地视为发动菲律宾登陆战的重要前提，因此才调动第38特混舰队的全部主力悉数北上。而无论是在对冲绳群岛的空袭，还是压制台湾地区日军机场的过程之中，美军舰载机群均遭到了日本陆、海军航空兵的截击。

在10月12日美军飞临中国台湾地区的首日，日本方面也从新竹、冈山两大航空基地起飞超过250架战斗机予以迎击。其中日本陆军所投入的为刚刚在中国战场上收获了良好口碑的四式"疾风"战斗机。海军方面也首次投入了装备新型"紫电"截击机的第341海军航空队。一时间台湾岛上空集中了美日双方总计超过700架的战机，展开了规模空前的大混战。只是在美国方面压倒性的数量优势之下，日本航空兵才最终败下阵来，陆军方面包括第11飞行战队队长金谷祥弘在内的多名王牌飞行员战死，而海军方面第341海军航空队的31架"紫电"与美军60余架舰载机交手后，最终也损失过半。

在整个"台湾冲航空战"中，美日双方共出动4320架次的战机参战，堪称是太平洋战争期间最为惨烈也是规模最大的海空交战。客观地说，日本陆、海军航空兵的飞行员们也堪称尽职尽责，以打击敌方航母为目标的"T攻击部队"总计损失战机230架，占到编制总数的86%。在这样的情况下，再去苛责飞行员显然并不合适。真正应该为"台湾冲航空战"负责的恰恰应该是"第2航空舰队司令"福留繁和联合舰队丰田副武等一干官僚。

福留繁事后宣称自己亲眼见到在台湾岛上空的"百机大缠斗"之中

---

① 东京玫瑰，泛指二战时期东京广播电台对美军部队进行广播的女性播音员。其中最为著名的是日裔美国人户栗郁子。

"坠落的尽是太阳旗标识的日军飞机",甚至宣称"犹如以卵击石",但在战报中还是鼓吹辉煌胜利。

丰田副武更无耻地在回忆录中写道:"台湾冲航空战时我正好在台湾,不过对战况却不太清楚……虽然美国说日本公布的战果荒唐滑稽,完全是胡说八道,不过,我确信当时美国也损失惨重……可是,之后美国舰队表现活跃,大本营也认为在台湾冲航空战中,美国兵没有什么损失,不过,我确实收到了不少美军战列舰不能自由行动、美军航母倾斜漏油等比较可信的情报。如前所述,我并不盲信当地部队的报告。当时我认真地分析了各种情报,研究了战况,尽量做出准确的判断。虽然我也知道,实际取得的战果一定会小于大本营的公告,不过从结果说,不管是打折扣还是心算,还是不想在报告中缩小我军的战果。"

丰田副武、福留繁为了保住自己的乌纱帽和颜面杜撰出来的战绩,或许天皇裕仁本人也并不相信,但是此刻的日本列岛迫切需要一针兴奋剂来挽救濒临崩溃的民心士气。于是"台湾冲航空战"不仅被"钦定"为辉煌大胜,丰田副武、福留繁等人事后也并未承担失察之责。或许正是带着这种对时局深切的绝望,10 月 15 日,日本海军"第 1 航空舰队"所属第 26 航空战队司令海军少将有马正文,亲自驾驶战机对美军舰队发起了自杀式袭击。而在此之前,他对随军记者表示根本不相信大本营公布的所谓辉煌战果,要想拯救日本唯有依赖"特殊攻击"。一场日本航空兵名为"神风特攻"的"末路狂奔"由此展开。

台湾岛上空被美军舰载机击落的日本陆军四式"疾风"战斗机。

第五章　莱特湾

（一）决战发动——美军登陆莱特湾和日本陆军的反击

10 月 17 日凌晨，日本海军布设于苏兰岛的观察站以明码发出急电："上午 7 时，有敌战列舰 2 艘、辅助航母 2 艘、驱逐舰 6 艘向我接近。"随后又发出"8 时敌开始登陆"的消息后，便彻底失去了联系。这一犹如恐怖电影一般的开头，令刚刚还在沉浸于"台湾冲航空战""辉煌战果"中的日本陆、海军如坠冰窖一般。毕竟苏兰岛是菲律宾中部莱特湾的东侧大门，美军攻占该岛是否意味着日本方面原先拟定的在菲律宾由南而北逐节抵抗的计划要归于破产呢？

因为不愿意承认"台湾冲航空战"的胜利纯属子虚乌有，因此日本海军给出的解释是："判断敌在苏兰岛登陆，是在菲律宾中、南部登陆作战的一部分；敌不顾攻击帕劳进展不顺、机动部队损失很大，似仍按预定计划开始进攻菲律宾，企图以哈尔西指挥的部队在萨马、莱特方面登陆，以配合麦克阿瑟指挥的部队在棉兰老岛南部登陆，这种可能性很大，不过没有十分把握。"而陆军方面驻守莱特湾的第 16 师团，也派出作战主任参谋由塔克洛班机场搭乘战机前往侦察，虽然报告说："莱特湾内尚无敌舰，但湾外浓云密布，无法侦察。"

与海军方面执拗地坚持美军舰队"气数已尽"相比，驻守菲律宾的日本陆军第 4 航空军综合 17 日午后到夜晚的各种情报，特别结合敌舰载机尽管天气极为恶劣仍接踵飞来的顽强性，和截听敌军通信的结果，最终判断这股美军来头不小，决定从 18 日拂晓开始全力展开攻击。

"南方军"司令部更根据陆军第 4 航空军的相关报告，于 17 日午夜向大本营发报称："根据形势判断，应予发动'捷一作战'。"可惜的是"南方军"的相关报告递交大本营之后，又经过一番权衡，才于 10 月 18 日当晚由陆海两军总长上奏天皇裕仁，等天皇裕仁同意发动"捷一作战"并谕示"皇国兴亡在此一战，切望陆海军齐心协力团结奋斗，务期完全"的消息传到前线，已经是 10 月 19 日凌晨了。而也就在 10 月 18 日这最为关键的 24 小时里，战局发生了天翻地覆的变化。

由于 10 月 18 日清晨莱特湾出现了风速 30 米的暴风雨，加之战况不明，因此陆军第4航空军并未按原定计划展开侦察和攻击行动。而驻守莱特岛的日本陆军第16师团师团长牧野四郎中将更由于此前海军方面"台湾冲航空战"的战报，而发出了"敌军舰艇多数驶进莱特湾，但是否为进攻而驶进，或为躲避暴风雨，抑或是在台湾海面战斗中遭到损伤的部分舰艇窜进港内，不明"的报告。或许牧野四郎还想着会不会有美军跛舰在莱特岛搁浅，舰上官兵被迫向自己的第16师团投降这样的好事呢。但可惜的是，美军舰载机所投下的炸弹和猛烈的舰炮轰击很快便令牧野四郎的迷梦泡了汤。

10月18日上午，美军第38特混舰队出动舰载机400余架次对莱特岛展开空袭。午后由4艘战列舰、9艘巡洋舰和10艘驱逐舰组成的火力编队进入莱特湾内，对岛上的日军目标展开炮击。同时15艘扫雷艇开始对登陆路径沿途海域进行清理。在这样的架势之下，美军登陆莱特岛的态势可谓昭然若揭。但此时"南方军"方面除了再次电请发动"捷一作战"之外，却似乎没有其他更好的办法。

"南方军"为什么如此执念地要大本营下达发动"捷一作战"的指令呢？除了日本政治体系中特有的形式主义之外，还有很大一部分原因在于："南方军"无法直接与"联合舰队"方面进行沟通，而如果没有海军的协力，那么在菲律宾这样的群岛战场之上，日本陆军便将陷入孤立无援的境地。但是出乎寺内寿一意料的是，海军方面对发动"捷一作战"格外地热心，并拟定了一个歼敌于莱特湾的宏伟计划：

一、第1游击部队（栗田部队）自圣贝纳迪诺海峡（San Bernardino Strait）出动，全部歼灭敌进攻部队。

二、机动部队（小泽部队）策应第1部队的突入作战，把敌人牵制于北方，并相机歼灭溃败之敌。

日本联合舰队第1游击队司令栗田健男。

三、第 2 游击部队（第 21 战队及第 1 水雷部队）（志摩部队）的第 16 战队编入西南方面舰队，作为海上机动反击作战的骨干，坚决进行反登陆作战。

四、在菲律宾集中基地航空部队，彻底消灭敌航空母舰。

五、先遣部队以全力处理敌受伤舰艇，并歼灭敌登陆部队。

六、第 1 游击部队的突入登陆点定为 X 日；机动部队本队于 X–1 乃至 X–2 日，进到吕宋东方海面。

七、X 日以特别命令规定，现在大体定为 24 日。机动部队应按上述规定出击，由第 1 机动舰队司令长官决定。

从要求先遣部队"全力处理敌受伤舰艇"的要求来看，联合舰队方面之所以如此底气十足，或许还是建立在认定美军航母战斗群在"台湾冲航空战"中元气大伤的基础之上，认为凭借着"大和""武藏"两艘超级战舰，仅以水面舰艇为主的第 1 游击部队也能发挥巨大的作用，即便不能全部击沉美舰队主力，至少也能配合陆军歼灭敌登陆部队。

至于为什么美军在帕劳群岛攻防战尚未结束，又在台湾近海"遭遇重创"之余，还要执意发动菲律宾战役，在日本陆军"中国派遣军"司令畑俊六 10 月 22 日的日记中，我们或许可以探索到当时日本军方高层心目中的"大局观"："敌美日前在台湾海域空中会战中虽受重创，仍顽强频频反击。且出于下月 7 日举行总统选举之政治意图，自 17 日以约三个师的兵力企图在菲律宾莱特湾登陆，一部已登陆成功，其斗志可佩。加以英国机动部队亦与之策应，来攻卡尔尼科巴岛，自此东西均将多忙。"

1944 年的确是美国的大选之年，但已经破例连任三届总统的罗斯福，面对竞选对手——年轻的共和党人托马斯·杜威（Thomas Edmund Dewey，1902—1971 年）可谓胜券在握，根本不需要强行发动一场登陆战来提升政绩。而英国皇家海军在印度洋的活跃乃至重返太平洋的脚步，也早已于 1944 年 1 月便展开。拥有 11 艘航母、8 艘战列舰的英国东印度舰队封锁孟加拉湾，空袭日本在婆罗洲和缅甸等地的炼油厂、油井及港口更远非一日。其对卡尔尼科巴岛（Car Nicobar）的攻势与美军收复菲律宾并无直接联系。畑俊六身为百万大军的统帅，尚且如此懵懂，其他各级官兵对局势的判断自然更是错得离谱。

得知海军方面已经出动"联合舰队"所有主力舰艇放手一搏的消息之后，日本陆军南方军司令寺内寿一随即要求："各军司令官应根据各自承担的任务，奋起全力，完成决战。"不过"南方军"名义上下辖5个方面军，但真正投入莱特湾决战的主要还是第14方面军及其所属的第35军。而此时第14方面军刚刚完成新旧指挥官的更替，在菲律宾默默耕耘了2年之久的黑田重德被罢免，昔日的"马来之虎"山下奉文走马上任。

单纯从以往的战绩来看，昔日横扫马来半岛势如破竹的山下奉文，显然比上一次亲临战场还是1917年出兵西伯利亚的黑田重德"高到不知道哪里去了"！但临阵换将终究是兵家大忌。而关于缘何要选用山下奉文出任第14方面军司令，日本史学家认为此时菲律宾方面所集结的陆军各部队之中第8师团、战车第2师团均为昔日山下奉文在关东军组建第1方面军所带过的老部队，由山下指挥可以发挥下"上下同心"的功效。但如果从官僚体系运行的方面来看，选择山下奉文却有着更为深远的政治考量。

作为"皇道派"中硕果仅存的名将，山下奉文事实上肩负着小矶国昭等人殷切的希望。小矶国昭上台组阁之初曾提名山下为陆军参谋总长，便可谓是此类期望的集中表现。但以山下奉文的资历并无掌管全局的威望和能力，因此这一人事安排最终胎死腹中，却给日本陆军各派系以及始终对陆军保持高度关注的天皇裕仁，留下了山下奉文"可担重任"的印象。

值此"捷一作战"的国运豪赌，无论是支持山下奉文的小矶国昭，还是暗中忌惮其存在的陆军"统制派"，都乐于将山下奉文送往菲律宾战场。如果山下奉文侥幸获胜，那么少不了加官晋爵，可以顺理成章地登上陆军参谋总长宝座，为小矶国昭掌管陆军。而

多次与罗斯福和杜鲁门角逐总统宝座的共和党候选人——托马斯·杜威。

身着戎装的山下奉文。

如其不出意料地最终战败，"统制派"也能搬掉一块绊脚石，进一步孤立小矶内阁。

不过这些高层的博弈，山下奉文本人并不清楚。9月23日，曾对"伪满洲国"中央银行总裁西山勉吹嘘自己为"满洲之秤砣"的山下奉文，突然接到了将被派往菲律宾的调令。此时的他正准备送妻子山下久子（日本陆军少将永山元彦的长女）去哈尔滨采购毛皮大衣。

怀着忐忑不安的心理，山下奉文于9月28日下午5时抵达东京。此时的他或许还想着能否通过首相小矶国昭进行一些政治上的转圜，但在机场却接到了10月1日便出发前往菲律宾的命令。颇为不满的山下奉文建议要求举行就职典礼，并在觐见天皇后，拜别包括自己岳父在内的一干朝野元老，最终拖到10月5日才从东京出发。

客观地说，东京方面急匆匆地要将山下奉文赶去菲律宾，并非全然是政治碾轧，更多的是出于军情如火、刻不容缓的考虑。山下奉文一番耽搁，抵达菲律宾之后已是10月6日的傍晚了，但在东京白白浪费大量时间的山下奉文，次日拜见"南方军"司令寺内寿一却只有短短10分钟。山下奉文虽然自己宣称："讲话太多，就无法打仗了！"但如此草率便结束了会谈，更多地折射出的是山下本人的刚愎自用以及与寺内寿一的派系之争，毕竟寺内寿一便是"二二六事件"后大力整肃陆军"皇道派"的元凶祸首。

如果说山下奉文与寺内寿一的会谈草草结束，是为了主动隔断"南方军"对"第14方面军"的越级指挥，那么接下的几天里他没有走访任何一线部队，会晤下属第35军军长铃木宗作及下属各师团长的举措，却是受制于客观环境的迫不得已。

山下奉文就任之时，第14方面军的兵力计有9个师团又3个旅团，总兵力约为23万人。其中4个师团又2个旅团，隶属于铃木宗作中将的第35军。司令部设于宿务岛。除驻守莱特岛的第16师团之外，还有部署于米沙鄢群岛（Visayas）的第102师团，集结于棉兰老岛的第100、第30师团和独立第54旅团，以及和乐岛（And Le）上的独立第55旅团。

仅从兵力布置来看，第35军的整体战略便是围绕着棉兰老岛的防御所展开的。而作为侵华战争时期参与策划过武汉会战、南昌会战、南宁会战的专业参谋，第 35 军司令铃木宗作更拟定了一个棉兰老岛与莱特岛之间往来支援的"铃号作战"计划。

在铃木宗作看来棉兰老岛是菲律宾的第二大岛，岛上的达沃（Davao）更是重要的海、空基地。因此美军如果要在菲律宾中南部登陆，势必先取达沃。根据这一判断，铃木宗作以第 100 师团坚守达沃方面；以第 16 师团坚守莱特湾方面；以第 30 师团主力及第 102 师团的一部，作为机动兵力。

如果美军主力在达沃登陆，则调用第 30 师团主力、第 102 师团的一部（步兵三个大队）及其他兵力，自卡加延、马莱巴莱方面，歼灭达沃方面之敌，是为"铃一作战"。而如果美军在莱特湾方面登陆，则让第 30 师团主力、第 102 师团的一部（步兵两个大队）及其他兵力，在

日本陆军所装备的兵员运输船（俗称"大发"），曾出任运输部长的铃木宗作相信可以靠其完成第 35 军在棉兰老岛和莱特岛之间的往来支援。

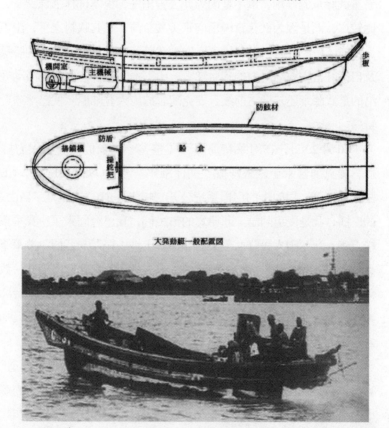

奥尔莫克方面登陆，歼灭当前之敌。这一部分被称为"铃二作战"。

从铃木宗作所拟定的战略计划不难看出，第 35 军兵力部署的重点被放在了棉兰老岛方向，而对于莱特岛可能遭遇攻击的预期却是准备不足。而有趣的是，铃木宗作与山下奉文也是"老相识"。1942 年正是铃木宗作以第 25 军参谋长的身份辅佐山下奉文，以劣势兵力横扫马来亚，最终攻占新加坡。

但此后铃木宗作却退出一线，转任陆军运输部长等闲职。坊间传闻是由于第 25 军在占领区大肆屠戮抗日华侨而饱受非议，铃木宗作被长官山下奉文抛出，成为了替罪羊。如果此事属实，山下奉文接任第 14 方面军司令后并未召见铃木宗作，也没前往第 35 军司令部视察，似乎就情有可原了。

如何调解上下之间尴尬的关系，山下奉文把宝押在了与自己搭档却迟迟还未赴任的第 14 方面军参谋长武藤章的身上。山下之所以如此看重武藤章的作用，倒不是因为此公曾出任参谋本部作战课课长，人脉比较广，而是因为武藤章说话向来尖酸刻薄，在其映衬之下，山下奉文反倒成了仁厚长者。想着铃木宗作被武藤章冷嘲热讽后涨红的脸颊，以及自己好言安慰后对方的感激涕零，山下奉文或许还有些小激动呢！可惜的是武藤章还未抵达前线，麦克阿瑟的庞大登陆船队便已然逼近了莱特岛。

10 月 20 日，在对莱特岛展开了整整一昼夜的海、空火力打击之后，麦克阿瑟乘坐轻巡洋舰"纳什维尔"号（USS Nashville，CL-43）驶入莱特湾，用船上的广播系统公开"喊麦"道："这里是'自由之声'的广播，我是麦克阿瑟。菲律宾的市民们，我已经回来了！我军正重新踏上美、菲两国人民鲜血浸染的菲律宾土地……"与此同时美军第 1 骑兵师、第 24 步兵师、第 96 步兵师、第 7 步兵师自北向南展开，数以百计的登陆艇和水陆两栖战车组成宽达 12 英里的攻击面扑向莱特岛的海岸线。除此之外，美军还向莱特岛南部派遣出隶属于第 24 步兵师的第 21 团级战斗群。

驻守莱特岛的日本陆军第 16 师团原计划在莱特岛构筑两道防线，当美军来袭之初将部队龟缩在内陆的第二道防线上以规避美军的海、空火力，待到美军登陆部队上岸之后，再转入水际滩头的第一道防线，对敌展开殊死逆袭，由于此时双方步兵绞杀在一起，因此美军应该无法发挥火力上的优势。第 16 师团长牧野四郎赴任之前是陆军预科士官学校的校长，如此想当然的战术，出自这样缺乏实战经验的指挥官之手倒也可谓是"没毛病"。

事实上面对美军来势汹汹的登陆大军，驻守莱特岛的日本陆军第 16 师团不仅兵力薄弱，而且布防有误。日本方面长期视东南部的德拉格为防御重心，在当地部署了 3 个步兵大队和 2 个炮兵中队，而师团司令部所在的岛屿东北的海、空枢纽塔克洛班（Tacloban），却长期被视为相对安全的"后方设施"地区。

因此当美军主力在莱特岛东部登陆之际，仅有仓促集结的步兵第 33 联队和野战炮兵第 22 联队第 2 大队可以投入反登陆作战。在美军强大的火力支援下，日本陆军投入仅有的 6 门 75 毫米火炮，也只取得了击伤对手 4 艘登陆艇的战果，而随着大批美军步兵分队的成功登陆，第 16 师团不得不放弃塔克洛班，向莱特岛中部的卡特蒙山"转进"。而在仓皇撤退的过程之中，第 16 师团司令部与外界的联系完全断绝，不仅其上级单位第 35 军、第 14 方面军不清楚莱特岛上的情况，连其下属的各部队也不清楚战局的发展。

在确认一线部队已经肃清海岸线之后，10 月 20 日下午 3 点，麦克阿瑟与菲律宾新任总统奥斯米纳一道踏着海水，走上了塔克洛班以

莱特岛登陆行动中麦克阿瑟的旗舰"纳什维尔"号，这艘功勋卓著而又命运多舛的战舰本身也是一个传奇。

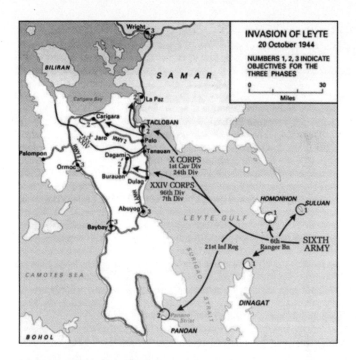

南约五英里的"红滩"海岸。尽管此举完全是出于政治目的的作秀，但却同样足以鼓舞大多数美国士兵和菲律宾民众的士气。当沿途的美军士兵开玩笑地问麦克阿瑟是否把埃莉诺·罗斯福（当时的第一夫人）也带来了之时，无数翘首以盼的菲律宾民众也在聆听着新总统奥斯米纳通过广播发表的演说。从这一刻起，菲律宾群岛正式迎来了解放的曙光。

麦克阿瑟成功登陆"红滩"的 7 个小时之后，武藤章所乘坐的专机终于在马尼拉降落。由于机场遭到美军空袭，武藤章不得不跳入一条积水的防空壕才躲过一劫。而在首次召开的军事会议之上，武藤章所提出的第一个问题便是"那么，莱特岛在哪里"？堂堂方面军参谋长连最基本的地理常识都不清楚，要想拿出反击计划自然是痴人说梦。

不过就在第 14 方面军司令部方面对莱特岛战局一筹莫展之际，统一指挥"南方军"的寺内寿一却显得颇为积极。10 月 20 日当天，他便电令第 4 航空军："和我海军主力的出击相呼应，以航空军的主力，歼灭敌船队。"同时派作战参谋甲斐崎三夫中佐前往第 14 方面军司令

麦克阿瑟在莱特岛登陆。

部，要求山下奉文和武藤章"考虑"在莱特增派地面部队，以击退登陆之敌。

　　尽管寺内寿一的此番举措在后世广受诟病，但从全局来看他也不过是充分"领会"了大本营方面的"指示"而已。"台湾冲航空战"的"辉煌战果"令大本营方面主观认定：我海军在上次台湾冲航空战中，击溃了美国舰队的主力。这个满身疮痍的美军又在莱特开始新的作战，是个严重错误。现在我军正应集中空、陆、海军的兵力，歼灭敌军。丧失了航空母舰兵力主力之敌，在莱特的航空作战中，势必要重视运用基地空军力量。但帕劳、莫罗泰岛距离稍远，航空战对敌不利。

　　正是鉴于战场环境如此"有利"，大本营方面才要求"南方军"全力出击：因为我海军航空兵在台湾冲航空战中损失了主力，所以，在莱特作战中，必须由陆军航空兵来充当主角。从这种观点出发，日军大本营研究了陆军航空兵完成决战的能力后认为，虽不充分但在质量上足以击毁敌军的登陆企图。不过此时菲律宾方面的日本陆军第4航空军和海军第1航空舰队的可用机数，都不过各约100架的规模，根本不可能大举出动，只能采取小机群偷袭的所谓"点滴攻击"的模式。航空兵如此不给力，寺内寿一自然只能寄希望于第14方面军的陆军部队可以在莱特岛上打开局面。

　　对于"南方军"的要求，山下奉文开始是拒绝的。他和武藤章一致认为：除第16师团外，在以前未做任何准备的莱特岛上，现在突然派遣庞大兵力，从运输力、作战准备等关系看来，很难获得预期的成果。万一莱特决战失败，完成吕宋决战也将成泡影。新的意图成功的可能性很小，且有推翻整个菲律宾作战计划的危险，很难说是应采取的方策。但在10月22日寺内寿一单独召见山下奉文，正式发出"第14方面军应和空海军配合，尽量以优势兵力歼灭来攻莱特岛之敌"的命令后，山下奉文也只得做出向莱特岛增兵的决定。

当天，第14方面军向第35军下达"举陆海空的全力，务求在莱特决战，第35军应集结最大限度的兵力，歼灭当前的敌军"的命令，立即把独立速射炮第20大队及独立混成第57旅团的一个大队编入第35军司令官的指挥下；接着上报把第1、第26师团及第68旅团、其他方面军直辖的炮兵等，也纳入其指挥之下。铃木宗作根据方面军的这一新的意图，决定按照"铃二作战"的计划，将第30师团的主力、第102师团长指挥的步兵三个大队及其他步兵二个大队增派到莱特岛。

铃木宗作认为登陆中的美军部队不过两个师的兵力，目前仍在诺克洛班、德拉格附近建立桥头堡；如果24、25日前后开始的海空决战进展顺利，美军登陆部队势必崩溃，届时日本陆军投入第16、第30、第102、第1等四个师团当之，必可大获全胜。当然此刻的铃木宗作并不会想到日本方面所发动"海空决战"不过是一场华丽的自杀式攻击，而那些投入莱特岛的地面部队更将投身地狱。

（二）佯动诱敌——大视野下的莱特湾大海战（上）

日本陆军方面所期待的10月24日前后的"海空决战"，除了届时陆军第12飞行团及第7飞行师团主力、海军第2航空舰队将陆续抵达菲律宾，形成陆、海军航空兵合计约450架战机的庞大阵容，对莱特湾方向的美军展开"航空总攻击"之外，更为重要的是联合舰队方面公布的时间表，届时海军方面的水面舰艇主力也将于10月25日黎明抵达战场，以舰炮和鱼雷横扫对手。

联合舰队司令部关于发动"捷一作战"的相关命令，于10月18日傍晚发出。此时联合舰队所属第1游击队、第2游击队及机动舰队的部署位置如下：第1游击队停泊于苏门答腊岛东岸的林加群岛（Lingga，亦称"龙牙群岛"）锚地，第2游击队驻守在中国台湾地区澎湖列岛的马公港，机动舰队则游弋于九州岛东北部的大分县附近海域。从以上述三支舰队所集结的位置来看，恰好形成了一个包围莱特湾的不等边三角形。

根据联合舰队此前"第1游击部队（栗田部队）应自圣贝纳迪诺海峡挺进，冲入敌登陆点，歼灭敌进攻部队；第2游击部队（志摩部队）作为反击作战的骨干，对敌登陆点进行反登陆。机动部队本队（小泽部队）进到吕宋岛东部洋面，策应第1游击部队的冲入，把敌人牵制在北方，伺机歼灭残敌"的相关部署，自10月18日夜开始，日本海军联合舰队残存的这三支水面舰编队便各自展开了紧锣密鼓的作战准备。

三支部队中第1游击部队无疑是战备情况最为良好的，不仅麾下第一、第二、第三战队编组有日本海军残余的7艘战列舰，第四、第五、第七战队所属的10艘重型巡洋舰也拥有着强大的战斗力，更加难能可贵的是这些战舰不仅舰况良好，更突击加装了雷达系统。而舰上的官兵在驻留林加锚地的3个月时间里，更有针对性地反复磨炼夜间突击战术，最常见的训练模式为：以战列舰"大和"号为旗舰的"甲军"半夜突然闯入林加湾，对以战列舰"武藏"为旗舰的"乙军"展开突袭。

林加锚地夜战训练中的"大和"号与"武藏"号。

夜战本是日本海军的看家本领，早在中日甲午战争时期日本鱼雷艇队便有过突入威海卫重创北洋水师铁甲舰"定远"号、击沉其他4艘战舰的战例。此时为了扭转劣势，更是渴望打一场"桶狭间"①式的"奇迹之战"。因此为了打击美快速航空母舰部队，日本方面设想并反复演练了多种迅速接敌、或远距离进行炮战、或以鱼雷为主展开攻击的战术战法，因此无论从装备还是人员方面来看均可谓是兵强马壮。

　　唯一美中不足的是，这些重型战舰都是烧油大户，要完成奔袭莱特湾的任务，第1游击舰队迫切需要一次火线补给。而石油对于当时的日本来说却是异常宝贵的战略资源。经过陆、海两军的一番争夺之后，最终海军方面为第1游击部队争取到6艘（一说为8艘）油轮的配给额度。而为了便于补给，第1游击部队于18日夜从林加停泊地出发，20日抵达文莱港。

　　次日上午，油轮"雄凤丸"和"八纮丸"抵达。而为了节省加油的时间，第1游击部队采取巡洋舰和驱逐舰先抽战列舰的油，油轮直接给战列舰加油的方式进行补给。最终在22日上午5时（出击前3个小时）完成了39艘战舰、1.58万吨油料的补给任务。在舰队忙着加油的同时，栗田健男召集第1游击部队各级指挥官举行作战会议，会上陆军第14方面军参谋向海军方面通报了美军已在莱特岛登陆的情况。

　　事后许多日方史料都竭力宣扬：此次会议上日本海军对被要求进入莱特湾炮击美军运输舰群感到深切的不满。当然除了能摆在桌面上的"胜之不武"这个理由外，更多的是日本海军不愿意为了这些没有战略价值的目标去冒险。但综合联合舰队所发布的任务来看，第1游击部队的使命是"歼灭敌进攻部队"，所谓进攻部队指的也就是为美军登陆部队提供舰炮和空中掩护的战列舰、重巡洋舰及航母。打击运输舰群是执行"对敌登陆点进行反登陆"的第2游击部队的任务。

　　事实上10月21日的会议上，导致第1游击部队不满的真正源泉，是会议前一天刚刚出任"第1航空舰队"司令的大西泷治郎要求联合舰队把仅有的32架侦察机全部交付给基地航空部队，用于"航空总攻

---

① 桶狭间之战，1560年日本封建领主织田信长以少数兵力，趁暴雨后乘虚攻击强敌今川义元于桶狭间东北的田乐峡，创造了以弱胜强的奇迹。

击"。如此一来，本就缺乏空中侦察能力的第 1 游击部队，在前行的漫漫道路上势必"耳聋眼瞎"处处挨打。

此外栗田健男还在会议上做出了分兵的决定，10 月 10 日刚刚从本土抵达林加锚地的老旧战列舰"山城"号和"扶桑"号被要求单独行动，由苏禄海东进至棉兰老岛北侧，然后从苏里高海峡进入莱特湾。这条航线路程虽短，但却几乎半程都在美军莫罗泰岛空军基地的打击范围之内，可谓是一条死亡之路。

一边急匆匆地将一度沦为训练舰的老旧战列舰拉上前线，一边却打着"分进合击"的名义，让他们以生命去诱敌。这支所谓"别动队"中自司令官西村祥治以下一干日本海军将校，岂能不心怀怨恨？那么为什么后世的史料之中，要将这一系列海军内部的矛盾转移到战略目标的争论上去呢？答案自然是为此后栗田健男乃至整个第 1 游击部队的一系列昏招进行辩解。

为了安抚全舰队的情绪，栗田健男于当天晚间于自己的旗舰"爱宕"号上举行酒会。比起后世所记录的栗田健男所说的那些慷慨激昂的话语来，栗田健男放着近在咫尺的"大和饭店"和"武藏御殿"而不能

1944 年的"扶桑"号，虽然与同级舰"山城"一样在中途岛战役沦为训练舰，但"扶桑"号似乎舰况稍好，不久便又被召回了前线。

使用，只能窝在"爱宕"号上与诸公饮宴的本身，何尝不是一种"其实我也挺惨"的行为艺术。

之所以选择坐镇"爱宕"号，完全是由于联合舰队司令部拒绝栗田健男选择"大和"级战列舰作为旗舰。而给出的理由更是五花八门，如"大和"级战列舰不如重巡洋舰"爱宕"号灵活，战斗一旦展开"大和"级战列舰必定成为敌军海、空火力的主要目标等等。

但追根溯源，只怕还是"大和"号和"武藏"号曾分别成为山本五十六和古贺峰一两任联合舰队司令的旗舰。在新任联合舰队司令丰田副武都选择"大淀"号轻巡洋舰为旗舰的情况下，栗田健男堂而皇之地入主"大和"，在向来讲求上下之分的日本官场，自然是赤裸裸的"僭越"行径。

正是在这种压抑的气氛之下，栗田健男喊出了"如果国家灭亡了而舰队尚存，那将是我们的一大耻辱。我想，恐怕大本营也打算把本舰队置于'死地'"的肺腑之言。而西村祥治更是恭恭敬敬地和所有在座的司令、舰长一一碰杯，亲切地话别。后世的日本学者常常以西村祥治此时刚刚收到其长子西村祯治战死于菲律宾的消息，判断此时他在宴会上的表现是"视死如归"的豪迈。但如果仔细分析西村祥治的简历，却不难发现能够指挥第 1 游击部队第 3 战队独自突袭莱特湾，已经是西村祥治军事生涯的巅峰了。

西村祥治出身行伍，一些日方史料甚至称其为"一生从未踏过'红砖'（日本海军省的绰号）的大门"。这其中固然有缺乏藩阀背景的因素，但更多的却是其性格使然，所谓"岗哨之神"（見張りの神様）的外号多少便是西村祥治勤勤恳恳却不喜攀迎的写照。

而自太平洋战争爆发以来，西村祥治更可谓是埋头苦干，但偏偏时运不佳。先是在 1942 年的"巴厘巴板海战"中，为"美英荷澳联合舰队"伏击，所部护航的运输船队遭重创。此后虽然参与了日本海军辉煌大胜的"爪哇海海战""第二次所罗门海战"和"南太平洋海战"，但都是个打下手的角色。唯一一次独当一面的经历，不过是带着第 7 战队，以重巡洋舰"铃谷"号和"摩耶"号的 203 毫米主炮袭击美军在瓜岛的机场而已。

长期以来的有志难伸，对于西村祥治来说或许早已习惯了。但命运却偏偏给了他一个青史留名的机会，因此他才显得格外珍惜。当然在藩阀关系极端复杂的日本海军内部，一种"豪言我说，送死你去"的工作，也最适合交给西村祥治这样的老实人。

10月22日上午8点，撇下老旧战列舰"山城"号和"扶桑"号之后，栗田健男统帅第1游击战队率先出发，按照预定计划栗田健男将沿巴拉望岛西北而上，从民都洛海角进入锡布延海，突破圣贝纳迪诺海峡，沿萨马岛海面南下，进扑莱特湾。之所以选择这样一条长达1000余海里的漫漫长路，除了为规避美军以莫罗泰岛为中心的陆基航空兵打击之外，栗田健男或许还怀揣着先行观望其他诸路进展，见势不妙、拔腿就跑的打算。但悲剧的是在此后相当长的一段时间里，除了栗田健男所部之外，其他方向传来的消息都不算太坏。

西村祥治所在的"别动队"则选择在第1游击战队出发的7个半小时之后（下午3点半）才驶离文莱。之所以如此安排，除了"别动队"前往莱特湾的路线较短，需要调整时间也达到同时出现在战场上的目的外，更重要的是"西村舰队"防空、对潜能力薄弱，比第1游击战队主力更需要夜幕的掩护。果然在"西村舰队"平安无事地航行了一天一夜之后，10月24日上午9点时终于接近连接苏禄海与棉兰老海之间的巴拉巴克海峡（Balabac Strai）。但"西村舰队"的好运气也只能到此

美国海军SB2C"地狱俯冲者"舰载俯冲轰炸机。

为止了。

10月24日上午6点，西村祥治命令重巡洋舰"最上"号上搭载的2架"零式"水上侦察机起飞，前往莱特湾方向进行侦查。4个小时之后，27架美军舰载机飞临"西村舰队"的上空。这支由美军第38特混舰队第4任务群起飞的舰载机编队主要由挂载火箭弹的F6F"地狱猫"战斗机和SB2C"地狱俯冲者"俯冲轰炸机组成。拥有17艘各型航母的美军第38特混舰队之所以只派出如此少的舰载机"光顾""西村舰队"，除了其战斗力最强的第1任务群此刻正在进行补给无法参战外，更重要的原因是此刻美军的注意力均集中于栗田健男的第1游击战队主力身上，原本被作为靶子抛出的"西村舰队"反而因祸得福。

与栗田健男所部第1游击战队主力遭遇狂轰滥炸

"最上"号搭载的"零式"水上侦察机。

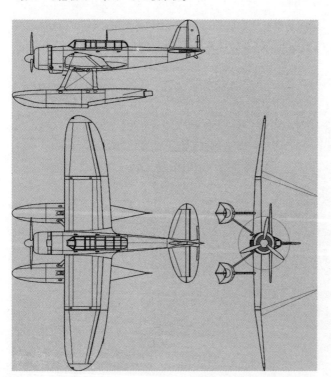

　　　　　　　　　　　　　　　　太平洋战争全史

而伤亡惨重相比，"西村舰队"面对少数美军舰载机的攻击，可谓受损轻微。2 个小时的海空交战之后，西村祥治向栗田健男报告称：整个舰队"战力发挥没有障碍"（戦闘力発揮支障ナシ），但事实上根据日本海军的相关记录，"扶桑"号是被美军投的近失弹引爆了舰尾甲板上的深水炸弹，随即引燃了 2 架九四式水上侦察机，九四式水上侦察机所配备的小型炸弹也随即爆炸，导致整个后部甲板一片火海，此外副炮炮廊也被美军 250 公斤炸弹贯穿，导致前部水压机室爆炸，直接令"扶桑"号的第一、第二炮塔的操作故障。战列舰"山城"号中部舰体也因近失弹而破损，导致右舷进水倾斜 5 度，被迫左舷注水以恢复平衡。此外还有驱逐舰"时雨"的 1 号炮塔被美军火箭弹直接命中，重巡洋舰"最上"号等其他战舰遭遇美军机枪和火箭弹扫射，造成了大量的人员伤亡。可以说"西村舰队"虽然一舰未沉，但战力已然遭到了极大的削弱。而美军之所以没有继续对"西村舰队"展开空袭，是因为已经在前方的苏里高海峡张网已待。太平洋战争最后一场战列舰对决由此拉开了序幕。

10 月 24 日上午 12 点，"最上"号所属的侦察机返回了"西村舰队"上空，投下了"发现敌战列舰 4 艘、巡洋舰 2 艘、驱逐舰 4 艘、鱼雷艇 14 艘、运输舰 80 艘"的报告书和敌方舰船概位图的密封报告球后，便飞向圣何塞基地"避难"去了。面对这份整个作战之中唯一一份来自莱特湾的敌情报告，西村祥治测算了一下战力之后，认为尚可一战，于是命令舰队加速前进。

事实上"最上"号起飞的"零式"水上侦察机所发现的舰队，不过是美国海军上将托马斯·金凯德（Thomas Cassin Kinkaid，1888—1972 年）麾下第 7 舰队的冰山一角。这支庞大的登陆舰队总计拥有包括 6

由于战争后期时常指挥两栖登陆作战，金凯德的着装风格显得颇似陆军。

艘战列舰、6艘重巡洋舰、5艘轻巡洋舰和18艘护航航空母舰在内的150艘战斗舰艇和420艘运输船。作为一名毕业之后便登上美军主力战列舰，此后始终在水面舰艇服役的美国海军高级将领，金凯德①显然比潜艇军官出身的尼米兹以及半道去搞海军航空兵的哈尔西，更容易产生"大舰巨炮才是男人的浪漫"这样的信仰。

通过与第38特混舰队方面交互的情报系统，金凯德显然对栗田健男所部日本海军第1游击战队主力、西村祥治所指挥的"别动队"的具体战力有了一个相对清晰的认识。在金凯德看来，自己手中虽然有6艘战列舰，但是其中5艘："宾夕法尼亚"号（USS Pennsylvania，BB-38）、"田纳西"号（USS Tennessee，BB-43）、"加利福尼亚"号（USS California，BB-44）、"马里兰"号（USS Maryland，BB-46）、"西弗吉尼亚"号（USS West Virginia，BB-48）均在"珍珠港"事件中严重受损，另一艘"密西西比"号（USS Mississippi，BB-41）也是老式战列舰。

以无畏舰时代口径和炮位决定一切的计算模式，第7舰队所属6艘战列舰所装备的16门406毫米主炮、36门356毫米主炮，对上栗田健男第1游击战队装备18门460毫米主炮的2艘"大和"级战列舰、1艘拥有8门406毫米主炮的"长门"级战列舰、2艘装备16门356毫米主炮的"金刚"级战列舰，未必有把握战而胜之，但是对付总计只有12门356毫米主炮的"山城"和"扶桑"却可谓是十拿九稳。因此金凯德第一时间命海军少将奥登多夫（Jesse Bartlett "Oley" Oldendorf，1887—1974年）指挥囊括第7舰队主要水面舰艇的第77.2任务群赶往苏里高海峡布阵。

除了大型水面舰艇之外，金凯德手中还有一支由39艘高速鱼雷艇组成、代号为第70.1任务群的奇兵。尽管在鱼雷艇的使用历史方面，美国人较之早在中日甲午战争、日俄战争时期便一再成功地"以小博大"的日本同行而言相去甚远，甚至直到20世纪30年代末，美国人才认真地考虑组建自己的鱼雷艇部队，而在太平洋战争爆发之时，整个美

---

① 金凯德，出生于新罕布什尔州汉诺佛镇一个海军军人世家。1904年高中毕业后考入美国海军学院。1908年毕业后到战舰上服役，并随舰队参加了环球航行。以后相继任过"宾夕法尼亚"战舰副官，"亚利桑那"号战列舰军械长。因此对老旧战列舰有着深厚的感情。

国海军更只有 3 个中队合计 29 艘鱼雷艇，分别驻守于珍珠港、巴拿马运河和菲律宾的马尼拉湾。但就是这不起眼的小型舰艇，不仅在日军空袭珍珠港时，以舰载 12.7 毫米双联装机枪击落了 2 架日本海军的九七式舰载攻击机，更在保卫菲律宾的战役中，承担了侦查、巡逻、打击以及护送领导（分两次送走了麦克阿瑟夫妇及幕僚、菲律宾总统奎松一家和多名内阁成员）跑路等任务。从此之后鱼雷艇在美国装备序列之中声名鹊起，配合马力全开的美国军工系统，一批批崭新的鱼雷艇如罐头般走下了流水线，迅速投入了太平洋各个岛屿的争夺之中，并每每成为破袭日军海上交通线、消耗舰队实力的利刃。

不过依照金凯德和奥登多夫的预定计划，第 70.1 任务群的战术运用，无非是利用鱼雷艇的机动性优势，先于"西村舰队"进入位于棉兰老海与莱特湾之间的苏里高海峡部署，作为整个第 7 舰队的耳目监视日本海军的行动，而如果"西村舰队"见势不妙、转向撤离，再以鱼雷艇编队趁势掩杀。不过可惜的是由于战时美国海军疯狂扩充，多数鱼雷艇上的官兵均是初出茅庐的新手，虽然技战术水平一般，但却处处透着牛仔般的"美国式狂热"。

整个 10 月 24 日的下午，"西村舰队"都安然无恙地行驶在棉兰老海之上。每分每秒都生活在恐惧之中的煎熬，令西村祥治的心情陷入了一种极度的亢奋之中。在不断向栗田健男汇报舰队动向却始终没有获得

美国海军鱼雷艇编队。

答复的情况下，西村祥治模仿对马海战中的东乡平八郎，向全舰队发出了"皇国兴废在此一战，各员一同奋励努力以报无穷之皇恩"（皇国ノ興廃ハ本決戦ニ在リ。各員一層奮励皇恩ノ無窮ニ報イ奉ランコトヲ期セ）的电文。

而由于10月23日连遭重创，联合舰队司令部对于栗田健男第1游击战队能否成功突入莱特湾，已然失去了信心。于是电令从澎湖马公港出发，经过中国海南岛三亚至菲律宾科龙湾进行油料补给的第2游击部队，沿着"西村舰队"的道路，"于25日黎明突破苏里高海峡突入莱特湾，策应第2游击部队的作战，将同方面所在的敌攻击部队歼灭"。

有趣的是，早在10月22日午夜时分第2游击部队司令志摩清英便向西村祥治发来了机密222020号电报，称正赶来协同作战。这一大大提前于联合舰队司令部命令的电报，除了彰显志摩清英这位海军"烈属"（其父志摩清直战死于中日甲午战争的黄海海战）手眼通天之外，更折射出日本海军内部早已对栗田健男所部第1游击战队主力树大招风、必遭美军围追堵截的预期。

尽管很多后来的日方史料都宣称西村祥治与志摩清英不和，最终导致"西村舰队"与第2游击部队虽然并肩前行，却始终不相统属，但事实上"西村舰队"本就与第2游击部队隶属于不同的部队，以两人当时的权限也根本不可能做出混合编队的决定。因此在整个棉兰老岛的航行过程中，第2游击部队始终紧随在"西村舰队"后方约60海里处。

由于连续遭到美军舰载机群的猛烈攻击，栗田健男于24日下午4点，向全舰队发出了"暂时撤退"的命令。但"西村舰队"似乎并未收到，即便收到，此时的"西村舰队"距离莱特湾也不过半天的航程，断然不会就此作罢。晚上7点，联合舰队司令部发出了"天佑神助，全军突击"（天佑を信じ全軍突撃せよ）的"中二"之声。

西村祥治也只能配合地回复"将发挥帝国海军的家传绝学"（帝國海軍のお家芸）以示做好了夜战的准备。无独有偶，此时金凯德也向全军下达了准备夜战的命令。而兴致颇高的麦克阿瑟跃跃欲试地表示要搭乘轻巡洋舰"纳什维尔"号跟着看热闹，金凯德无奈之下只能让"纳什维尔"号调离战斗序列。

24日晚7点，西村祥治针对上午空中侦察发现美军舰队中有大量鱼雷艇的情况，在进入苏高里海峡之前将己方战舰一分为二，以第4驱逐舰队所属于"满潮""山云""朝云"三舰组成"扫讨队"先行，战列舰"山城""扶桑"和此前空袭中受损的"时雨"居中，重型巡洋舰"最上"压阵。作为参与过围绕瓜岛所展开的一系列夜战的老将，西村祥治的部署并没有太大的问题，但其编队之中仅有的3艘驱逐舰所能展开的搜索正面并不足以扫荡整个航线。

24日晚10点36分，正在保和岛附近巡逻的鱼雷艇第1分队（分队长普伦中尉，辖PT-152、130、131）成功地躲过了日本海军"扫讨队"的锋线，试图逼近"西村舰队"居中而行的2艘战列舰。好在驱逐舰"时雨"在旁护驾，终于在美方鱼雷艇迫近至"山城"号附近3海里处将其击退。与此同时，美军鱼雷艇第3分队与"满潮""山云""朝云"三舰发生交火，但由于视线不良和双方相对速度太快而都无法有效命中。

美军鱼雷艇分队的夜袭虽然没有给"西村舰队"带来实质性的损伤，但却是一个明确无误的危险信号：美国人已经在前面等着了。因此从10点52分击退美军鱼雷艇，到重整队形再度前进，"西村舰队"整整在苏高里海峡入口外徘徊了1.5小时。

在这段时间里西村祥治到底在想些什么？或许永远没有答案。但他

日军驱逐舰"时雨"击退美军鱼雷艇队想象图。

最后做出的决定却引发了长久的争议。最终"西村舰队"重组为以驱逐舰"满潮""朝云"前出为先导,"山城""扶桑"和"最上"三舰以一字纵队居中,驱逐舰"时雨"和"山云"则担任侧翼掩护,昂然朝着苏高里海峡进发。

显然,西村祥治是在无法明确栗田健男所部第1游击战队主力位置的情况下,仍按预定计划于10月25日黎明时突入莱特湾。对此日本海军方面的说法是:"西村为了尽量减轻栗田苦战的困境,才决心尽早突入莱特湾,以便牵制敌人的注意力。"但在美国人看来这却是异常的"由于独断专行而造成的战术灾难"。

平心而论,西村祥治的选择并没有错。他深知自己舰队已经深入美军陆基和舰载航空兵的打击范畴,而之所以能够平安抵达苏高里海峡,无非是因为美国人集中所有的航空兵力去"招呼"栗田健男罢了。而在苏高里海峡的另一端等待着自己的也必然是一支庞大的水面舰队。但是此刻的"西村舰队"已经没有了选择,即便此刻转向,最终也可能在漫长的归途之中沦为美军战机的猎物。与其苟延残喘,不如从容燃烧,或许便是西村祥治当时心情的最佳写照。

10月25日凌晨2点02分,"西村舰队"到达帕纳翁(Panaon)岛南端后开始转舵转向正北,开始正式进入苏里高海峡。美军第6、第9鱼雷艇分队依托帕纳翁岛再度来袭,却被早已有了充足准备的"西村舰队"击退。混战中美军鱼雷艇PT-493号被"山城"号的副炮击中而受损严重,最终在帕纳翁岛抢滩自救时沉没。

美国鱼雷艇分队虽然没有在"西村舰队"身上讨到便宜,但很快便又发现了紧随其后的日本海军第2游击部队。10月25日上午3点,借助突如其来的阵雨,美军鱼雷艇PT-137号成功命中日军轻巡洋舰"阿武隈"号左舷前部。面对航速降到只有10节的"阿武隈"号,志摩清英下令放弃伤舰,其余战舰加速前进。

此刻的志摩清英并不知道,他所追赶的"西村舰队"此刻已经伤亡过半了。2点40分美军第107驱逐舰分队所属的3艘驱逐舰"里米"(USS Remey, DD-688)、"麦高恩"(USS McGowan, DD-678)、"梅尔文"(USS Melvin, DD-680),率先从东路发动攻击。以25节航速迅速逼近的同时,"里米"瞄准"山城",后续"麦高恩"和"梅尔文"则将矛头对准"扶桑"，在 1 分 15 秒内向这两艘老旧战列舰倾泻了 27 发鱼雷。

"山城"号堪堪躲过了攻击，但"扶桑"号却没有幸免。根据"最上"号上幸存舰员回忆，"扶桑"的右舷升腾起巨大水柱，随后便开始倾斜，舰上人员一度尝试回旋后撤，但很快便失去了动力。30 分钟以后，随着中央炮塔弹药库被引爆，整艘战舰被冲天的烈焰腰斩，熊熊燃烧着漂浮在海面上。

而就在"西村舰队"惊魂未定之际，美军第 107 驱逐舰分队所属的"麦克德莫"（USS McDermut，DD-677）和"蒙森"（USS Monssen，DD-436）两舰又从西路逼近，迅速发射出全部 20 枚鱼雷后脱离战场。而正是这一波鱼雷攻击，彻底打残了"西村舰队"：曾经担任前锋的三艘驱逐舰之中"山云"直接触雷沉没，"满潮"丧失动力，唯有"朝云"还能以 12 节的速度勉强前进。战列舰"山城"左舷后部中雷，不得不向两个弹药库注水，虽然还能保持航行，但第 5、6 号炮塔两个后主炮却已然不能使用了。

战至此刻，"西村舰队"实际已无战斗力可言了。但西村祥治却依旧选择向栗田健男和志摩清英两位同僚发电称："苏里高海峡北口两侧均有敌方鱼雷艇和驱逐舰，我驱逐舰两艘被鱼雷击中后正在漂流，山城

"扶桑"的末日。

也中雷一发但无碍战斗。"这种做法固然是为了保存自己的颜面，但又何尝不是一种无奈的安慰和鼓励呢？可惜这份战友之情，并不能为美国人所理解。距离美军驱逐舰队第一轮攻击仅过去了10分钟，美军第24驱逐舰中队的6艘驱逐舰又再度包抄上来。一场混战之中，"满潮"号被击沉，"山城"也再度中雷。而此时"西村舰队"已经驶入了美军战列舰和重巡洋舰的有效射程之内。

事实上美军大型战舰的重炮早已饥渴难耐了，在苏里高海峡的北部出口，总计8艘盟军巡洋舰分成左、右两翼，其中左翼为奥登多夫亲自坐镇的旗舰"路易斯维尔"（USS Louisville，CA-28）、"波特兰"（USS Portland，CA-33）、"明尼阿波利斯"（USS Minneapolis，CA-36）、"丹佛"（USS Denver，CL-58）和"哥伦比亚"（USS Columbia，CL-56）。右翼则为英国皇家海军（澳大利亚）的重型巡洋舰"什罗普郡"（HMS Shropshire，73）领队，下属美国海军"博伊西"（USS Boise，CL-47）和"菲尼克斯"（USS Phoenix，CL-46）。当然真正的重头戏还在后面：6艘巨大的战列舰，按照"西弗吉尼亚""马里兰""密西西比""田纳西""加利福尼亚"和"宾夕法尼亚"的顺序，以1000码的间距、15节的航速缓缓向东方航行。

之所以迟迟没有对"西村舰队"展开炮击，主要是因为美军第7

战列舰主炮的炮弹有着多种功能上的划分。　　航行中的美军战列舰"田纳西"号。

舰队主要任务是登陆支援，因此携带炮弹主要是对地的高爆弹（占比77.3%），穿甲弹储备不足（占比22.7%）。为了提高射击效果，奥登多夫勒令主力舰队的射击距离应该在15500米到18000米之间。但是随着"西村舰队"在美军驱逐舰的鱼雷攻击下不断损兵折将，眼看再这样下去，自己可能捞不到什么的美军战列舰战列司令官惠勒少将不得不下令："日本舰队一旦进入26000码（约23000米）之内，立即开始射击。"

25日凌晨3点51分，美军巡洋舰分队率先开火。密集的203毫米口径炮弹呼啸而至，掩护着第56驱逐舰中队9艘驱逐舰对日军残存的"山城""最上"和"时雨"三舰再度展开鱼雷攻击。面对美军重巡洋舰的炮击，"山城"号舰长筱田胜清显得信心十足，随即要求依旧能够使用的4门365毫米前主炮瞄准远方的闪光展开反击。或许在那一刻，"山城"号上所有的日本海军都感受到一份久违的荣光。但仅仅2分钟之后，美军战列舰主炮的大合唱便将他们推入了地狱。

率先开火的是美军科罗拉多级战列舰"西弗吉尼亚"号，在"珍珠港事件"中"西弗吉尼亚"号左舷被7枚鱼雷命中，上层建筑亦遭到两枚410毫米穿甲弹的攻击。幸亏其水密性较好以及舰长本尼昂（Mervyn Sharp Bennion）及时打开了右侧的注水阀，战舰才免于倾覆。但即便如此打捞坐沉于珍珠港内的"西弗吉尼亚"号，美国人也花了5个月的时间，对其完成维修和现代化的改造更历时两年之久。其中的艰辛绝非日

主炮齐射中的"西弗吉尼亚"号。

本人事后一句"就美国的工业生产能力来看，从珍珠港将这 5 艘战列舰拖回去大修，完全是轻而易举的事情"那么简单。

当"西弗吉尼亚"号缓缓转动那 920 吨重的 4 座炮塔，昂起了两联装的 406 毫米主炮，向"山城"号射出了那重达 2240 磅的穿甲弹之时，这艘已经伤痕累累的日本战列舰的生命便只能以秒计算了。事后美国人以最为动情的笔触描写了这场复仇："这是我所看见过的最美的景色，曳光弹在夜空纷纷画过弧线，就如同一列又一列灯火通明的夜行列车疾驶过山冈。""我可以清晰地看见炮弹在日本战舰上炸开，迸发出火焰的奔流，将炮塔的顶部撕去；当它们钻入重装甲板之时，则会喷射出炽热通红，融化了的钢块。"

但事实上参战的美国海军 6 艘战列舰仅仅发射了 285 发炮弹，主要原因是仅有"西弗吉尼亚"号、"加利福尼亚"号和"田纳西"号上装备了先进的 Mk.8 型火控雷达以及 Mk.34 射击指挥仪，"马里兰"号只是借助于"西弗吉尼亚"的着弹勉强射击，到了 4 点 19 分停止射击之时，没有安装新型火控设备的"密西西比"仅仅照着火光打了一个齐射，最老的"宾夕法尼亚"号甚至没有开炮。因此最终给予"山城"号致命一击的还是抵近攻击的美军驱逐舰队。4 点 11 分，"山城"号再度中雷，右舷的机舱以及一号炮塔下腾起了水柱后，军舰开始倾斜。

无奈选择掉头后撤的"最上"号目睹了"山城"主桅顶端信号灯所发出的最后指令："我舰不能航行，各舰在'扶桑'的指挥下，突入莱特湾！"但此时"扶桑"早已沉没，"最上"和"时雨"两舰更深知继续前进无非是自寻死路。随着"山城"号内部发生巨大的爆炸，在熊熊的烈火中，主桅崩塌，船体倾斜达到 45 度，舰长筱田胜清无奈下令弃舰，但此时为时已晚。随着 4 点 19 分"山城"号彻底倾覆，全舰官兵中仅有 10 人幸存。

"西村舰队"彻底崩溃的同时，志摩清英所指挥的第 2 游击部队还在漆黑的夜空中摸索前行，通信室里可以不断监听到美国人的欢声笑语，此刻宛如恶魔之声。而苏里高海峡中依旧燃烧着的"扶桑"号残骸，更加剧了紧张的气氛。4 点 05 分，志摩清英尝试着向"西村舰队"发出了"第 2 游击部队抵达战场"，但却没有得到任何的回应。正是在这种风声鹤唳的情况下，第 2 游击部队先是误将因舵机故障而抛锚的

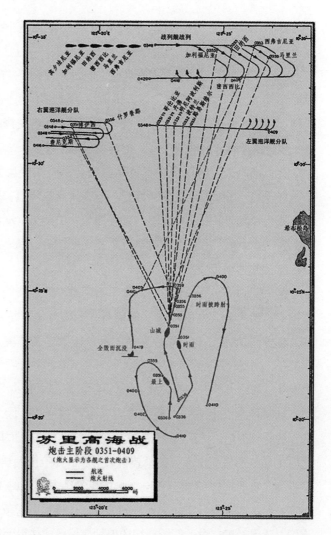

苏里高海峡炮战示意图。

"时雨"号当成了敌军，随后又对着小岛希布松（Hibuson）发射了16枚鱼雷，最终更酿成了第2游击部队领头巡洋舰"那智"与宛如惊弓之鸟的"最上"相撞的事故。

这次冲撞使"那智"号船艏重创，起锚机舱进水，航速降为18节。"最上"号左舷被撞出一个大洞，伤势更重，舰上正忙于救火的官兵不禁破口大骂"混帐！着火的军舰都看不见吗？！"不过这一撞也彻底终结了志摩清英继续突进的勇气。随后第2游击部队发出"当队攻击终了，暂时脱离战场以图后计"的电文，掉头南逃。

此举令其躲过了美军巡洋舰编队和第 56 驱逐舰中队的追击。但失去动力的驱逐舰"朝云"和蹒跚前行的巡洋舰"最上""阿武隈"就没那么幸运了。"朝云"最终被美军舰炮摧毁,"最上""阿武隈"则被美军航空兵击沉。"西村舰队"仅存的驱逐舰"时雨"逃出了苏里高的鬼门关。而第 2 游击部队在几乎没有与美军大型战舰交锋的情况下,白白损失了轻巡洋舰"阿武隈"号,也可谓是得不偿失。

苏里高海战,客观上看不过是美国海军倚仗着兵力和信息上的优势所展开的一场单方面的屠杀而已。但在排兵布阵上,美军第 7 舰队统帅金凯德和奥登多夫却拿出了"狮子搏兔"的架势,从白昼的舰载机攻击,到夜战中顺序展开鱼雷艇袭扰、驱逐舰雷击,最终以主力舰完美的"T"字头阵型结束战斗。

这一切的一切都与昔日日本海军日后被奉为经典的"九段攻击"何其神似。考虑到"九段攻击"的前身"七段攻击"是由号称日本海军"参谋之神"的秋山真之所发明的,而秋山真之又是美国海军教父马汉的弟子,一切似乎都得到了完美的解释(其实利用小型舰艇削弱对手主力舰队、最终进行战列舰决战是 20 世纪各国海军的共识)。

从某种意义上来看,金凯德要感谢西村祥治,因为正是"西村舰队"的冒死突击,才最终促成了这场战列舰时代最后的华丽演出。在此之后 T 字阵形只能永远留在了教科书上。恰如哈佛大学教授塞缪尔·莫里森所叹息的那样:"当苏里高海峡内奥登多夫舰队的 14、16 英寸巨炮咆哮过后,迎来的是宛如异界般的静谧。仿佛可以想象,那些伟大的海将们之英灵,正在对他们所熟知的那种海战已成往事而肃立敬礼。"

如果说苏里高海战对于日本海军而言宛如一幕恐怖电影的话,那么在接下的几个小时里,他们终于可以像《少年 JUMP》里的热血男主角那样高喊一声"怎么可能就这样的结束,真正的战斗现在才刚刚开始……"25 日 6 点 57 分,随着太阳的冉冉升起,栗田健男所部日本海军第 1 游击部队终于突破了圣贝纳迪诺海峡,扑向莱特湾。

（三）云谲波诡——大视野下的莱特湾大海战（中）

对于自己航程之上可能遇到的问题，指挥第1游击部队主力从文莱出击的栗田健男其实有着相对清晰的预期。在他看来己方舰队所要展开的1000海里的远征之中，都极易被发现并遭到美国潜艇和航空兵的袭击。其中前半程经巴拉望岛西方海面北上之时，极有可能遭到美军潜艇部队的伏击。因此整个舰队采用"Z"字航线前进，以规避可能遭遇的水下攻击。

不过采用"Z"字航线，在反潜作战中至多只是一个极其被动的防御手段，无非是将宝押在水下航行速度缓慢的美军潜艇无法跟随己方舰队行动，且无法预判己方舰队行动轨迹而已。而坐拥15艘驱逐舰的日本海军第1游击部队只能采用这种方法来躲避攻击，其自身反潜能力之薄弱由此也可见一斑。

10月24日0点16分，日本海军第1游击部队的行踪，首先被正在巴拉望岛西岸执行警戒任务的美军"猫鲨"级（Gato-class）潜艇"海鲫"号（USS Darter，SS-227）和"鲦鱼"号（USS Dace，SS-247）发

美国海军猫鲨级潜艇。

现。由于此前美军"猫鲨"级潜艇部队刚刚在马里亚纳海战中取得了击沉日本海军"翔鹤"和"大凤"两艘航母的辉煌战绩，因此"海鲫"和"鲦鱼"颇为轻视对手的反潜能力，公然在水面上以21节的航速对"栗田舰队"展开追击，直到黎明前夕的5点10分才在"栗田舰队"附近紧急下潜。此时一队日本海军的重型巡洋舰正朝其迎面驶来。

"海鲫"号率先以艇首发射管向队列最前方的目标发射6枚鱼雷，随即又迅速转向，以舰尾发射管向另一艘日军重型巡洋舰发射4枚鱼雷。随着一连串爆炸声从海面上传来，紧随"海鲫"号前进的美军潜艇"鲦鱼"号通过潜望镜确认，日军1艘战舰正迅速倾斜沉没，另一艘燃起大火并失去动力。见贤思齐的"鲦鱼"随即也对"金刚级战列舰"发射了6枚鱼雷。而就在"鲦鱼"急速潜航、脱离目标海域的过程中，其监听系统收到鱼雷击中目标的爆炸声，以及"好像在耳边扭折赛璐璐（硝化纤维塑料）一样"的噼啪爆裂声。

很久之后"海鲫"和"鲦鱼"的艇员们才知道，他们击中的分别是日本海军第4战队的重型巡洋舰"爱宕""高雄"和"摩耶"号。其中作为第1游击部队旗舰的"爱宕"号右舷一号炮塔下方，舰桥前部、中部鱼雷发射管室，五号炮塔附近，连续被命中4枚鱼雷。虽未引发爆炸，但大量的进水还是令战舰在30分钟之内迅速倾覆。栗田健男以下的700多名幸存者甚至连搭乘救生艇转移到驱逐舰的时间都没有，只能跳海逃生。不过虽然有些狼狈，但比起"爱宕"号机关长堂免敬造中校以下的360名遇难船员而言，无疑还是幸运的。

紧随"爱宕"号行进的"高雄"右舷鱼雷发射管下方、右舷后甲板各中雷一发，虽然通过左舷注水保持了平衡，但动力系统严重受损，不得不在驱逐舰"长波"和"朝霜"的掩护下，被迫中途返航。而被"鲦鱼"号所发射的4枚鱼雷命中左舷的"摩耶"号，则直接在不到8分钟的短时间内倾覆，与之一起沉没的还包括日本海军名将东乡平八郎嫡孙东乡良一中尉在内的336名水兵。

在如此短的时间之内便损失了近一个巡洋舰战队的兵力，终于如愿以偿换乘"大和"号战列舰为旗舰的栗田健男，不仅全然没有了出击时的勃勃雄心，更因为不得不与第1战队司令宇垣缠共用一套指挥系统而陷入了莫名的尴尬之中。毕竟宇垣缠曾是山本五十六时代的联合舰队

参谋长，无论背景人望，均力压栗田健男一头。而就在这样令人颇不自在的气氛中，日本海军第 1 游击部队小心翼翼地完成了 10 月 23 日的航行。

10 月 24 日上午 7 点，日本海军第 1 游击部队派出 7 架舰载水上侦察机（金刚、榛名、鸟海、铃谷、能代所属航空兵各 1 架，矢矧号所属航空兵 2 架）对圣贝纳迪诺海峡以东展开战术侦察。但不等侦察部队传回发现美军 3 个航母战斗群的消息，8 点 10 分美军的侦察机也同时出现在了"栗田舰队"的上空。为了破坏美军的通讯系统，战列舰"武藏"号上还特意加装了无线电干扰系统，但作用似乎并不明显。10 点 26 分，第一波次由美军"无畏"（USS Intrepid，CV-11）、"卡伯特"（USS Cabot，CV-28）两艘航母上起飞的 45 架舰载机，对"栗田舰队"展开了首轮空袭。

由于美军此轮空袭仅是"投石问路"，"栗田舰队"又早已展开了以战列舰"大和"和"金刚"为中心的环形防空阵列，因此此轮攻击日本海军受损并不严重。在后世的一些纪实文学中，更出现了如此的描述："日舰所有的大炮凶猛地喷吐着火舌，舰队上空顿时织出一张张密集的弹网，大有将胆敢来袭的美机一网打尽的架势。"但最终日本海军也只是疑似击落了几架来袭的敌机，却付出了重型巡洋舰"妙高"右舷后部中雷，不得不退出编队返航，战列舰"武藏"前主炮受损的代价。

11 点 56 分，美军第二波舰载机总计 33 架再度来袭。由于美国军方长期以来对颇为神秘的"大和"级战列舰存在着诸多超乎现实的想象，因此美军舰载机将这一波攻击的重心集中在了"大和"和"武藏"两艘战列舰上。在此轮攻击中"武藏"号舰首、舰尾、左舷被多枚航空炸弹直接命中，左舷连续被 3 枚鱼雷命中，航速降到 22 节，一度向左倾斜 5 度，靠着右舷注水才勉强恢复了平衡。按照常理栗田健男应该要求"武藏"退出战列，但是作为维系日本海军所谓"不败精神"的巨舰岂能轻易服输？而就在进退维谷之中，美国海军航空兵的第三轮攻势于下午 1 点 19 分拉开了序幕。

这一轮攻势，主要由美军"列克星敦"（USS Lexington，CV-16）、"埃塞克斯"（USS Essex，CV-9）所属的 83 架舰载机担当，"武藏"号再度被 4 发航空炸弹、5 枚鱼雷命中，舰长猪口敏平不得不宣布"两舷防水区域大部分进水，加之注水过多，航速降至 20 节"。怀着极端愤懑的心情，下午 1 时 55 分，栗田健男向大本营和菲律宾基地航空部队发出了如下紧急电报："第 1 游击部队正在锡布延海苦战，预计敌空袭将更加激烈。请求基地航空部队以及机动部队迅速向可能位于拉蒙湾方面的敌航空母舰舰队发起积极的进攻。"

后世的日本学者曾这样描述第 1 游击部队此刻的心情："日本陆基航空兵至今没有向位于菲律宾群岛东岸拉蒙湾或在莱特湾附近的敌机动部队发动进攻，而是任凭敌航空母舰部队为所欲为……这实际上就等于把日本舰队全部奉献给美军，为美舰队提供了进行鱼雷轰炸试验的靶子。"

但事实上 10 月 24 日日本陆基航空兵也在全力奋战着，上午 6 时 30 分，日本海军航空兵出动 126 架战斗机（零式战斗机 105 架、紫电 21 架）、44 架攻击机（零式战斗轰炸机 6 架、九九式舰载轰炸机 38 架）对"在马尼拉 80 度、160 海里处，以正规航空母舰 4 艘、特殊航空母舰 2 艘为基干之敌"（实际为美军第 38 特混舰队之第 38.3 任务群）展开空中打击。为了策应此次"航空总攻击"，日本海军还于当天黎明时分出动第 603 航空队的 8 架九七式"天山"舰载攻击机，配合"瑞云"水上轰炸机对美军展开奇袭。在攻击的过程中，更有 12 架"彗星"舰载攻击机，以所谓"单机行动"的模式对美军航母展开自杀式袭击。

陆军航空兵方面，根据相关战报也是全力以赴："以兵力约 150 架针对莱特湾内的运输船队，从凌晨到傍晚连续三次，以全军'特攻'的气魄进行攻击；入夜以后，又以一部重、轻轰炸机袭击部队，继续进行攻击。据报战果是：击沉航空母舰、巡洋舰各1艘，击破战舰1艘、巡洋舰3艘、运输船5艘。"而综合美军方面的情况来看，当日美军的确损失了辅助航母"普林斯敦"（USS Princeton，CVL-23），并殃及了前来救援的轻巡洋舰"伯明翰"号，因此日本陆军方面当天的战报还不算太离谱。

但是日本陆基航空兵尽管倾尽全力，在面对强大的美军航母战斗群时仍显得格外的孱弱无力。当然，如果不是需要应对日军航空兵的进攻，美国海军第3特混舰队所属的3个任务群，完全有可能在一个攻击波次内便出动数百架战机，将"栗田舰队"彻底埋葬。而随着时间推移到10月24日下午，日本陆基航空兵的攻击逐渐转弱，美军对"栗田舰队"打击力度也逐渐加大。下午2点15分，由美军航母"富兰克林"（USS Franklin，CV-13）起飞的65架舰载机再度来袭，而逐渐远离编队的"武藏"随即成为了对手的主要目标。2点50分，栗田健男终于决定由驱逐舰"清霜"和"浜风"掩护已经无力再战的"武藏"退出编队，但为时已晚。

10月24日下午3点左右，在第一批65架战机尚未离场的情况下，美军第二批30架战机加入战团。面对近百架规模的敌机，"栗田舰队"陷入了手忙脚乱的窘境之中。不过从某种意义来说，与其认为是此时的慌乱最终导致了"栗田舰队"无力保护奄奄一息的"武藏"号，不如说此刻尚未完全脱离编队的"武藏"为"栗田舰队"吸引了绝大多数的火

遭遇重创的"普林斯敦"号及前来支援的轻巡洋舰。

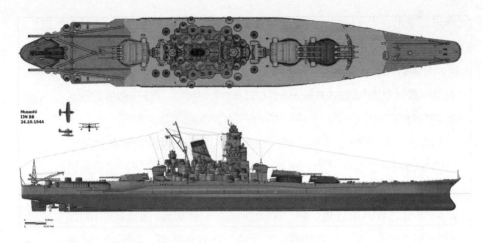

1944 年 10 月 24 日的"武藏"号。

力。如果不是美军飞行员选择将更多的炸弹和鱼雷倾泻在"武藏"号的舰体之上,"栗田舰队"的其他战舰也很难全身而退。

在连续被 10 枚航空炸弹和 11 枚鱼雷命中之后,"武藏"号左倾已经达到 10 度,舰首吃水增加到了 8 米以上。10 月 24 日下午 6 点 50 分,舰首完全沉入海水中,所有机械停止运转。身为日本海军炮术达人的"武藏"号末代舰长猪口敏平以一封"我本人曾是大舰巨炮主义的信奉者,但是,在事实面前,现在我承认自己大错特错了,我诚心向国家和人民请罪"的电报为这艘巨舰的命运画上了一个可悲的感叹号。

10 月 24 日晚 7 点 15 分,军舰的左倾增加到了 12 度,猪口舰长命令其他舰员登后甲板、降下军旗弃舰。7 点 30 分,在晴朗的夜空和闪烁的星光下,驱逐舰"清霜"号突然发现"武藏"号的左倾增加到 30 度,随后猛地落入水中倾覆了。片刻后,舰内传出两声爆炸,估计是主炮弹药发生了殉爆。5 分钟后,带着包括舰长在内的 1021 名官兵的尸体,"武藏"号永远消失在了菲律宾锡布延海北纬 13 度 7 分、东经 122 度 32 分处的海面上,沉没前曾被 20 枚鱼雷、17 枚航空炸弹和 18 发近失弹命中。

"武藏"号的最终沉没,无疑是压垮"栗田舰队"所有官兵心理的最后一根稻草。毕竟虽然在战报上写下了诸多击坠对手战机的记录,但其实大多数人都知道,仅仅依靠高射机枪和防空炮根本无力保护体型庞大的战舰。"武藏"号被击沉的同时,其姐妹舰"大和"多处受创,战

太平洋战争全史

列舰"长门"更被两枚鱼雷击中后速度被迫减至 20 节，加上其他各舰都有不同程度的损伤，整个舰队的航速已经降至 18 节。以如此缓慢的航速通过狭窄的圣贝纳迪诺海峡，无疑是自寻死路。偏偏此时联合舰队司令部又"好心"发来了"据推测，在到达圣贝纳迪诺海面时敌人使用潜艇的可能性很大，要加倍警惕"的"指导性意见"。

本就意志动摇的栗田健男在权衡再三之后，终于在下午 3 点 30 分，下达了全舰队返航的命令。半个小时后以电报的形式通知联合舰队司令部："第 1 游击部队主力配合航空兵攻击，原定日落一小时后强行突破圣贝纳迪诺海峡进攻，而从午前 8 时 30 分到午后 3 时 30 分，敌舰载机约 250 架次前来袭击，逐渐增加频度及机数。直到现在，无从指望航空兵搜索敌人的效果，只能逐渐增加损失。即使勉强冲入，也徒然提供敌人靶子，难操胜算，所以认为以暂时退出敌机空袭圈外，策应友军取得战果为宜。午后 4 时，在锡布延航向 290 度，速度 18 节。"但是就在不到 2 个小时（下午 5 点 15 分）之后，栗田健男突然又决定再度调头继续向圣贝纳迪诺海峡突进。

后世的很多日本学者都将此举视为栗田健男"朝令夕改""怯懦畏战"的直接证据，甚至暗示其精神出了问题。但仔细分析却不难发现，栗田健男的种种决策，均是经过深思熟虑的"最优解"。美军对"栗田舰队"的第五轮空袭已经证明，一旦对手出动三位数以上的战机，单纯依靠水面舰艇根本难当其锋。因此栗田健男才做出"暂时退出敌机空袭圈外"。但这里栗田健男只是"暂时退出"，从未表达出要终止作战。事实上"捷一作战"的计划是联合舰队司令部指定的，栗田健男根本没有权限予以终止。而随着夜幕的降临，栗田健男必须继续前进。

当然，另一些学者认定栗田健男的两次转向成功地骗过了美国第 3 舰队司令哈尔西，让其撤除了圣贝纳迪诺海峡的防御和原定的围歼计划，也不过是溢美之词。事实上哈尔西的注意力始终集中在对抗日本陆基航空兵和菲律宾海以北的日本海军机动舰队的身上，以当时的技术手段也无法在夜间组织舰载机对水面舰艇展开大规模的攻击。

哈尔西虽然在 24 日下午 3 点 30 分，决定从第 38 特混舰队中抽调出 6 艘战列舰：分别是"依阿华"（USS Iowa，BB-61）、"新泽西"（USS New Jersey，BB-62）、"华盛顿"（USS Washington，BB-56）、"马萨诸

塞"（USS Massachusetts，BB-59）、"南达科他"（USS South Dakota，BB-57）、"亚拉巴马"（USS Albama，BB-60）配属 7 艘巡洋舰和 17 艘驱逐舰，组成第 34 打击舰队。但哈尔西的用意更多的是用这些新型的快速战列舰去对抗日本海军残余的"机动舰队"，而非是如同第 7 舰队的 6 艘老旧战列舰那样在圣贝纳迪诺海峡守株待兔。

　　哈尔西弃守圣贝纳迪诺海峡同样有着多种复杂的解读。从政治角度来看他与金凯德的第 7 舰队不相统属，登陆莱特岛的军事行动本身便与第 3 舰队所在的中部太平洋战区无关。以哈尔西的性格自然不愿替金凯德看守后门。而对于深谙海军航空兵之道的哈尔西来说，航母战斗群的威胁永远是第一位的。更何况按照 24 日出击的美国舰载机战报，"栗田舰队"在空袭中损失了多艘战列舰，战斗力已经大打折扣。（这倒不见得是美军飞行员有意夸大战果，而是因为 24 日上午美军第 38 特混舰队的舰载机是轮番出击的，因此各任务群将重创、击沉"武藏"的战绩叠加计算了）。因此整个"栗田舰队"在圣贝纳迪诺海峡外的徘徊和最终趁着夜色突破成功，都是极为正常的战术机动。甚至有史料称 24 日深夜美军"独立"号航母（USS Independence，CVL-22）所属的夜航侦察机曾报告，日本中央舰队（"栗田舰队"）已二次掉头东进，圣贝纳迪诺海峡沉寂多日的灯塔打开，日军穿越海峡的意图暴露无遗。但坐镇第 3 舰队旗舰"新泽西"号的哈尔西却恰好"补觉"去了，而值班参谋则不耐烦地连连回复"是的，这些我们都知道"。或许这只是连战连捷的美军官僚系统的一个小失误，但也可能是哈尔西有意将"栗田舰队"放过圣贝纳迪诺海峡，因为在他看来这支缺乏航空力量的日军舰队，顶多只能给金凯德制造"一点小麻烦"而已。

有着"蛮牛"之称的哈尔西未必不是一个富有心机的统帅。

日本学者将其"栗田舰队"的两次转向复杂化，无非是为了营造一种"天不佑我""非战之过"的神秘主义氛围而已。事实上联合舰队司令部对栗田健男的选择表示理解，并同时将其行动告知了正在菲律宾海北部不断展开诱敌行动的小泽治三郎所部。

小泽治三郎所指挥的日本海军"机动舰队"于10月20日离开伊势滩锚地，经过丰后水道南下。期间一度遭遇美军潜艇的伏击，好在并未有战舰受损。10月24日抵达菲律宾海北部预设阵位时，全舰队仍有航母"瑞鹤""千岁""千代田""瑞凤"4艘，航空战列舰"伊势""日向"2艘，轻型巡洋舰"多摩""大淀""五十铃"3艘以及驱逐舰8艘。此外小泽治三郎还收罗了116架舰载机（零式52型战斗机52架、零式战斗轰炸机28架、九七式"天山"舰载攻击机29架、"彗星"舰载攻击机7架）。

24日上午11点05分，从马尼拉东北约400海里处的日本海军"机动舰队"所起飞的11架侦察机在215度、200海里附近，发现了由战舰3艘、其他舰艇10艘组成的敌舰队。小泽治三郎认定是美军第3舰队之一部，随即出动57架战机对其展开攻击。不过此时的"机动舰队"之中的飞行员要么是初出茅庐的"菜鸟"，要么是摸爬滚打多年的"老兵油子"，在遭遇美军20架左右的舰载机拦截之后，便很快作鸟兽散，杜撰了一个击落敌机8架、击沉航母2艘的战报之后，便或直接返航，或跑去菲律宾地面机场疏散去了，令满心欢喜等待美军主力北上的小泽治三郎苦苦等候了一个下午，甚至一度打算以"日向""伊势"两艘航空战列舰为中心组建夜袭舰队。

10月24日下午5点40分，美军舰载侦察机终于发现了日本海军的"机动舰队"。不过此时小泽治三郎已经从联合舰队司令部方面获知"栗田舰队"暂时

日本海军的航空战专家——小泽治三郎。

放弃突入圣贝纳迪诺海峡的计划，为了避免不必要的牺牲，也不得不暂时选择向北撤退。应该说在这个阶段，日本海军"机动舰队"和"第1游击部队"在战术配合上并没有出现太大的问题。而从结果反推：如果不是因为日军舰载机飞行员的阳奉阴违，最终导致美军第3舰队没有在24日白天发现"小泽舰队"，那么最终的结果很可能是美军利用时间差先于10月24日打垮"小泽舰队"，随后于25日回师全歼"栗田舰队"。所谓"小泽舰队"诱敌不力，最终导致"栗田舰队"功败垂成的说法自然更是站不住脚的。

10月24日夜，在日本海军的"西村舰队"和"第2游击部队"陆续进入苏里高海峡的同时，哈尔西开始率第38特混舰队移师北上。如果说日本海军在莱特湾战役分进合击的电报往来是"罗生门"的话，那么10月24日夜美国第3舰队与第7舰队之间的通讯记录便是一幕生动的"纸牌屋"。

哈尔西在10月24日下午便高调向尼米兹表示要组建第34打击舰队，并详细列出了舰队编制情况。这份电报虽然没有直接发给金凯德，但第7舰队"有关部门"按照海军通讯的惯例截收了电报。金凯德专长于战列舰决战，一看哈尔西集中了大批新锐战列舰，便先入为主地认定对方和自己一样，是准备在狭窄的海峡一头摆出"T"型阵，邀击"栗田舰队"。

因此当哈尔西在10月24日夜间公开致电上司尼米兹和第7舰队的同僚金凯德，宣称自己"率领3个航母特混大队北上歼击日本航母"，并提醒金凯德"日军可能穿越圣贝纳迪诺海峡"时，金凯德依旧认为哈尔西是将第34打击舰队留在了圣贝纳迪诺海峡。殊不知哈尔西在发给尼米兹的电报中用的是"我将"（I would），也就是说在哈尔西北上打击"小泽舰队"时，第34打击舰队尚未成形。

但是随着时间的推移，圣贝纳迪诺海峡的过分安静，还是令忙于关注苏里高海峡战事的金凯德可能感觉到了其中的蹊跷，于是在24日夜间两度派出夜航侦察机前往圣贝纳迪诺海峡。但结果却是一切正常。我们当然有理由相信这是侦察人员的疏漏，比如抵达时第3舰队还没开拔，或者"栗田舰队"已经通过海峡。但金凯德当晚直接质询第3舰队"请确认第34打击舰队是否在守卫圣贝纳迪诺海峡"的电文，哈尔西竟然延误到 10 月 25 日上午才收到，其中的问题便恐怕不是巧合。当然在整个莱特湾战役中，日本海军也多次出现关键性电报延误或干脆消失不见的现象，我们只能说这或许是赤道地区的电离层空洞的原因吧！

（四）突入敌阵——大视野下的莱特湾大海战（下）

10 月 25 日上午 6 点，小泽治三郎据称并未收到联合舰队司令部或"栗田舰队"方面已经突破圣贝纳迪诺海峡的消息。但以小泽治三郎多年以来航母交战的经验，他也大体能判断出昨天傍晚发现自己的美国航母战斗群可能正在赶来的路上。7 点 12 分，美军侦察机飞临"小泽舰队"的上空，自知力弱不敌的小泽治三郎将大部分的舰载攻击机疏散到陆基航空基地，只留下 18 架"零"式战斗机作象征性的抵抗。而以如此悲壮的形式达成的诱敌目标，小泽治三郎自然要第一时间通知栗田健男。但是这份关键性的电报，事后"栗田舰队"方面却始终坚称并未收到。

8 点 15 分，哈尔西麾下的美军第 38 特混舰队向"小泽舰队"发动了第一轮进攻。面对超过 180 架战机的庞大军阵，小泽治三郎除了将仅存战斗机派出迎战之外，只能让整个舰队以"Z"字型航线向北撤退。

遭遇美军空袭的"小泽舰队"。

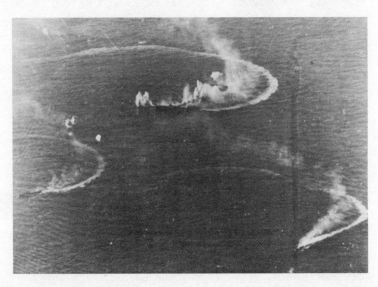

与此同时，"小泽舰队"还不断将己方的交战情况报给"栗田舰队"，当然这些电报栗田健男在当天"并没有收到"。

8点35分，轻型航母"瑞凤"被击中，转向困难。8点37分，担任旗舰的航母"瑞鹤"中雷，航速降低随即逐渐失去通讯能力。小泽治三郎一度试图转移到轻巡洋舰"大淀"上继续指挥，但由于美军的空袭异常凶猛，旗舰变更的动作在25日上午始终无法完成。8点50分，驱逐舰"秋月"发生爆炸，迅速沉没。9点15分，被5枚航空炸弹直接命中（日本方面还宣称有"无数的近失弹"）的轻型航母"千岁"终于失去了动力，并于9点37分沉没。舰长岸良幸以下468名船员战死。

有趣的是，在整个空袭的过程之中，小泽舰队所属的舰载机编队虽然很快便失去了战斗力，但号称击落了17架来犯的美军战机，其中1935年加入"霞之浦航空队"，参与过淞沪会战、空袭珍珠港、珊瑚海海战、马里亚纳海战的南义美少尉一人便自称击落了4架敌机。但无论如何，作为航母战斗群的"小泽舰队"在第一个回合便被哈尔西打得失去了还手之力。

25日上午9点58分，美军第38特混舰队的第二波次战机抵达"小泽舰队"上空。10点16分，"小泽舰队"唯一一艘没有带伤的轻型航母"千代田"由于被航空炸弹直接命中而燃起大火，失去了动力。在前一轮空袭中被美军鱼雷命中的轻巡洋舰"多摩"号虽然终于从无法航行的倾斜状态中恢复过来，但已失去了战斗力，不得不退出战列。唯一值得欣慰的是，10点54分，小泽治三郎终于成功将舰队的指挥班子搬到

轻型航母"千岁"号。

了轻巡洋舰"大淀"号上去，并通过原本为丰田副武准备的通讯系统向"栗田舰队"报告自身情况。联合舰队司令官的配置果然非同一般，"栗田舰队"收到了电报，只是"延误"了一个多小时而已。

有趣的是，在日本海军电报不畅的同时，美军第7舰队与第3舰队之间的通讯系统似乎也发生了问题。在25日上午6点，哈尔西向金凯德通报了第34打击舰队正与自己一起追击日军"机动舰队"之后，两支舰队之间的联系便中断了，此后不仅金凯德雪片般的告急电报"石沉大海"，甚至以明码"公屏喊麦"："姓李的[指哈尔西上报尼米兹的第34打击舰队司令威利斯·李（Willis A. Lee，1888—1945年）]在哪？让姓李的赶紧过来！"也无济于事。但是远在夏威夷的中部太平洋战区司令部的电报却能够顺利地送达哈尔西的手中，虽然电文的内容据说将这头"蛮牛"气得七窍生烟。

这是一则加密电报，而为了加大敌军破译电报的难度，美军通讯部门还会有意加入一些其他字母。而根据约定俗成的习惯，接收单位也会自动将这些内容屏蔽，只留下有用的信息。但由于是战区司令部所发出，因此破译电文的人员不敢怠慢，几乎全文翻译后递交给了哈尔西。因此最终呈现的内容是："火鸡冲入水中，GG太平洋司令部至第三舰队司令部，77X，第34打击舰队在哪？RR，全世界都想知道！"（TURKEY TROTS TO WATER GG FROM CINCPAC ACTION COM THIRD FLEET INFO COMINCH CTF SEVENTY-SEVEN X WHERE IS RPT WHERE IS TASK FORCE THIRTY FOUR RR THE WORLD WONDERS）

后世很多学者都认为除了GG、RR之外，"火鸡冲入水中""77X"和"全世界都想知道！"都是无意义的加扰信息。如果是这样，为什么一则上级领导询问哈尔西舰队位置的电报，会令其摘掉军帽摔在甲板上，狠狠砸着栏杆、捶胸顿足，"骂了很多以前从来没说过的非常难听的话"呢？或许这则电报中真正的意义恰恰是在一度不受重视的所谓"无意义的信息"之中。

"火鸡"在美国俚语之中虽然有"蠢货"之意，但其呆萌的外表之下却是一名全能的"运动健将"，不仅能以每小时近20公里的速度奔跑，还擅长游泳。因此这段消息极有可能是在向哈尔西暗示"栗田舰队"已经突破圣贝纳迪诺海峡。当然综合24日夜间的战场态势和第3

美国海军炮战权威威利斯·李,据称是美国南北战争中南军名将罗伯特·李的远亲。

政治上长袖善舞的尼米兹。

能压制美国海军的一干强兵悍将,欧内斯特·金绝非等闲之辈。各国海军中传颂的名言:"海军上将不会说自己是上帝,但上帝会说自己是海军上将",最早便是用来形容其权力之大、作风之强硬。

舰队司令部的表现,这则消息其实并不令哈尔西感到吃惊。同时"火鸡"也可能是在暗示哈尔西,他的竞争对手金凯德如他所设计的那样遇到了麻烦。"77X"按照美国海军的编组模式,也可以被用于指代第7舰队所下属的第77特混舰队,而当时遇到问题的恰恰就是正在莱特湾北部执行对地空中支援任务的第77.4特混大队。

那么如果说"火鸡冲入水中"和"77X"是尼米兹在向哈尔西通报战场态势的话,那么最后一句"全世界都想知道!"却显然是在提醒这位爱将:"你玩过头了!"第3舰队和第7舰队不相统属不假,如果说哈尔西24日夜的种种反常举动是为了坑金凯德的话,也可谓是成功,从行政手段来看也的确没有破绽。但是美国海军不是尼米兹一个人说了算的,上面还有海军作战部长欧内斯特·金(Ernest Joseph King,1878—1956年)这个"全能上帝"。

更何况莱特湾战役涉及美国陆军,金凯德虽然属于海军系统,但此刻背后真正的老板是西南太平洋战区司令麦克阿瑟。日后打起官司来,尼米兹未必能罩得住哈尔西,甚至可能要上演"挥泪斩马谡"。因此尼米兹点出了可能是哈尔西精心设计的全局中最大的漏洞——"第34打击舰队在哪?"并告诉他这个问题日后无法掩饰,因为"全世界都想知道"!

因此哈尔西当场极度失态的表现,与其说是他事后辩解的那样是被那些无意义的信息所羞辱,好像"挨了一记耳光",不如说是自以为得计的小阴谋被戳穿后的不知所措。直到参谋们拉住哈尔西大喊"你在做什么?你振作一点!"恍如五雷轰顶的哈尔西才从愤(恐)怒(惧)中回过神来。他迅速调整部署,亲自带领第34打击舰队在第38.2任务群的护卫下全速南下,以救援第7舰队。而令人玩味的是虽然哈尔西在回忆录中称"后来尼米兹找出那个（发电报）小子，气得差点没把他撕两半"，但事实上尼米兹并没太责难这个年轻人，只是将他调离了通讯岗位而已。这很有领导艺术。

第7舰队遭遇了什么样的困境，才不得不连续向哈尔西求援呢？撇开后世诸多过于夸张的描述，事实上在整个10月25日上午，第7舰队面对的局面并不算太糟糕。日军"栗田舰队"于25日零点35分突破圣贝纳迪诺海峡，进到萨马岛以东洋面。此时"栗田舰队"对战场态势缺乏了解，因此编组成夜间搜索队形，即以"矢矧""熊野""羽黑""能代"4艘巡洋舰为中心配属驱逐舰组成前锋战斗小队，每个战斗小队保持5公里的间隔，展开了一个大约25公里的进攻面，而"大和""长门""金刚""榛名"4艘战列舰则在后方5公里处编组为两个主力战队并列前进。整个舰队航速控制在18节左右，沿萨马岛以东10海里的海岸线徐徐南下。

按照"栗田舰队"的预期，最好的结果自然是在黎明前与美军战斗群接触，以充分发挥己方长期苦练的"夜战本领"。但可惜的是直到25日6点左右，一整夜没有合眼的日本海军仍没有发现目标。无奈之下栗田健男只得命令全舰队以"大和"为中心调整航速，变换为防空阵型，因为可以预见随着天光大亮，美军舰载机又将大举来袭。而就在6点44分日本海军忙于重组队形之际，"大和"号所属瞭望哨却突然报告在东南方37公里处，发现四根桅杆。一分钟后又报告发现正在起降的敌军舰载机。消息一出，整个"栗田舰队"为之一振，纷纷认为已然偷偷摸到了"自吉尔伯特海空战以来，连续攻陷日本海外领土，猖獗一时的美机动舰队"的旁边，接下来要做的就是一鼓作气"取敌首级"。

客观地说，身为全舰队指挥官的栗田健男，在极端的亢奋和冲动之外，或许会稍许冷静地看待眼前的局面。或许是为了防备哈尔西所属其他航母战斗群的攻击，也或许是不愿意在重组阵型的过程中浪费宝贵的战机，总之最终他所下达的命令是："抓住天赐战机，保持现有阵型，立即全速突进！首先封闭敌航空母舰上的飞机，使之无法离舰，然后一举歼灭敌机动部队！"而按照这一命令，"栗田舰队"事实上是各战队散乱在广阔的海面上，形成战列舰居中、驱逐舰和重巡洋舰无序接敌的状态。

此后的战斗，站在当事者一方的日本海军的角度，过程大概是这样突击中的"大和"号。

的："栗田舰队捕捉到这样天助的战机，便出敌不意，开始了猛攻。发现敌人以后约几分钟，战舰'大和'号在 6 点 58 分，以 460 毫米主炮轰然齐射，开始了这次海战。射击距离 31 公里，初弹命中。毕竟是'大和'号啊！否则是办不到的。各战队已快速逼近敌军，一面持续把它压向东方，一面予以猛攻。"

"敌遭到不意之攻击，大为狼狈，或施放烟幕，或由驱逐舰进行鱼雷攻击，或以舰载机进行攻击等，施展各种手段，力求退避。我舰队追击，交战两小时，一时迫近敌军列 22 公里。到午前 9 时 10 分前后，阵势陷入混乱，难分敌我。同时，栗田中将考虑到冲入莱特湾的燃料问题，便停止追击，命令各队集合。午前 10 时 30 分，各部队大体集合完毕，采取轮形阵式开始南下。接着，午前 11 时 20 分，航向变为东南方，向最终目标莱特湾进击。"套用现下流行的电子竞技解说用语基本可以概括为："栗田 A 了上去，栗田优势很大！哦！对方打出了 GG！"

但如果切换一下视角，美军眼中的这场"萨马海战"却完全是另一幅景象：日本人所发现的不过是第七舰队的一支辅助力量"塔菲 3"（Taffy three，具体舰队编号为美国海军 77.4.3 任务群）。该辅助部队的任务是为莱特岛的两栖部队船舶提供空中掩护。指挥官是海军少将克利夫顿·斯普拉格（Clifton Albert Frederick Sprague），由 3 艘驱逐舰、4 艘驱逐护卫舰和 6 艘辅助航空母舰（因生产流程简化、装甲防护弱又被称为"吉普航母"）组成，每艘航空母舰上的飞机数不超过 28 架，最高时速为 19 节。斯普拉格被打了个措手不及，因为他的雷达刚侦察到敌人。

斯普拉格的航空母舰慢吞吞地朝东驶去，仓促让战斗机和携带炸弹的"复仇者"起飞。正在逼近的敌舰齐射的炮弹落点越来越近，激起粉红、绿色、鲜红、黄色和紫色的水柱——为了便于识别，炮弹里装有各种染料。对美国人来说，这些炮弹的爆炸带有某种"恐怖美"。上午7点01分，他用明电求援。在他的南面有两支同属性的部队，即"塔菲1"（美国海军77.4.1任务群）和"塔菲2"（美国海军77.4.2任务群）。于是斯普拉格让航母转向朝南，奔着"塔菲2"的方向撤退。而三艘驱逐舰——"霍尔"号、"希尔曼"号和"约翰斯顿"号则转入反攻，通过自我牺牲来争取时间。

"约翰斯顿"号的舰长欧内斯特·埃文斯为美国海军中少有的印第安裔，在他的指挥下，"约翰斯顿"号在与日军巡洋舰"熊野"的缠斗中，对其展开了鱼雷攻击，最终迫使其退出战斗，但自身也被日军的炮火打成了筛子。据该舰一名生还的高级军官回忆，当时的情况"就像一条小狗被卡车压过去一样"。而斯普拉格的6艘辅助航母试图躲入滂沱大雨之中。日本的战列舰就在北面约十海里外，在东北方向稍近一点是4艘敌巡洋舰。这些战舰朝"甘比尔湾"号和"加里宁湾"号猛烈开炮，但这些笨拙的小航空母舰仍努力避开了日舰的齐射。

最终"加里宁湾"号虽然中15弹，但损管小组在齐腰深的油和水中努力抢救，使它仍跟上了编队。"甘比尔湾"号则被一发炮弹命中吃水线以下，前部轮机室进水，时速降至11节，被迫脱离了队形。此后已被重创的驱逐舰"约翰斯顿"号试图帮助"甘比尔湾"号吸引火力，但两舰最终于8点45分和9点45分双双沉没。

不过此时"塔菲2"和"塔菲3"的辅助航母上起飞的美军舰载机已经进入战场，"栗田舰队"3艘重巡洋舰"铃谷""筑摩"和"鸟海"均被重创，退出战斗。最终栗田健男被迫放弃了追击。在"他妈的！弟兄们，他们跑啦！"的欢呼声中，这场第二次世界大战的最后一场水面舰战斗就此结束。在美国人眼中"塔菲3"不但顶住了最大口径大炮的袭击和大量鱼雷的攻击，而且还重创优势之敌，俨然是一副孤胆英雄的作派。

或许从某种意义上来讲，日本海军和美国海军定义中的"萨马海战"发生在两个不同的位面。在栗田健男等日本海军将校的眼中，他们击沉敌航空母舰3艘、巡洋舰1艘、驱逐舰4艘、大破航空母舰2艘，算是功德圆满。而在美国人看来他们以一支脆弱的辅助航母编队挡住了

日军突袭前的"塔菲3"舰载机。

萨马海战中遭遇炮击的美军驱逐舰。

对手的主力舰队，仅损失了1艘辅助航母和1艘驱逐舰，代价也不算太高。正是基于这两种迥异的认知，双方才在战斗之后做出了不同的选择。

客观地说"塔菲3"遇袭完全是一个偶然，在明确日本海军第1游击部队的位置后，第7舰队有足够的时间调整部署，无论是抽调苏里高海峡的第72特混舰队北上参战，还是动员更多的陆基战机配合"塔菲1"和"塔菲2"所部舰载机对日军展开围剿都是不错的选择。金凯德之所以要为了一个护航编队的得失而把问题捅到尼米兹的案头，一定要逼着哈尔西回援，自然是故意要给对方一个难堪，以报第34打击舰队弃守圣贝纳迪诺海峡的"被坑之仇"。

25日上午12点30分，"萨马海战"后仅仅向南航行了1个小时，栗田健男突然宣布放弃了冲进莱特湾的任务，独断地把航向转向北方。关于此举日本史学家给出了五花八门的解释，除了忽视舰队是一个整体，因为过分强调个体因素而不值一驳的"怯懦畏战"和"精神恍惚"之说外，有两种说法其实很值得研究。一是所谓栗田健男并不知晓"小泽舰队"诱敌成功，从而认定莱特湾内还集中有大量美军主力舰，从而采取了回避的战略。二是栗田健男此举实则是不愿将日本联合舰队最后的精锐浪费在消灭运输船上，其北进是为了寻找哈尔西主力进行决战。

上述两种说法看似颇有道理，但事实上对于撤退的原因，栗田健男本人早已在给联合舰队的电报中解释得很清楚了：

一、与敌航空母舰群交战，耗费了时间，不到午后不能冲入，失掉了策应苏里高部队（即"西村舰队"）的时机。

二、在本日午前的战斗中，从敌航空母舰发出电流"请求援助"。

回答是"要在两小时以后"。另外，敌运输船队鉴于本日早晨以来的战况，势必退避湾外，其他的船也在离港出击，即使午后冲入，敌舰船不在湾内的可能性也很大。

三、窃听电话得知：敌方命令航空母舰搭载飞机在塔克洛班基地着陆，又，敌方知道本日晨起的战斗状况，必在莱特方面集中以多艘母舰为主体的舰队。我如冲入湾内，在狭小如池的海面，无法自由行动，将受到敌大量飞机的集中攻击，战况对我将十分不利。

可以说放弃突入莱特湾，取道圣贝纳迪诺海峡北撤，是日军第1游击部队经过研究之后的集体决策。而事实上世界各国海军从来都不主张死打硬拼。在林加锚地展开专项训练之时，日本海军的宗旨也是"装一波就跑"。而至于事后，无论是栗田健男感叹错过了小泽治三郎关键性的电报，导致错失战机，还是所谓美方"相关人士"纷纷表示如果"栗田舰队"真的突入莱特湾战局就要改写云云，都不过是事后挽回颜面的作秀而已。

（五）最后总攻——莱特湾战役的落幕

"栗田舰队"与"塔菲3"的交战，事实上拯救了已经奄奄一息的小泽舰队。由于哈尔西抽兵南下，美军第38特混舰队的打击力度大降。尽管25日下午的空袭中，已经遭遇重创的"瑞鹤"和"瑞凤"两艘航母先后被击沉，但"小泽舰队"毕竟保全了"伊势""日向"两艘航空战列舰，甚至还一度打算在25日夜发动夜袭作战，可见其"不作不死"的精神。当然这不过是一种姿态。当天下午11点45分，"小泽舰队"最终选择退出了战斗，撤往冲绳一线。

事后日本方面高度评价了小泽治三郎的行动，认为其舰队在这次海战中，完全吸引住敌机动部队的全部兵力，达到了作战目的，给"栗田舰队"创造了绝好机会，而本身却在敌空军激烈的攻击下瓦解了。这种不惜为全局献身的勇敢善战，为己方的牵制作战，在部署方法和战斗方法上都留下了模范，将永久载入战史。但却无法改变白白损失了4艘航母，结果一无所获的事实。

对于"栗田舰队"，日本方面战后虽然声讨其放弃凭友军牺牲才得到的千载一遇的战机，居然脱离决定胜负关键的决战场的行径，但其实在当时也没给予太大的问责。1945 年 1 月 10 日，栗田健男获准觐见天皇裕仁，还受到了一番褒奖，不久便转任海军兵学校校长去了。只留下一干"有识之士"感叹："这次海军实力的急剧下降，不仅对于莱特战役，而且给敌我的整个战局带来了很大影响。东、南两中国海固不待言，不久连日本本土四周的海面也不得不听任敌军猖狂活动了。"

而莱特湾海战的失败，最终也直接影响到地面作战的进程。在美军立体化的海空打击之下，日本陆军向莱特岛的增援和补给均显得格外困难。投入岛上的多个陆军精锐师团最终由于弹尽粮绝而被迫化整为零。而讽刺的是，眼见莱特岛即将失守，日本高层又放风出来说："莱特湾并非'天王山'！真正的决战将在吕宋岛！"而对于大多数的日本国民而言，他们更担心的反而是即将到来的美军轰炸机以及日益减少的食品配给。

日本人口中的"天王山"，位于京都府乙训郡大山崎町境内。如果不是那场发生在天正十年（1582）的合战，这座海拔仅有 270 米的小山丘，或许永远只是近郊农民眼中祭祀牛头天王的神社所在。但正是因为羽柴秀吉（即日后的号称"天下人"的丰臣秀吉）在这里击败了竞争对

今天的天王山。

　　　　　　　　　　　　　　　　　　太平洋战争全史

手——明智光秀,"决定天下的天王山"(天下分け目の天王山)在日本人的字典中从此便成为了决战之地的代名词。

但事实上那场战役的胜负早在两军进入战场之前便已然注定,因此从某种意义上来说"天王山"与其说是双方势均力敌的角斗场,不如说是弱者垂死挣扎、强者施展会心一击的所在。可惜在明治维新后席卷日本的战国热面前,许多典故的真实含义均误读,以至于在1944年7月之后提出了所谓莱特岛为"日美天王山"的口号。从横向对比的角度来看,此时已经被逼到绝境的日本,显然不是兵强马壮、得道多助的羽柴秀吉,只能是仓促应战、失道寡助的明智光秀。而正是在这样不吉利的比喻之下,日军在莱特岛战役似乎从一开始便注定了失败。

鉴于莱特湾海战已然以失败告终,航空作战也大势已定,但为了筹备吕宋岛的防御,日本陆军仍只能硬着头皮高呼"这时击退莱特的敌军只有指望地面作战了",要求抵达当地的日本陆军各师团继续坚守下去。而此时美国陆军第6集团军已经建立起了稳固的登陆场,由弗农·马奇少将指挥的美军第1骑兵师于10月21日攻占了雷伊泰省首府塔克洛班。10月23日,麦克阿瑟将军在此地主持了庆祝菲律宾政府复位仪式。

左翼美国陆军第24步兵师在弗里德里克·艾云少将的指挥下,在进入内陆时遭遇敌人顽抗,经过数天日以继夜的战斗击杀800名日军后,第19及34步兵团扩展其滩头阵地并控制了通往莱特岛北部的通道。10月25日，美国陆军第24步兵师在付出了3000余人的伤亡之后，基本控制了莱特岛北部海岸及卡利加拉港。此时日本陆军的外援通道仅剩下了莱特岛西部的港口城市——奥尔莫克。

为了确保奥尔莫克，日本陆军一方面要求第16师团在中央山脉地区建立防线，阻挡美国陆军的进一步推进，另一方面马不停蹄地向莱特岛方面运送援军。10月24日，日本海军出动"西南舰队"所属第16战队的轻型巡洋舰"青叶""鬼怒"，驱逐舰"浦波"护送满载着陆军第30师团所属步兵第41联队的5艘运输船前往莱特岛增援。

在美军舰载机和陆军轰炸机的一路拦截之下，这一批增援部队虽然成功在奥尔莫克登陆，但在返回马尼拉接运下一批增援部队的过程之中，驱逐舰"浦波"和轻型巡洋舰"鬼怒"却先后被从美国海军第7舰队所属护航航母上起飞的舰载机炸沉。反倒是10月23日一度遭到美国海军潜艇"海鲤鱼"号（USS Bream，SS-243）伏击的轻型巡洋舰"青叶"逃过了一劫。

虽然海军方面损失惨重，但在陆军看来当务之急还是继续向莱特岛增兵。于是10月26日，在没有海军舰艇护航的情况下，尝试以2艘运输船将第102师团司令部人员偷运上莱特岛。结果虽然又损失了2艘运输船，但部队还是成功登陆。由此之后，便不断采取单艘或数艘运输船搭载少数部队的模式，向莱特湾方向增兵。10月28日，由陆军运输船"第131"号运输独立速射炮大队340人及相应的武器、弹药前往奥尔

日本海军轻型巡洋舰"青叶"。

莫克。虽然部队登陆之后，"第131"号运输船随即被美国陆军航空兵的B-24型轰炸机重创。10月31日，第14方面军又用3艘运输船将第35军司令部送往莱特岛。至此日本陆军在莱特岛的指挥系统基本健全了。

在源源不断地获得后方支援的情况下，日本陆军第16师团于10月29日正式在从普劳恩西方高地至达噶米西高地一线建立防御体系，与来犯的美国陆军第24步兵师和第1骑兵师展开激烈的攻防战。美国陆军虽然拥有强大的远程炮火和空中支援，但莱特中央山脉复杂的地形以及日本陆军不断采取的自杀式"挺身攻击"，还是令美军进展缓慢、寸步难行，并称这片不断吞噬着美军士兵的山地为"断头岭"。

10月31日，日本海军集中海防舰"冲绳""占守""11号""13号"，驱逐舰"霞""冲波""曙""潮""初春""初霜"，掩护运输船"能登丸""香椎丸""金华丸""高津丸"满载着日本陆军第1师团主力及第26师团的先遣队今堀支队（以步兵2个大队、炮兵1个大队为基干）再度前往莱特岛。由于护航兵力充足，又有日本陆军航空兵"四式"战斗机的掩护，这支船队在运输过程中虽然遭到了美国陆军航空兵B-24型轰炸机的拦截，但仅损失了1艘运输船——"能登丸"。

作为日本陆军的精锐部队，第1师团抵达莱特岛自然令第35军方面士气大振。随即计划从中央山脉北侧发动迂回作战，一举从北线卡里噶拉平原攻击美国陆军侧翼。但此时美国陆军方面已然在莱特岛一线投入了第32步兵师和第11伞兵师，同样在谋划着绕过中央山脉发动进攻。在以第32步兵师接替了第24步兵师的防线之后，第24步兵师主力也开始向北机动。

11月2日夜，日本陆军第1师团长片冈董以师团直属侦察联队为先遣队，向卡里噶拉挺进；以主力于11月3日从奥尔莫克出发北进。3日凌晨，日本陆军第1师团先遣队在加波堪与美国陆军第24步兵师爆发遭遇战。由于掌握制海权，美国陆军迅速调集舟艇和水陆两栖战车，从卡里噶拉湾迂回包抄日本陆军第1师团侦察联队的侧翼。骑兵军官出身的片冈董对这种双方兵力相互绞杀的场面似乎颇有心得，随即命步兵第57联队攻击当前之敌，其他各联队切断敌军退路，试图一举围而歼之。

可惜片冈董高估了自己部队的战斗力，在美国陆军航空兵及第7舰队舰载机的拦截之下，第1师团的迂回部队无一包抄到位。围歼美国陆军第 24 步兵师前锋的计划由此泡汤。而在第 1 师团方面的战斗陷入僵持状态之际，第 26 师团所属的"今堀支队"也在中央山脉的南线与美国陆军第 96 步兵师展开拉锯。不过尽管战场态势仍不明朗，但在第 35 军司令铃木宗作看来，麾下的部队基本顶住了美军的攻势。只要第 14 方面军可以继续提供援军，莱特岛之战还存在着逆转的可能性。

坐镇马尼拉的山下奉文与铃木宗作持有同样的看法，于是在 11 月 8 日一口气派出了两个运输船队。一方面第 1 师团残余的 3 个步兵大队

1944 年 11 月的莱特岛地面战形势简图。

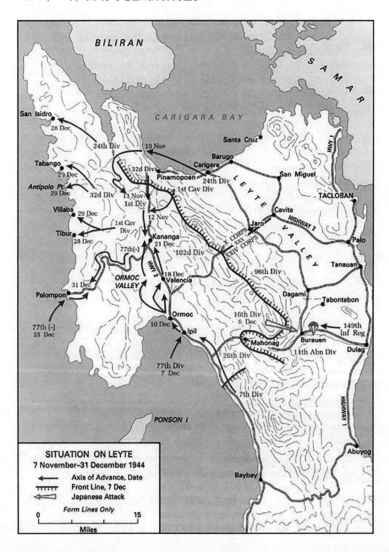

乘坐 3 艘运输船奔赴战场，另一方面第 26 师团主力再度在海防舰"冲绳""占守""11 号""13 号"，驱逐舰"霞""秋霜""潮""朝霜""长波""若月"的掩护下，乘坐"香椎丸""金华丸""高津丸"前往莱特岛。可惜的是这一次日本海军的运气不再。第 1 师团虽然成功登陆，但是在美国陆军航空兵的攻击之下，运输第 26 师团"香椎丸"和"高津丸"却在完成了卸载任务后被先后炸沉。执行护航任务的海防舰"11号"也在遭遇重创后，不得不由友军以舰炮击沉。

11 月 9 日负责运送第 26 师团所属重型武器和弹药粮秣的"泰山丸""三笠丸""西丰丸""天昭丸"，连同执行护航任务的驱逐舰"岛风""滨波""长波""若月"，驱潜舰"第 30 号"均被美国陆军航空兵击沉。经此重创之后，第 26 师团虽然兵力尚属完整，但战斗力却几乎可以忽略不计了。

失去了第 26 师团的支援，日本陆军苦苦支撑的各条战线开始呈现崩溃的态势。11 月 9 日当天山下奉文对"南方军"司令部陈述意见："莱特作战现在已到中止的时机。即使继续作战也没有成功的希望，反而只会给今后的吕宋作战造成困难。"但寺内寿一此刻仍被此前莱特岛战场上传来的一些利好消息所鼓动，于 11 月 10 日召开了"南方军"及第 14 方面军的联合幕僚会议，认定放弃莱特岛还为时尚早，不仅不同意山下奉文的撤军要求，相反命令第 14 方面军应继续向岛上增兵。

万般无奈之下，第 35 军司令铃木宗作决心死中求活，将已经只剩下轻武器的第 26 师团用于阿尔贝拉 – 普劳恩道路方面，试图一举攻占普劳恩机场，并从该方面向东北方席卷敌军。为此铃木宗作向山下奉文建议：尽量集结、使用航空兵力，暂时夺回制空权，利用空降部队的奇袭，直接占领普劳恩、圣帕布洛机场群；同时第 16、第 26 师团从地上冲入，巩固空降部队的占领。

面对铃木宗作这个曾经和自己一同打下过新加坡的老搭档，山下奉文也拿出了全部的精力来推进这一计划，最终确定第 4 航空军从 11 月23 日到 27 日，进行航空歼灭战。在这期间，26 日，在塔克洛班机场强行着陆，巩固制空权，接着从 12 月 1 日到 3 日，进行航空歼灭战。第2 挺进团（约由人员 250 名组成，鹿岛、香取二队飞机约 40 架）于地面攻势的前夜，在普劳恩、圣帕布洛两机场降落，并占领这两座机场。第35 军在 12 月 3 日以前完成进攻准备；进攻前一天和空降队配合，进行强有力的冲锋攻击。目标定为：第 16 师团攻占北普劳恩；第 26 师团则攻占南普劳恩和圣帕布洛机场。

11 月 24 日，日本陆军航空兵出动 64 架飞机攻击美军前线各机场；海军航空部队以约 30 架飞机，攻击美军舰艇。11 月 26 日傍晚，日本陆军以中国台湾原住居民组建的"薰空降队"从吕宋南部的里帕起飞，在德拉格机场断然强行着陆，全力破坏停在地面上的美军战机和机场设施，直到全体被歼。

但就在日本陆、海军航空兵奋力死战的作战就这样付诸实行时，第35 军的进攻准备却出现了问题。因为此时第 35 军的北部战线，第 1 师团已经无力抵挡美军的猛攻，不得不要求第 35 军以 26 师团一部掩护其侧翼，以向南转进。由于这一耽误，第 35 军发动进攻的时间被迫改到了 12 月 6 日。

12 月 6 日拂晓，第 16 师团以一个集成大队的兵力冲入普劳恩北机场，奇袭攻击成功。当天傍晚日本陆军第 2 伞兵团的第一批伞兵部队降落在圣帕布洛、普劳恩机场，其一部和第 16 师团的冲入部队取得了联系。而第 26 师团以先遣大队为基干于 6 日夜冲入普劳恩南机场的行动

莱特岛上被美军击毙的日军散兵。

虽然没有成功，但次日夜还是再次进行了突袭。

就在日本陆军第 35 军自以为得计之时，12 月 7 日凌晨，作为麦克阿瑟手中总预备队的美国陆军第 77 步兵师，突然在第 35 军后勤基地奥尔莫克一线展开登陆。眼见老家不保，第 14 方面军在研究今后对策之后，不得不于 12 月 7 日正午前后，宣布决定停止普劳恩作战。作为综合了日本陆、海军兵力的最后总攻，普劳恩作战的终结和奥尔莫克的易手，标志着日本陆军在莱特岛地区 2 个多月以来苦战的结果最终化为了泡影。除了少数部队得以撤出之后，日本陆军在莱特岛上的各师团被切断了归途和后勤补给线，只能撤出西部的山区展开所谓的"持久战"，而等待他们的将是美军的围剿和饥饿、疾病的煎熬。

就在莱特岛之战达到高潮的同时，麦克阿瑟开始了因故推迟的进攻吕宋岛的准备行动，定于 12 月 15 日在民都洛登陆，拿下岛上具有战略意义的机场。4 天后，一场特大台风袭击了第三舰队，事实证明这个新的飞机基地是至关重要的。在台风高峰期间，三艘驱逐舰倾覆沉没，

800 名水手丧生，小山峰似的海浪摧毁了 200 架飞机，另有 7 艘军舰遭受严重损坏，以致哈尔西不得不把它们撤到乌利西去修理。尽管如此，在他的飞行员一直为麦克阿瑟的部队提供所急需的空中支持的两个月期间，终于突破了莱特岛上的敌人防御。铃木将军率领的仅有 2.7 万人的部队已被围困在菲律宾群岛的这个中心岛上，而获得救援的希望根本不存在。

美国陆军第 7 师疾速向前推进，在奥尔莫克以北 10 英里的利邦高同第 77 师会师，开始包围和分割岛上残存的日军。到 1944 年 12 月 27 日，麦克阿瑟对结局已经十拿九稳，于是宣告："山下奉文将军遭到了日军历史上最惨重的失败。"他发表公报宣称"莱特—萨马之战现在可以说已经结束，只剩下小规模的扫荡尚待完成"，事实证明，他这话说早了 4 个月。

在莱特岛上战斗一直持续到 1945 年 4 月才结束，美国第八军被派去完成"扫荡"任务，而实际上这是一系列艰苦的战斗，他们的官方史学家后来描绘说这是"艰苦激烈的战斗，是我们前所未闻的最残酷的战斗"。站在美国人的角度来看，日本军队用来防守莱特岛的地面和空中力量之大，超过了原先的估计，致使麦克阿瑟夺回菲律宾群岛的计划被无限延长。但他们并不知道的是美国军队距离日本越来越近，所遭遇的抵抗也将变得更加顽强。

尽管麦克阿瑟在莱特岛的胜利之路走得磕磕绊绊，但这并不影响他将自己的形象永远定格在那片海滩之上。